Werner Justus Manz

Arbeit und Persönlichkeit

Betriebliche Erwachsenenbildung als
wesentlicher Aspekt der Betriebspolitik,
im Sinne von Eugen Rosenstock-Huessy

Rainer Hampp Verlag   München und Mering   1998

Die Deutsche Bibliothek - CIP-Einheitsaufnahme

Manz, Werner Justus:
Arbeit und Persönlichkeit : betriebliche Erwachsenenbildung als
wesentlicher Aspekt der Betriebspolitik, im Sinne von Eugen
Rosenstock-Huessy / Werner Justus Manz. - München ; Mering :
Hampp, 1998
 Zugl.: Oldenburg, Univ., Diss., 1997
 ISBN 3-87988-275-4

Liebe Leserinnen und Leser!
Wir wollen Ihnen ein gutes Buch liefern. Wenn Sie aus irgendwelchen
Gründen nicht zufrieden sind, wenden Sie sich bitte an uns.

∞ *Dieses Buch ist auf säurefreiem und chlorfrei gebleichtem Papier gedruckt.*

© 1998 Rainer Hampp Verlag München und Mering
Meringerzeller Str. 16 D - 86415 Mering

Alle Rechte vorbehalten. Dieses Werk einschließlich aller seiner Teile ist urheberrechtlich geschützt. Jede Verwertung außerhalb der engen Grenzen des Urheberrechtsgesetzes ist ohne schriftliche Zustimmung des Verlags unzulässig und strafbar. Das gilt insbesondere für Vervielfältigungen, Mikroverfilmungen, Übersetzungen und die Einspeicherung in elektronische Systeme.

Arbeit und Persönlichkeit

Betriebliche Erwachsenenbildung als wesentlicher Aspekt der Betriebspolitik, im Sinne von Eugen Rosenstock-Huessy

Inhaltsverzeichnis

1. Einleitung: Intention und Konzeption der Arbeit 8

2. Biographische Phasen Eugen Rosenstock-Huessy's in ihrem Bezug zu seiner "Neuen Grundlehre vom Sprechen" 14

2.1 *Grundsätze des Sprechens und Denkens sowie ihr Verhältnis zueinander, im Sinne von Eugen Rosenstock-Huessy* 14

2.2 *Wirkens- und Schaffensphasen Eugen Rosenstock-Huessy's im Sinne seiner "Neuen Grundlehre vom Sprechen"* 18

2.2.1 *Phase des Lernens und Lehrens an Schule und Universität (präjektive Phase)* 18

2.2.2 *Phase der Mitteilung außerhalb der Universität (subjektive Phase)* 21

2.2.3 *Phasen der praktischen Umsetzung von Überlegungen (trajektive Phase) und des tatsächlich (aufgrund äußerer Umstände) eingetretenen Ergebnisse (objektive Phase)* 26

2.3 *Emigration nach Amerika* 30

3. Bedeutung der Erwachsenenbildung auf betrieblicher Ebene 34

3.1 *Anfänge der Erwachsenenbildung sowie ihr Bezug zur Soziologie* 34

3.1.1 *Erwachsenenbildung als Bewältigung einer Notlage* 34

3.1.2 *Stellenwert der Erwachsenenbildung in Zusammenhang mit soziologischen Untersuchungen* 41

3.2　Von der "Industriepädagogik" zur Erwachsenenbildung auf betrieblicher Ebene 44

3.3　Eugen Rosenstock-Huessy's "volkswissenschaftlicher Denkansatz" 48

3.4　Lebensraum des Industriearbeiters als Grundlage "volkswissenschaftlicher Überlegungen" 54

3.4.1　Stellenwert der Arbeit im Leben eines Industriearbeiters 54

3.4.1.1　Analyse der Industriearbeit 56

3.4.1.2　Unterschiedliche Interessen 59

3.4.2　"Betriebspolitik" in ihrer Bedeutung für die Erwachsenenbildung 65

4.　Konkrete Ansätze einer "Betrieblichen Erwachsenenbildung" bei Eugen Rosenstock-Huessy 74

4.1　Die "Neue Richtung" als Perspektive für Erwachsenenbildung auf betrieblicher Ebene 74

4.2　Erwachsenenbildung auf betrieblicher Ebene im Sinne von "Lebensbildung" 90

4.2.1　Erwachsenenbildung als "Lebensbildung" 90

4.2.2　"Betrieb" und "Betriebspolitik" 100

4.3　Ansätze und Perspektiven "Betrieblicher Erwachsenenbildung" in der Praxis vor Ort 106

4.3.1　Schaffung einer veränderten Betriebsstruktur 107

4.3.2　Ausbildung des "Ausbilders" 125

4.3.3 Nutzung von Kommunikationsmitteln auf betrieblicher Ebene; die "DAIMLER WERKZEITUNG" 130

5. **Zusammenfassende Betrachtung und Bewertung Eugen Rosenstock-Huessy'schen Gedankenguts im Hinblick auf "Betriebliche Erwachsenenbildung"** 143

Literaturverzeichnis 151

1. Einleitung: Intention und Konzeption der Arbeit

Auf der Suche nach Ansätzen einer Erwachsenenbildung, ausgerichtet auf in Betrieben arbeitende Menschen, stieß ich auf theoretische und praktische Arbeiten von Eugen Rosenstock-Huessy[1], die meines Erachtens sowohl für die Weimarer Zeit, in der sie entstanden, als auch für die heutige Zeit nicht nur interessant, sondern beachtenswert erscheinen. Vor diesem Hintergrund wurde die vorliegende Dissertation in Angriff genommen. Sie soll dazu beitragen, die Überlegungen und praktischen Umsetzungsversuche Eugen Rosenstock-Huessy's unter dem Gesichtspunkt der wesentlichen Aspekte (s)einer "Betrieblichen Erwachsenenbildung" in Erinnerung zu rufen beziehungsweise als Vorschlag in die heutige Diskussion um eine "Betriebliche Erwachsenenbildung" einzubringen.

Meine anfängliche Verwunderung über die, wenn überhaupt, nur selten geführte theoretische und praktische Auseinandersetzung mit Eugen Rosenstock-Huessy's Überlegungen sowie praktischen Ansätzen einer, an den in Betrieben arbeitenden Menschen ausgerichteten, Erwachsenenbildung wich sehr schnell im Rahmen meiner intensiven Beschäftigung mit Eugen Rosenstock-Huessy und seinem Schaffen und Wirken. Wurde doch dabei deutlich, daß es sich bei ihm um einen ebenso vielseitigen wie eigenwilligen Denker handelte, der sich und seine Arbeiten nicht in ein Schema einordnen ließ. Damit forderte er von seinen Lesern und Zuhörern ein fachübergreifendes Mitdenken, wozu jedoch nur sehr selten Bereitschaft bestand.

Entsprechend der Breite und Tiefe seiner wissenschaftlichen Bildung kann Eugen Rosenstock-Huessy sowohl als Historiker, Jurist, Pädagoge, Philosoph, Soziologe und Theologe gelten. Er selbst grenzte sich mit der Souveränität, mit der er die angesprochenen Gebiete beherrschte, von den akademischen Fachwissenschaften ab. Nach den Worten von Kurt Ballerstedt stand er "quer zu den traditionellen Institutionen"[2]. Deutlich wurde das vor allem auch anhand seines eigenartigen synthetischen Denkens, das sich einer begrifflichen Systematik widersetzte. So benutzte er häufig Bilder, Analogien

---

[1] Eugen Rosenstock nahm den Doppelnamen Rosenstock-Huessy nach der Emigration in die Vereinigten Staaten an, um den aussterbenden Namen seiner Frau zu erhalten.
Faulenbach, Bernd. "Eugen Rosenstock-Huessy". <u>Deutsche Historiker</u> 9. Hg. Hans-Ulrich Wehler. Göttingen: Vandenhoeck und Ruprecht, 1982. 102-126.
Im Rahmen der Arbeit werde ich stets den Doppelnamen Rosenstock-Huessy verwenden.

[2] Ballerstedt, Kurt. "Leben und Werk Eugen Rosenstock-Huessy". <u>Das Geheimnis der Universität</u>. Hg. Georg Müller. Stuttgart: Kohlhammer, 1958. 297-305 (298).

oder Wortneuschöpfungen, um seine Gedanken beziehungsweise Überlegungen den Zuhörern nahezubringen.

Vor dem Hintergrund der Vielfältigkeit seines Wirkens und der damit verbundenen Gefahr, sich in einem Gespinst von Überlegungen und Gedanken zu verstricken, gilt es im Rahmen dieser Arbeit, konsequent auf die Beiträge Eugen Rosenstock-Huessy's zur Erwachsenenbildung, und dabei insbesondere auf ihre Bedeutung für die Arbeitenden im Betrieb, einzugehen. Nur ausnahmsweise, soweit zum Verständnis unbedingt erforderlich, sollen dabei andere Schriften beziehungsweise Arbeiten Eugen Rosenstock-Huessy's herangezogen werden.

Eine weitere Einschränkung erfährt diese Arbeit hinsichtlich des behandelten Zeitraums. Er erstreckt sich über die Jahre von 1913 bis 1933 und deckt damit die Zeit der maßgeblichen Mitwirkung von Eugen Rosenstock-Huessy an der deutschen Erwachsenenbildung ab. Letztlich verabschiedete sich Eugen Rosenstock-Huessy mit seiner Emigration nach Amerika auch von der deutschen Erwachsenenbildung. Nach 1945 resultierte sein Einfluß auf die Erwachsenenbildung in Deutschland, wenn überhaupt, aus seinen Beiträgen aus der Zeit vor 1933.

Das im Rahmen dieser Arbeit verfolgte Ziel einer historischen Aufarbeitung sowie Nutzbarmachung der Überlegungen von Eugen Rosenstock-Huessy für die heutige Zeit und das Aufzeigen praktischer Ansätze einer Realisierung derselben, setzt zwingend voraus, näher auf die Eugen Rosenstock-Huessy und sein persönliches Verhalten prägenden Ereignisse, vor dem Hintergrund der Zeit, in der er lebte, einzugehen.

Dementsprechend stehen als Einstieg in die Thematik wesentlich erscheinende biographische Phasen, in Verbindung mit den gesellschaftlichen Entwicklungen, am Anfang der Erörterungen. Damit soll die Grundlage geschaffen werden, häufig diffus erscheinende Überlegungen Eugen Rosenstock-Huessy's besser einordnen und nachvollziehen zu können.

Die in diesem Zusammenhang besondere Bedeutung gewinnende Beschäftigung Eugen Rosenstock-Huessy's mit der Sprache, aus der, vor dem Hintergrund der politischen Katastrophen des Ersten Weltkrieges und der Folgen, sein "Sprachdenken" erwuchs, welches das abendländische philosophische Denken weitgehend in Frage stellte, soll dabei eine besondere Hervorhebung erfahren.

Wenngleich diese Arbeit es nicht leisten kann, intensiv in die Diskussion um "das Sprachdenken" einzutreten, so erscheint es doch im Rahmen der Arbeit unerläßlich, das "Neue Denken" im Sinne von Eugen Rosenstock-Huessy in seinen Grundzügen vorzustellen.[3]

Zu diesem Zweck soll die in diesem Zusammenhang von Eugen Rosenstock-Huessy propagierte "Neue Grundlehre vom Sprechen" in ihrem Bezug zu den verschiedenen Phasen seines Schaffens und Wirkens nicht nur angesprochen, sondern auch hinterfragt werden.

Das "Neue Denken" vor Augen, gilt es dann, den Weg aufzuzeigen von den Anfängen einer Erwachsenenbildung hin zu ihrer Bedeutung auf betrieblicher Ebene. Dabei ist das Verhältnis zwischen der Soziologie, als akademisch anerkanntem Fachgebiet, und der Erwachsenenbildung anzusprechen und, darauf basierend, näher auf die Hintergründe für die Forderung nach Erwachsenenbildung einzugehen.

Im Rahmen einer Standortbestimmung soll dann die Erwachsenenbildung innerhalb des bestehenden Bildungsangebots eine Zuordnung erfahren. Wobei es vor allem gilt, die unterschiedlichen Bildungsinstitutionen mit ihren Zielen sowie das für die Bildung "auserwählte Klientel" zu benennen.

Ansetzend bei der "Industriepädagogik", die vor dem Hintergrund der sich vollziehenden Industrialisierung, auf die Schulung des Arbeiters im Industrieunternehmen hin ausgerichtet war, soll dann der Faden geknüpft werden zu einer Erwachsenenbildung auf betrieblicher Ebene im Sinne von Eugen Rosenstock-Huessy.

In diesem Zusammenhang ist kurz auf die "Industriepädagogik" einzugehen, um sich daran anschließend näher mit dem in den Aussagen von Eugen Rosenstock-Huessy zum Ausdruck kommenden Bildungsbegriff zu beschäftigen, der vor allem durch seinen "volkswissenschaftlichen Denkansatz" eine Begründung erfuhr.

Der besonderen Bedeutung des "volkswissenschaftlichen Ansatzes" für das Denken Eugen Rosenstock-Huessy's Rechnung tragend, gilt es, sich dann genauer mit dem in seiner Arbeit unter dem Titel "Werkstattaussiedlung" ausführlich behandelten Denkansatz zu beschäftigen.

Dementsprechend wird näher auf die "Untersuchungen über den Lebensraum des Industriearbeiters" einzugehen sein.

Dabei erscheint es zwingend, die Überlegungen Eugen Rosenstock-Huessy's zum "Stellenwert der Arbeit im Leben eines Industriearbeiters" zu hinterfragen, in deren Rahmen

---

[3] Vergleiche dazu:
Dissertation von Wilfried Rohrbach. <u>Das Sprachdenken Eugen Rosenstock-Huessys. Historische Erörterung und systematische Explikation</u>. Saarbrücken: Philosophische Fakultät der Universität, 1970.

er sich der Analyse der Industriearbeit widmete, um im Anschluß daran das Aufeinandertreffen der "unterschiedlichen" Interessen, nämlich des arbeitenden Menschen und der Unternehmensleitung, zu thematisieren.
Die daraus resultierende Forderung nach "Neuorganisation der Arbeit", im Sinne des menschlichen Individuums, gilt es dann in Bezug zu setzen zu der von Eugen Rosenstock-Huessy propagierten "Betriebspoltik". Damit soll der Kreis geschlossen werden hinsichtlich der als notwendig erachteten Erwachsenenbildung auf betrieblicher Ebene.

Im folgenden Abschnitt wird vor allem auf die konkreten Ansätze einer "Betrieblichen Erwachsenenbildung" einzugehen sein.
Vorab ist dabei die "Neue Richtung" zu verdeutlichen. Nicht verkennend, daß der Begriff "Neue Richtung" im Verlauf seiner Verwendung nicht nur für die Kennzeichnung eines Kreises von Menschen, sondern auch für eine Methode sowie für eine bestimmte historische Erscheinung steht.
Vor diesem Hintergrund gilt es, die Diskussion um eine "Neue Richtung" vor Augen, sich mit der in diesem Zusammenhang propagierten "Lebensbildung" zu beschäftigen. Ausgehend von Eugen Rosenstock-Huessy's Aufsatz "Das Dreigestirn der Bildung", in dessen Rahmen die "Lebensbildung" eine Verdeutlichung erfuhr, soll dann der unmittelbare Bezug zur Erwachsenenbildung aufgezeigt werden.
Mit Blick darauf, daß das Leben des Menschen insbesondere durch seine Arbeit bestimmt wird, ist dann der Faden zu knüpfen zur Erwachsenenbildung auf betrieblicher Ebene.Was Eugen Rosenstock-Huessy, nicht zuletzt vor dem Hintergrund der sich infolge des Ersten Weltkrieges einstellenden gesellschafts- sowie wirtschaftspolitischen "Notsituation", die in ihren Auswirkungen die Menschen unmittelbar bei ihrer Arbeit im Betrieb traf, geboten erschien. Nicht verkennend, daß der Betrieb sich, einerseits als Teil eines Unternehmens, andererseits als Arbeitsstätte des Menschen darstellt, sich mithin unterschiedliche Interessen gegenüberstehen.
In diesem Zusammenhang wird vor allem auch die im Sinne von Eugen Rosenstock-Huessy zu betreibende "Betriebspolitik" anzusprechen sein, die er sowohl die Belange des arbeitenden Menschen als auch die des Betriebes berücksichtigen sah.
Vor dem Hintergrund der bisherigen Überlegungen Eugen Rosenstock-Huessy's sollen nunmehr seine Ansätze "Betrieblicher Erwachsenenbildung" in der Praxis vor Ort vorgestellt und in ihrer Aktualität verdeutlicht werden. Dabei gilt es, im Sinne von Eugen Rosenstock-Huessy davon ausgehend, daß das Leben des Menschen sich, nicht zuletzt durch die Arbeit im Betrieb vor Ort bestimmt, auf die von ihm, mit Blick auf die Be-

dürfnisse und Fähigkeiten des Menschen, propagierte "Schaffung einer veränderten Betriebsstruktur", "Ausbildung des 'Ausbilders'" sowie "Nutzung von Kommunikationsmitteln auf betrieblicher Ebene, ...", einzugehen.

Hin zur Veränderung der Betriebsstruktur ist vor allem die ihr innewohnende Intention, nämlich wie dem in der Praxis vorgefundenen Produktionsprozeß "menschliche Züge" verliehen werden können, genauer zu hinterfragen. Dabei wird insbesondere die "Betriebliche Erwachsenenbildung" im Sinne von Eugen Rosenstock-Huessy zu verdeutlichen sein, die für ihn nicht zuletzt in der zu schaffenden Betriebsstruktur angelegt war. Den arbeitenden Menschen und die ihm entsprechende Einbeziehung in den Arbeitsprozeß vor Augen, werden dann heute (wieder) diskutierte aktuelle Entwicklungen, aber auch deren praktische Umsetzung in den Betrieben anzusprechen sein. Verwiesen sei in diesem Zusammenhang auf die Entwicklungen hin zum "Lean-Management", "Outsourcing", "Profit-Center" sowie zur "Qualitätssicherung".

Vor dem Hintergrund einer Veränderung der Betriebsstruktur ergibt sich zwingend das nähere Eingehen auf die von Eugen Rosenstock-Huessy propagierte "Ausbildung des 'Ausbilders'". Resultiert sie doch aus seiner Erkenntnis, daß den arbeitenden Menschen in den Betrieben häufig der Bezug zu ihren Bedürfnissen und Fähigkeiten fehlt oder verloren gegangen ist. Dies vor Augen, gilt es, auf die zu fordernde Qualifikation der "Ausbilder", vor allem aber auch auf deren konkrete "Ausbildung" einzugehen beziehungsweise anhand praktischer Umsetzungen zu verdeutlichen.

Schließlich ist die Nutzung von Kommunikationsmitteln auf betrieblicher Ebene als Forum einer "Betrieblichen Erwachsenenbildung" im Sinne von Eugen Rosenstock-Huessy anzusprechen. Dabei wird insbesondere die von ihm redaktionell betreute "DAIMLER WERKZEITUNG" im Mittelpunkt der Erörterungen stehen.

Im letzten Abschnitt ist dann, neben einer zusammenfassenden Betrachtung, eine Bewertung des Eugen Rosenstock-Huessy'schen Gedankenguts zur "Betrieblichen Erwachsenenbildung" vorzunehmen, dies nicht zuletzt mit Blick auf deren heutige Aktualität. Dabei wird primär auf die "Lean Managemant Philosophie" einzugehen sein, in deren Zusammenhang es vor allem auch die Entwicklungen, die unter den Begriffen "Outsourcing", "Profit Center" oder "Qualitätssicherung" Bedeutung gewannen, anzusprechen gilt.

Die vorliegende Arbeit wurde als Dissertation im Fachbereich Erziehungswissenschaften/ Weiterbildung an der Carl von Ossietzky Universität Oldenburg eingereicht.

Danken möchte ich an dieser Stelle allen, die zum Gelingen dieser Arbeit beigetragen haben. Zu nennen sind vor allem meine Frau Christiane sowie unsere Töchter Annalena und Theresa, die mich mit Geduld, manchmal mit Verwunderung, aber immer mit viel Verständnis durch diese Arbeit begleiteten; daneben meinen Eltern, die durch die Freiräume, die sie mir schufen und beließen, den Boden für diese Arbeit erst bereiteten. Schließlich Hans-Dietrich Raapke, der die Kunst zu fragen versteht, dabei dem geweckten Interesse die Offenheit und Würdigung entgegenbringend, der die zu behandelnde Thematik dieser Arbeit bedurfte und nicht zuletzt Herbert Schwab, der durch seine provokante Art, sich mit der Thematik dieser Arbeit auseinanderzusetzen, mein Interesse für immer wieder neue Aspekte zu wecken wußte.

2. Biographische Phasen Eugen Rosenstock-Huessy's in ihrem Bezug zu seiner "Neuen Grundlehre vom Sprechen"

Eugen Rosenstock-Huessy wurde am 06. Juli 1888 in Berlin-Steglitz geboren. Vor dem Hintergrund der historischen Entwicklung um die Jahrhundertwende, die geprägt wurde durch die Politik von Bismarck und (nach dessen Sturz) von Wilhelm II., in der die Donaumonarchie nach und nach verfiel, in der die Sozialistengesetze sowie der Kulturkampf nachwirkten, in der die sozialen Probleme, die der Industrialisierung innewohnten, weiterhin einer Lösung harrten, genoß Eugen Rosenstock-Huessy als Sohn einer Berliner Bankiersfamilie seine Schüler- und Studentenjahre noch in einer bunten, äußerlich intakten "bürgerlichen" Welt.

Nach Abschluß seiner schulischen Ausbildung studierte er die Jurisprudenz und promovierte 1909 an der Juristischen Fakultät der Universität Heidelberg[1]. Neben seinen juristischen Studien galt sein besonderes Interesse der Beschäftigung mit der Sprache.

Nach der Entwicklung einer "Neuen Grundlehre vom Sprechen" wurde sie zu einem wesentlichen, seine weitere Biographie bestimmenden, Element. Bereits seine juristischen Arbeiten ließen seine philologischen Überlegungen erkennen beziehungsweise brachten sie deutlich zum Ausdruck. Vor diesem Hintergrund erscheint es zwingend, die wesentlichen Grundsätze des Sprechens und Denkens sowie ihr Verhältnis zueinander, im Sinne von Eugen Rosenstock-Huessy, aufzuzeigen, um so bestimmte Entwicklungen und Verhaltensweisen in seiner Biographie verstehen beziehungsweise nachvollziehen zu können.[2]

2.1 *Grundsätze des Sprechens und Denkens sowie ihr Verhältnis zueinander, im Sinne von Eugen Rosenstock-Huessy*

Eugen Rosenstock-Huessy ging bei seinem Ansatz einer "Neuen Grundlehre vom Sprechen" von der Erkenntnis aus, daß die "akademische Wissenschaft unfruchtbar ist und sich im Kreise dreht". Sie muß dies tun, so Eugen Rosenstock-Huessy, "weil sie das Verhältnis von Zeit und Geschichte und Sprache auf den Kopf stellt."

---

[1] Thema der Dissertation: Landfriedensgerichte und Provinzialversammlungen vom neunten bis zwölften Jahrhundert. Inaugural-Dissertation zur Erlangung der Doktorwürde einer Hohen Juristischen Fakultät der Ruprecht-Karls-Universität zu Heidelberg. Breslau: M&H. Marcus, 1910.
[2] Rohrbach, Wilfried. Das Sprachdenken Eugen Rosenstock-Huessy's. Hg. Philosophische Fakultät, Diss. Saarbrücken, 1970.

Einen wesentlichen Grund dafür sah er darin, "daß die Idealisten, um sich über die Plebs zu erheben, nur für Denkende denken". "Notwendig sei es, zu Hörenden zu sprechen und auf Sprechende zu hören. Das aber tun die Akademiker nun einmal nicht, denn sie glauben, damit ihren Rang einzubüßen."[3] Hier setzte Eugen Rosenstock-Huessy an, indem er "das gegenseitige Ansprechen beim Namen", als wesentliche Grundlage für ein Verstehen, "für die Schaffung eines gemeinsamen Lebens fordert". Dabei stand der Begriff "Namen" bei ihm für den konkret Angesprochenen, durch seine persönliche Entwicklung Geprägten. Zur Verdeutlichung führte er folgendes Beispiel an. "Ein Film, in dem zum einen der Ablauf eines Geschlechtsaktes, zum anderen die Geschäftsanzeige einer Klinik zu sehen war, wurde einmal einer Gruppe von Psychoanalytikern, dann einer Gruppe von Soldaten vorgeführt. Während von Seiten der ersten Gruppe die Anzeige ausgepfiffen, der sexuelle Prozeß aber mit heiliger Nüchternheit studiert wurde, nahm die Gruppe der Soldaten die Anzeige im Film achtungsvoll entgegen, heulte den Geschlechtsakt aber zur Zote um." Das aber bedeutet, so Eugen Rosenstock-Huessy, "daß eine Million Worte sinnlos wären, wenn der, zu dem sie gesprochen werden, nicht weiß, in welchem Namen er angeredet wird."[4] Neben der ersten Situation, "der Anrede beim 'Namen'"[5] die einem wirksamen Sprechen vorausgehen muß, nannte Eugen Rosenstock-Huessy drei weitere damit verbundene, aufeinander folgende Situationen. "Indem nämlich in der ersten Situation jemand einen Namen über sich ausrufen hört, teilt er in einer zweiten jemand anders mit, unter welchem Namen er sich bereit findet. In der dritten berichten wir, was uns unter diesem Namen alles angetan und geschehen ist: wir berichten, wir erzählen und stellen fest, was geschehen. Schließlich überblicken wir alles und vergleichen und ziehen die Summe in einem logischen System. Wir analysieren."
Entsprechend Eugen Rosenstock-Huessy "erlebt der Mensch nach grammatischem Gesetz, als 'Dich', erst dann horcht er auf, als 'Ich'; später sprechen dann zwei miteinander". "Als 'Wir' hernach, dann stellen wir fest, was wir haben geschehen sehen. Als 'Es', am Ende, denn dann ist es klar, was es zu bedeuten hat."[6]

---

[3] Rosenstock-Huessy, Eugen. <u>Ja und Nein. Autobiographische Fragmente aus Anlaß des 80. Geburtstags des Autors im Auftrag der seinen Namen tragenden Gesellschaft.</u> Heidelberg: Lambert Schneider, 1968. 9-10.
[4] Rosenstock-Huessy, Eugen. <u>Ja und Nein.</u> AaO.. 23-24.
[5] Eugen Rosenstock-Huessy benutzte in diesem Zusammenhang den grammatikalischen Begriff des Vokativ. Dazu vergleiche: Eugen Rosenstock-Huessy. <u>Ja und Nein.</u> AaO.. 24-27.
[6] Eugen Rosenstock-Huessy. <u>Ja und Nein.</u> AaO.. 26-27.

Von diesen Überlegungen ausgehend knüpfte Eugen Rosenstock-Huessy den Faden zum Verhältnis des Sprechens zu Zeit und Geschichte. Zur Verdeutlichung bemühte er beispielhaft die indische Erzählung, in der der Vater die Kinder in den Wald schickt, um Zweige zu brechen. Dabei ergeben sich die folgenden Konstellationen. "'Dich' hat er gehen heißen. Unter dieses namentlichen Auftrags Druck gehen die Kinder. Nun sprechen sie zueinander: 'Ich gehe rechts', sagt wohl das eine. 'Laß mich links halten', sagt das andere. Hier zwingt 'Dich' der Druck des Auftrags, von dir als 'Ich' zu reden. Das 'präjektive Du', der in die Zukunft hinausgeworfene Hörer des Gebotes, wird während der Ausführung zum Subjekt abgewandelt. Aber es bleibt nicht dabei. Dem Präjekt und dem Subjekt folgt das Trajekt[7]. Denn stolz kehren die Kinder zurück und melden: 'Wir haben die Zweige gebrochen'. Der Befehl ist ausgeführt. Sie haben eine Spannung und einen Abgrund in der Zeiten Abstand hinter sich gebracht, und weil Zeit überbrückt ist, nennen sich die Erzählenden gemeinsam 'Wir'."

Für Eugen Rosenstock-Huessy bedeutete das, "'Wir' ist das Perfekt von 'Du', 'Ich' ist sein Präsens und 'Du' ist Zukunft". "So ist aus 'Etwas' Geschichte geworden, weil es aus Befehl Tatsache geworden und daher einmal von vorn und einmal von hinten ausgesprochen wurde. Der Vater kann die Zweige zählen, sie sind objektiv da. Sie bilden ein Ding in der natürlichen, meß- und wägbaren Erscheinungswelt." "Das aber bedeutet, daß die Sprache, diese Einheit in dem Wandel vom Präjekt zum Subjekt, zum Trajekt, zum Objekt durch Wandel leistet. Entsprechend tritt das Wort in die Welt ein, indem es eine Seele als Präjekt sich unterwirft, es zur subjektiven Mitteilung nötigt, trajektiven Bericht von allen Teilnehmern in ihren Feststellungen erzwingt und schließlich jedermann objektiv vorgerechnet werden kann."[8] Daraus folgt aber auch, daß nicht zeitlos über das Sprechen geredet werden kann, wenn es sinnvoll sein soll, es muß vielmehr ein Zeitpunkt gekommen sein, zu dem sich die "Abwandlung" im Rahmen des Sprechens substanziell vollzieht.

In welchem Verhältnis steht nun aber das Denken zum Sprechen? Bei der Beantwortung dieser Frage sah sich Eugen Rosenstock-Huessy auf einer Linie mit Wilhelm von

---

[7] Bei den Begriffen Präjekt und Trajekt handelt es sich um Wortneuschöpfungen Rosenstock-Huessy's, die im Rahmen des zeitlichen Ablaufs die Stationen Subjekt und Objekt ergänzen. "So sind wir als Präjekte (Zeitansager und Zeitmitschöpfer) zunächst Hörer und Angesprochene, werden als Sprecher zu Subjekten, als Trajekte (Zeitangesagte und Zeitmitschaffende) zu Verbindenden der Sprache, des Handelns und schaffen damit Objekte".

[8] Rosenstock-Huessy, Eugen. Ja und Nein. AaO.. 29-31.

Humboldt, der zum Ausdruck brachte, "daß es durch die gegenseitige Abhängigkeit des Gedankens und des Wortes voneinander klar einleuchtet, daß die Sprachen nicht eigentlich Mittel sind, die schon erkannte Wahrheiten darzustellen, sondern weit mehr, die vorher unbekannte zu entdecken".
Eugen Rosenstock-Huessy wies darauf hin, daß "vor allem die Wissenschaftler und andere Machtmenschen stolz sagen, wir sprechen erst, wenn wir uns die Sache ausgedacht haben". "Das setzt aber voraus, daß es sich bei den Sprachen um etwas allen Bekanntes handelt. Tatsächlich aber lernen wir sprechen und da wird künftige Hochsprache vorgekaut. Wir denken nach und da wird früheres Sprechen nachgerechnet. Alles Lernen ist Vorbereitung, alles Denken Nachbereitung der Lagen, in denen laut und öffentlich gesprochen wird."

Wie bereits oben angesprochen, bedeutet Sprechen im Sinne von Eugen Rosenstock-Huessy, "ein gegenseitiges Ansprechen, das Erwerben, Mitteilen, Festsetzen von Eigenschaften, als Ergebnis die Feststellung eines objektiven Befundes". Erst dieser Befund bietet die Grundlage für das Denken. Fehlt ein (An-)Sprechen, bedeutet Denken, wenn es nicht einfach als "Selbstgespräch" gelten soll, daß das, was ich über etwas denke, wichtiger ist, als das, was ich zu jemandem sage. Sehen die Akademiker mithin das Sprechen als etwas Bekanntes an, heben sie das Denken auf eine Ebene, die nicht von jedem (insbesondere nicht von Nichtakademikern) betreten werden kann. Sie verhindern damit das Einfließen von deren Überlegungen und Interessen in ihr Denken.[9]
Hiergegen richtete sich Eugen Rosenstock-Huessy vehement, indem er die Rückkehr zur vom Akademismus befreiten Universität forderte. So gelte es, "die von Descartes und Kant in einer Art Dialog erschaffene Welt, die die leibschaffende, unsere künftige Eigenart über uns ausrufende Kraft der Sprache geleugnet haben, zu überwinden; die Fleischwerdung des Wortes über das Begriffwerden des Denkens zu erhöhen; mithin Geist und Körper (Metaphysik und Physik) wieder zusammenzufügen".[10]

Ergänzend beziehungsweise als Abrundung sei an dieser Stelle noch kurz auf die Beweisführung Eugen Rosenstock-Huessy's hinsichtlich seiner "Neuen Grundlehre vom

---

[9] Eugen Rosenstock-Huessy verwies darauf, daß die Scholastik ehrlich genug war, sich scholastisch zu nennen, die Schola trug den Stempel der Abhängigkeit von der rauhen Wirklichkeit an der Stirn. Nachdem aber der Humanismus die Emanzipation der Schule verkündete, wollten die Akademiker a priori denken. Nachdem die Gebildeten das akzeptiert hatten, brach diese von der Natur des Denkens beherrschte europäische Geisteswelt entseelt zusammen.

[10] Rosenstock-Huessy, Eugen. Ja und Nein. AaO.. 36-56.

Sprechen" eingegangen, bietet sie doch die Möglichkeit, weitere wesentliche Aspekte seiner Gedankenwelt offenzulegen. So sah Eugen Rosenstock-Huessy rückblickend[11] den Beweis seiner "Neuen Grundlehre" in seinem Lebensabschnitt von 1902 bis 1942. Er stellte fest, "nachdem das Wort 'Sprache' ihn vier Jahrzehnte zum Schemel seiner Neuausrufung gemacht habe, mußten wir es wieder als Namen ausrufen, nachdem es ein bloßer Begriff geworden war". Dabei habe er "den neuen Namen in den vierzig Jahren erst als Präjekt, dann als Subjekt, dann als Trajekt und schließlich als Objekt durchgetragen". Das bedeutet laut Eugen Rosenstock-Huessy, "daß auch ein Leben ein Beleg sein kann und daß es für gewisse Wahrheiten vermutlich den einzigen Beleg darstellt". Dann nämlich, wenn die Erschütterung durch ein den einzelnen treffendes, aber die Gattung meinendes, Erlebnis zum Ausdruck kommt. Er machte deutlich, "daß es sich nicht um seine eigene Lebensgeschichte handelt, sondern um eine von ihm geglaubte, als dann anderen mitgeteilte, von uns gemeinsam festgestellte und schließlich von der Welt angeeignete Wahrheit". Dabei liege auch kein erfundenes Gerüst zugrunde, vielmehr erfolge die Tönung jeder Epoche gegen seinen Willen, damit handele es sich nicht um einen Beleg für seinen Willen, sondern für einen Ablauf.

2.2 Wirkens- und Schaffensphasen Eugen Rosenstock-Huessy's im Sinne seiner "Neuen Grundlehre vom Sprechen"

2.2.1 Phase des Lernens und Lehrens an Schule und Universität (präjektive Phase)

Die erste Phase des Schaffens und Wirkens von Eugen Rosenstock-Huessy[12], in der Zeit von 1902 bis 1912, wurde, neben seinem Studium der Jurisprudenz[13], insbesondere durch die Beschäftigung mit der Philologie geprägt. Dies kam vor allem darin zum Ausdruck, daß er alle ihm erreichbaren Schriften namhafter Philologen studierte sowie das Fachgespräch suchte und führte, um sich die Philologie in ihrer Gänze zu erschließen. Parallel dazu fertigte er Textkritiken, kopierte und edierte Handschriften, betrieb stilistische Untersuchungen und Archivforschungen, nahm ikonographische Untersuchungen

---

[11] In seiner Veröffentlichung autobiographischer Fragmente, 1968. Rosenstock-Huessy, Eugen. Ja und Nein. AaO. 57-59.
[12] Eugen Rosenstock-Huessy machte immer wieder deutlich, daß die vier Phasen (zu je 10 Jahren), die seinen Lebensabschnitt von 1902 bis 1942 bestimmten, nicht als pedantisch festgelegt anzusehen sind.
[13] Eugen Rosenstock-Huessy verwies des öfteren darauf, daß er sein juristisches Studium "wider seines Herzens Drang" abgeleistet habe. Ja und Nein. AaO.. 61.

an Bauten und Denkmälern vor, entwarf Wörterbücher und Grammatika, veröffentlichte liturgische Kalenderforschungen.[14]

Die häufig von Eugen Rosenstock-Huessy fanatisch betriebenen Arbeiten zielten dabei letztlich darauf, "die Organisation der Menschheit aufgrund der Sprache zu enträtseln"[15]. Dabei wurde sein Tun bestimmt durch großen Respekt gegenüber der deutschen Universität.

Ein Wandel hinsichtlich der Einstellung Eugen Rosenstock-Huessy's gegenüber der Universität bahnte sich an bei der Erarbeitung des Hauptbeitrags zu einem Buch[16], das Johannes Vahlen gewidmet werden sollte. Dabei stieß er auf den Satz: "Die Sprache ist weiser als der, der sie spricht." Dieser Satz bestimmte fortan seine Gedanken. Sie flossen nicht zuletzt ein in eine verfassungsgeschichtliche Untersuchung und wurden mit deren Einreichung und Anerkennung als Habilitationsschrift[17] bei der juristischen Fakultät in Leipzig öffentlich.

Die Fakultät reagierte umgehend mit einer Rüge und der Auflage, das ketzerische Kapitel, aus der Arbeit zu tilgen, das den Satz enthielt, "...die lebendige Volkssprache überwältigt allemal das Denken des einzelnen Menschen, der sie zu meistern wähnt; sie ist weiser als der Denker, der selbst zu denken meint, wo er doch nur spricht und damit der Autorität des Sprachstoffs gläubig vertraut; sie leitet seine Begriffe unbewußt zu einer unbekannten Zukunft vorwärts".[18] Brachte dieser Satz doch die Kritik an der akademischen Wissenschaft prägnant zum Ausdruck, indem er die Gedanken des sogenannten Denkers zwischen ihrer Herkunft aus der Autorität des Sprachstoffes und ihrer Bestimmung für eine ausdrückliche Zukunft anordnete.

Eugen Rosenstock-Huessy's "Neue Grundlehre vom Sprechen", die nicht an bloßen Werten, die Dinge bezeichnen, ansetzt, sondern die Sprache aus Namen bestehend ansieht, die uns etwas zu vollziehen heißen, stand damit auch formal wissenschaftlich im

---

[14] Rosenstock-Huessy, Eugen. Ja und Nein. AaO.. 64.
[15] Rosenstock-Huessy, Eugen. Ja und Nein. AaO.. 61.
[16] Bei dem Beitrag handelte es sich um einen Querschnitt durch die Literatur einer Generation des Mittelalters. Er wurde mit großem Pathos, auf lateinisch dem 'Fürsten der Philologie', Johannes Vahlen, gewidmet.
[17] Thema der Habilitation: Ostfalens Rechtsliteratur und Friedrich II. (Eine verfassungsgeschichtliche Untersuchung). Weimar: Hermann Boehlhaus Nachfolger, 1912.
[18] Rosenstock, Eugen. Ostfalens Rechtsliteratur unter Friedrich II. AaO.. 144. Eugen Rosenstock ließ die Textpassage in den der Fakultät geschuldeten Belegstücken weg, in der sonstigen Auflage beließ er sie jedoch.

Raum. Letztlich trat Eugen Rosenstock-Huessy mit dieser Arbeit von der Philologie hinüber in ein neues wissenschaftliches Feld, nämlich die Lehre von den Namen anstatt von den Worten. Damit lag er jedoch zwischen all den Feldern der bestehenden Wissenschaft, was ihm von allen Seiten den Vorwurf des unwissenschaftlichen Arbeitens eintrug. Diese Erfahrung führte mehr und mehr dazu, daß Eugen Rosenstock-Huessy aus seiner Universitätsabgötterei erwachte.

Bereits im Vorfeld der Erarbeitung seiner Habilitationsschrift hatte er durch seine Überlegungen und Ideen zum Sprechen die akademische Wissenschaft verschreckt beziehungsweise auf Distanz zu sich gebracht.[19]

Die Isolierung und Vereinsamung, die folgte, war Ausgangspunkt für zwei erwähnenswert erscheinende Erfahrungen Eugen Rosenstock-Huessy's, gewannen sie doch grundsätzliche Bedeutung für sein weiteres Schaffen. So lernte er aufgrund von Gesprächen mit namhaften Vertretern der Kirche, diese als abgesonderten, für ihn selbst notwendigen, Raum kennen. Sprechen stellte sich darin erst einmal als ein Streben dar, für sich selbst einzuräumen und abzustecken, was in Zeit und Raum fortan zusammenhängen soll.

Eine weitere abgesonderte Welt und eine künstliche Zeit, die durch den Dienstplan bestimmt war, erfuhr Eugen Rosenstock-Huessy durch seinen Aufenthalt beim Militär.[20] Dabei gewannen die Akte Befehl und Gehorsam eine besondere Bedeutung für ihn. Er erkannte, daß der Mensch von Natur aus gehorchen und befehlen möchte und zwar dies beides gleich stark. Erst als Soldat aber, so Eugen Rosenstock-Huessy, sei es möglich, ganz zu begreifen, weshalb das ein und dasselbe ist. Hier sah er sich in seinem Vorwurf an die akademische Welt bestätigt, die sich aus diesen Grundverhältnissen von Gehorsam und Befehl herauslöse und damit die Sprache ihres Sinnes beraube, mithin sie zum Mittel des Denkens abqualifiziere. Aus der Erfahrung beim Militär ging letztlich sein Bestreben hervor, "ein Element des Dienstes, dem Denken zurückzuerobern"[21]. Hieraus

---

[19] So verwies Eugen Rosenstock-Huessy darauf, daß er trotz des Erlangens zweier Doktorgrade, zum einen der Jurisprudenz (Dr. jur.) 1909, zum anderen der Geschichte (Dr. phil.) 1923 in Heidelberg, stets Außenseiter der Heidelberger Denkwelt blieb. Das kam vor allem auch darin zum Ausdruck, daß es mit den Ordinarien nie zu einem vernünftigen Wortwechsel kam.
Eine Ausnahme bildeten die Gespräche mit dem bereits emiritierten Immanuel Bekker. Dazu: Ja und Nein. AaO.. 66- 67.
[20] Eugen Rosenstock-Huessy nannte in diesem Zusammenhang seine Zeit beim Heer von 1910 bis 1912.
[21] Rosenstock-Huessy, Eugen. Ja und Nein. AaO.. 68.

erwuchsen insbesondere auch seine Überlegungen hinsichtlich der Schaffung freiwilliger Arbeitslager. Darauf wird an anderer Stelle noch näher einzugehen sein.

Infolge der durch seine Habilitationsschrift gewonnenen Erkenntnisse beziehungsweise Erfahrungen und mit Beendigung seines Buches "Königshaus und Stämme in Deutschland zwischen 911 und 1250"[22] ging ein Wandel einher im Schaffen und Wirken von Eugen Rosenstock-Huessy. Nach außen wurde das insbesondere deutlich durch den im Jahre 1913 vollzogenen Abschied von der Arbeit an der Universität. Eugen Rosenstock-Huessy selbst bezeichnete im nachhinein das genannte Buch als Höhepunkt seiner akademischen Laufbahn. Mit ihm schloß er letztendlich seine "präjektive Phase" des Lernens und Lehrens ab.

2.2.2 Phase der Mitteilung außerhalb der Universität (subjektive Phase)

Die zweite Phase des Schaffens und Wirkens von Eugen Rosenstock-Huessy, von 1913 bis 1923, war vor allem geprägt durch seine Arbeit außerhalb der Universität. Eugen Rosenstock-Huessy selbst empfand die Epoche rückblickend als "subjektive Phase" seines Lebens, in deren Mittelpunkt die Mitteilung stand. Für ihn bedeutete das, nachdem die erste Phase ihn das Sprechen, Hören, Vernehmen entdecken ließ, daß es nunmehr galt, als Subjekt, diese Erfahrung im Leben mitzuteilen. Dabei hieß "Leben" (Liebe, Freundschaft, Krieg) das Betreten neuer Räume (Räume veränderter Weite) sowie neuer Zeiten (Zeiten gewandelten Zusammenhangs).

Vor dem Hintergrund der besonderen Bedeutung, die Eugen Rosenstock-Huessy den Gesprächen mit Franz Rosenzweig beimaß,[23] sollen diese als Einstieg in die zweite Phase dienen, indem die wesentlichen Aspekte der Auseinandersetzung angesprochen werden. Trägt dies doch dazu bei, Überlegungen besser einordnen sowie Verhaltensweisen verstehen zu können.

Im Rahmen der Gespräche kristallisierte sich insbesondere eine gemeinsame Ablehnung der akademischen Welt bloßen Denkens heraus. Gleichzeitig machten die Gespräche aber auch deutlich, daß eine gemeinsame Lehre vom Sprechen nicht zu erreichen war.

---

[22] Rosenstock, Eugen. Königshaus und Stämme in Deutschland zwischen 911 und 1250. Leipzig: Meiner, 1914. (Neudruck: Aalen: Scienta, 1965.)
[23] Eugen Rosenstock-Huessy bezeichnete die existenzielle Beziehung zu Franz Rosenzweig als einen wichtigen Aspekt des Jahrzehnts von 1913 bis 1923. Ja und Nein. AaO.. 70.

Dies lag vor allem darin begründet, daß beide bei ihren Überlegungen von unterschiedlichen Voraussetzungen ausgingen, wobei nicht zuletzt die jeweilige religiöse Überzeugung das ihre dazu beitrug. Das wurde deutlich bei Eugen Rosenstock-Huessy, indem er sich, überzeugt von der Trinität Vater, Sohn und Geist, im Alter von sechzehn Jahren auf eigenen Wunsch mit Zustimmung seiner Eltern evangelisch taufen ließ. Diese Überzeugung kam in seinen Überlegungen immer wieder zum Ausdruck. Wohingegen Franz Rosenzweig seine Existenzphilosophie auf dem Boden jüdischer Tradition entwickelte, die geprägt war von der dialogischen Erfahrung des "Du-Ich-Begriffs".[24] Während Eugen Rosenstock-Huessy in der Wirklichkeit der erlebten Zeit ansetzte, ging Franz Rosenzweig von der Ewigkeit aus, wo Mensch, Gott, Welt auf ewig gleichen Bahnen erscheinen. Ergänzend nannte Eugen Rosenstock-Huessy eine dritte Lehre vom Sprechen, die von der Gegenwart ausgehend in die Zukunft gerichtet war und dabei das Ich dem Du voranstellte. Als Vertreter dieser Lehre nannte er Martin Buber[25]. Insgesamt sah Eugen Rosenstock-Huessy die Existenzberechtigung aller drei Lehren vom Sprechen, deren gemeinsamer Ansatz das "dialogische Prinzip" bildete.[26] Er bezeichnete es als "Trinität der Sprache"[27], die es zu pflegen gelte.

Nach Ausbruch des Krieges konnten die intensiven Gespräche zwischen Eugen Rosenstock-Huessy und Franz Rosenzweig dann zwar nicht mehr fortgesetzt werden, die Gesprächskontakte rissen jedoch nie ab.

---

[24] Rosenzweig, Franz. Stern der Erlösung. 3. Auflage (unveränderter Abdruck der 1921 erschienenen Erstausgabe). Heidelberg: Schneider, 1954.

[25] Martin Buber (1878-1965), Künder der chassidischen Botschaft, sieht Gott nicht als abstraktes Prinzip, "ein höchstes Sein", sondern als Person und Gegenwart, als Gegenwart in der Beziehung von "Ich und Du".
Buber, Martin. Ich und Du. Köln: Hegner, 1966. Dazu Gerhard Wehr. Martin Buber". Die Großen der Weltgeschichte 10. Hg. Kurt Fassmann. Zürich: Kindler, 1978. 742-751.

[26] Möckel, Andreas. "Die Ursprünge des dialogischen Prinzips bei Martin Buber, Franz Rosenzweig und Eugen Rosenstock- Huessy". AaO.. 7-22.

[27] Laut Rosenstock-Huessy gibt es für die Lehre vom Sprechen und von der Zeit kein System im alten Sinne, keine alleinseligmachende Wahrheit. Trotzdem ist es notwendig, über sie die Wahrheit zu sagen. Dies aber ist nur in der bestimmten Sprache möglich, die dem Alpha, dem Omega, der Mitte des Zeitenstroms entspringt. Den Alpha-Ansatz sah er insbesondere bei den französischen Existenzialisten, bei denen die Sprache immer aus dem Anfang der Zukunft gebildete. Im Gegensatz sah er den Omega-Ansatz, der davon ausgeht, daß die Sprache vom Ende her tönt, will heißen, aus der Ewigkeit eines Volkes von Priestern, die eifersüchtig die Einheit aller Zeiten in Gott bewacht. Seinen Ansatz selbst sah er im Mittelpunkt des Heute stehend, an dem ein Stück ewigen Lebens in die Zeiten einbricht, als das die Zeiten und Räume neu einrichtende Kreuz der sich wandelnden Zeiten und verwandelten Räume. Ja und Nein. AaO.. 72.

Den Ersten Weltkrieg erlebte Eugen Rosenstock-Huessy als Frontoffizier. Dabei gehörte die Bewährung als Soldat, mehr als in einer Hinsicht, zu seinem Leben. Er vollzog in diesen Jahren an sich selbst, was er die Bewältigung der Erfahrungen nannte. So kam etwa in seinen Schriften "Hochzeit des Krieges und der Revolution"[28] oder "Arbeitsdienst Heeresdienst"[29] das Erlebnis der zerstörerischen Gewalt, aber auch die die Zukunft enthüllende Macht des Krieges zum Ausdruck, wohingegen in anderen Veröffentlichungen das Leiden, um die im Weltkrieg offenbar gewordene nationalistische Geistesverwirrung der Völker Europas, thematisiert wurde.

Darüber hinaus ist aber auch auf eine 1916 von Eugen Rosenstock-Huessy in einer nicht veröffentlichten Denkschrift erhobene Forderung nach einem Mannschaftshaus für die Unterweisung der Soldaten, während der Ruhezeiten hinter der Linie, aufmerksam zu machen.[30] Kommen doch hierbei bereits die Grundgedanken dessen zum Ausdruck, was nach Ende des Krieges unter Mitwirkung Eugen Rosenstock-Huessy's als Erwachsenenbildung geleistet wurde, nämlich eine Lehre, "die ihren Stoff den Erfahrungen der zu Lehrenden selbst entnimmt". Entsprechend brachte Eugen Rosenstock-Huessy noch während des Krieges die Erlebnisse als Soldat zu Papier.[31]

Das Ende des Ersten Weltkrieges war dann für Eugen Rosenstock-Huessy noch von besonderer Bedeutung, ging mit ihm doch der Zusammenbruch überkommener Wertvorstellungen einher. So empfand er den Zusammenbruch als existenzielles Erlebnis, dem er, um ihm Ausdruck zu verleihen, durch die Schaffung einer "Gesinnungsgemeinschaft" begegnen wollte. Aus dem Bedürfnis heraus und den folgenden Kontaktaufnahmen bildete sich im Frühjahr 1919 der Patmos-Kreis[32].

Das vorrangige Ziel der Gemeinschaft war es, dem Zeitstrom entgegengesetzte Ideen und Überlegungen in die Diskussion einzubringen, aufzugreifen, zu verbreiten und eine

---

[28] Rosenstock, Eugen. Hochzeit des Krieges und der Revolution. Würzburg: Patmos, 1920.
[29] Rosenstock, Eugen. Arbeitsdienst-Heeresdienst. Die Aufrichtung der wirtschaftlichen Kommandogewalt im Reich. Jena: Eugen Diederichs, 1932.
[30] Dieser Forderung wurde stattgegeben. Werner Picht und Eugen Rosenstock. Im Kampf um die Erwachsenenbildung. Das Mannschaftshaus der 103. Inf.-Div.Ein Versuch von 1916. Leipzig: Quelle und Meyer, 1926. 12-19.
[31] Ballerstedt, Kurt. "Leben und Werk Eugen Rosenstock-Huessy". Das Geheimnis der Universität. Hg. Georg Müller. Stuttgart: Kohlhammer, 1958. 297-305.
[32] Zu dessen Kern gehörte neben Eugen Rosenstock-Huessy, Franz Rosenzweig, der Jurist Werner Picht, der Pädagoge Leo Weismantel, der Philosoph Hans Ehrenberg, der Physiologe Rudolf Ehrenberg und der Theologe Karl Barth.

kritische Auseinandersetzung zu fördern. Zu diesem Zweck fanden interne Diskussionsrunden statt, daneben wurden Veranstaltungen zu konkreten Themen organisiert und durchgeführt. Behandelte Themen waren etwa, "Zur Krise der Universität", "Schaffung einer Akademie der Arbeit", "Gründung einer "Deutschen Schule für Volksforschung und Erwachsenenbildung", "Errichtung von Arbeitslagern für Bauern, Arbeiter und Studenten".[33] Im Herbst 1919 wurde dann der Patmos-Verlag[34] als Sprachrohr der Gemeinschaft gegründet und dem Buchhandel vorgestellt.

Mit dem Ende des Krieges stellte sich für Eugen Rosenstock-Huessy aber auch die grundsätzliche Frage nach seinem künftigen Arbeitsfeld. Selbst davon überrascht, erhielt er drei Angebote. So drängte ihn die Leipziger Fakultät zur Rückkehr in die Hochschullehrerlaufbahn. Daneben bot ihm Carl Muth, Herausgeber des katholischen Organs "Hochland", an, als Mitherausgeber die Zeitschrift zu betreuen, in der er bereits als freier Mitarbeiter tätig war. Außerdem suchte ihn Innenminister Rudolf Breitscheid als Staatssekretär für die Ausarbeitung der Verfassung zu gewinnen.

Eugen Rosenstock-Huessy schlug die Angebote jedoch aus und übernahm bei DAIMLER BENZ in Stuttgart die Redaktion der von Paul Riebensahm herausgegebenen Werkzeitung.

Hintergrund dieser Entscheidung war dabei letztlich sein Anliegen, "die Industriearbeit, als wahrhaft menschliche Daseinsweise, zu gestalten". Ausgehend von der Überlegung, daß die Arbeit den Menschen mündig macht, daß sie ihn aber im Industriebetrieb nicht voll erwachsen werden läßt, weil sie seine Kräfte zur Verantwortung weithin brach legt, sah er im unmittelbaren Umgang mit Arbeitern die einzige Möglichkeit, Erkenntnisse zu gewinnen, die ein Recht der Arbeit begründen. Die Werkzeitung sah er als eine Möglichkeit der Kontaktaufnahme, aber auch der Kenntnisvermittlung, die er nutzte, indem er sie den Arbeitern als "Gesprächsforum" anbot, und daneben selbst, durch eine Reihe eigener Beiträge, die Arbeitsvorgänge gewissermaßen zum Reden brachte und sie damit

---

[33] Das erstgenannte Thema war der Leitsatz, unter dem der erste Auftritt der Gruppe am 30. Juni 1919 in Würzburg stand. Redner des Abends war Eugen Rosenstock-Huessy.
Weismantel, Gertrud. "Begegnungen: Eugen Rosenstock-Huessy und Leo Weismantel". Eugen Rosenstock-Huessy zum 100. Geburtstag. Stimmstein 3, Jahrbuch der Eugen Rosenstock-Huessy-Gesellschaft. Mössingen: Talheimer, 1990.

[34] Ursprünglich sah man vor, eine Verlagsgruppe "Neubauverlage", bestehend aus drei in sich selbständigen Abteilungen, zu gründen. Hintergrund dieser Überlegungen war die von Eugen Rosenstock-Huessy oben angesprochene "Trinität der Sprache". Ihr sollte durch Schaffung je eines Forums Rechnung getragen werden.

aus ihrer Stummheit, ihrer Menschenferne erlöste.[35]
Eugen Rosenstock-Huessy war von April 1919 bis August 1920 maßgeblicher Redakteur der DAIMLER Werkzeitung.[36]
Als Frucht dieser Zeit kann auch sein Werk die "Werkstattaussiedlung" gelten, auf das an anderer Stelle noch näher einzugehen sein wird.

Vor dem Hintergrund des mit dem Ende des Ersten Weltkrieges einhergehenden Zusammenbruchs des Kaiserreiches und der daraus erwachsenen Möglichkeit der Arbeiterklasse, maßgebliche Positionen in Staat und Gesellschaft zu übernehmen, gewannen die bereits im Patmos-Kreis geäußerten Überlegungen von Eugen Rosenstock-Huessy, hinsichtlich der Gründung einer "Akademie der Arbeit", praktische Bedeutung, zeigte sich doch sehr schnell, daß die Zahl der befähigten Vertreter der Arbeiterschaft, für die zu besetzenden Stellen, viel zu gering war.

Nachdem die Stiftungsuniversität Frankfurt, die den Bildungsbedürfnissen der Arbeiterschaft gerecht zu werden suchte, im Jahre 1920 in Finanznot geriet, wurde von sozialdemokratischen Politikern, vorne weg dem Frankfurter Stadtverordneten und Gewerkschaftsführer Theodor Thomas, der Gedanke entwickelt, eine hochschulmäßige Bildungsstätte für die Arbeiterschaft in die Universität aufzunehmen.[37] Ein von der sozialdemokratischen Stadtverordneten-Fraktion eingesetzter Ausschuß schuf einen Plan zur Errichtung einer Arbeiterakademie. Der Vorschlag wurde von der Universität akzeptiert und auch beim preußischen Staat durchgesetzt.[38]

Als geistige Väter der von der sozialdemokratischen Fraktion im Januar 1920 herausgebrachten Denkschrift, die für den Aufbau der Akademie grundlegende Bedeutung gewann, gelten Hugo Sinzheimer und Hugo Pape. Daneben erschien im September 1920 eine von Eugen Rosenstock-Huessy abgefaßte Denkschrift, die dazu führte, daß er vom preußischen Kultusminister mit der Leitung der, nunmehr als "Akademie der Arbeit" be-

---

[35] DAIMLER Werkzeitung 1919/20. Gesamtausgabe. Hg. Daimler Benz AG. Moers: Brendow, 1991.
[36] Am 26.August 1920, einen Tag nach der Schließung des Werkes Untertürkheim, erschien die DAIMLER Werkzeitung zum letzten Mal. Vorausgegangen waren politische Auseinandersetzungen zwischen der radikalisierten Arbeiterschaft und der Werkleitung.
[37] Michel, Ernst. "Der Aufbau der Akademie der Arbeit". Die Akademie der Arbeit in der Universität Frankfurt am Main 1921-1931. Hg. Ernst Michel. Frankfurt am Main, 1931.
[38] Der Plan wurde von Finanzminister Lüdemann und Kultusminister Haenisch unterstützt. Die Gewerkschaften, vor allem der Allgemeine Deutsche Gewerkschaftsbund, übernahmen die Verpflichtung, für den Lebensunterhalt der zukünftigen von ihnen deligierten Hörer zu sorgen.

zeichneten, neuen Bildungsstätte betraut wurde. Am 22. Mai 1921 konnte dann der erste Lehrgang beginnen.

Durch die bereits in den Denkschriften deutlich zum Ausdruck kommenden Differenzen, insbesondere hinsichtlich der Konzeption, waren Auseinandersetzungen innerhalb der Akademie der Arbeit bereits vorbestimmt. Diese verschärften sich mit der Zeit immer mehr. Nachdem für Eugen Rosenstock-Huessy deutlich wurde, daß seine Vorstellungen nicht durchzusetzen waren, legte er am 01. April 1922 die Leitung der "Akademie der Arbeit" nieder.

Erwähnenswert erscheint an dieser Stelle, daß bereits 1921 der Patmos-Verlag aufgelöst wurde, mithin ein Sprachrohr auch für Eugen Rosenstock-Huessy's Überlegungen verstummte.[39] Damit einhergehend letztlich auch das Auseinanderbrechen des Patmos-Kreis-Forums. Mit der Auflösung des Patmos-Verlags, aber auch dem fehlgeschlagenen Versuch, seine Vorstellungen in der "Akademie der Arbeit" zu vermitteln, neigte sich die "subjektive Phase" im Sinne von Eugen Rosenstock-Huessy ihrem Ende zu. Er strebte nunmehr danach, seine Ideen und Überlegungen, die vor allem im Rahmen seiner Arbeit bei DAIMLER BENZ, aber auch im Patmos-Kreis heranreiften, umzusetzen, mithin wie er es nannte, in die "trajektive Phase" einzutreten.

2.2.3 Phasen der praktischen Umsetzung von Überlegungen (trajektive Phase) und des tatsächlich (aufgrund äußerer Umstände) eingetretenen Ergebnisses (objektive Phase)

Die wirtschaftliche Not, nicht zuletzt bedingt durch die Inflation, zwangen Eugen Rosenstock-Huessy 1923 einen Ruf als Ordinarius für Deutsche Rechtsgeschichte, bürgerliches Handels- und Arbeitsrecht an der Universität Breslau anzunehmen.[40]
Obwohl Eugen Rosenstock-Huessy der Universität weiterhin reserviert gegenüber stand, schuf er in der Zeit zwischen 1923 und 1933 bedeutende wissenschaftliche Werke. Er formulierte etwa seine Gesellschaftslehre in ihrer ersten Fassung[41], setzte sich mit

---

[39] Zu den Gründen für die Auflösung. Weismantel, Gertrud. "Begegnungen: Eugen Rosenstock-Huessy und Leo Weismantel". Eugen Rosenstock-Huessy zum 100. Geburtstag. AaO.. 80-102 (91f).
[40] Daneben habilitierte er sich an der technischen Universität in Darmstadt.
[41] Rosenstock, Eugen. Soziologie I. Die Kräfte der Gemeinschaft. Berlin und Leipzig: Walter de Gruyter, 1925.

rechtssystematischen Fragen im Industrierecht auseinander[42], legte sein europäisches Geschichtswerk vor[43] und schrieb, gemeinsam mit Joseph Wittig, das dreibändige Werk "Das Alter der Kirche"[44].

Seine besonderen Aktivitäten in jenen Jahren galten jedoch seiner Arbeit außerhalb der Universität. Zu nennen sind vor allem die regelmäßigen Zusammenkünfte im privaten Rahmen. Hier traf er sich mit Menschen der unterschiedlichen sozialen Schichten, "um gemeinsam Antworten auf die Herausforderungen der verbindenden Notsituationen des Daseins zu suchen". Daneben gewann der "Hohenrodter Bund" und das damit entstandene Gesprächsforum für ihn und seine Arbeit besondere Bedeutung.[45]

Eugen Rosenstock-Huessy, der ab 1925 zum engeren Kreis des Hohenrodter Bundes[46] zählte, bot sich damit die Möglichkeit, eigene Überlegungen in die Gestaltung der Gesprächskreise beziehungsweise der Tagungen einzubringen, aber auch das Forum zu nutzen, um Ideen und Vorstellungen zur Diskussion zu stellen.

Durch seine Mitwirkung bei der Gründung der "Deutschen Schule für Volksforschung und Erwachsenenbildung" half er dann auch mit, die Grundlage zu schaffen, Ideen, die ihm und den Hohenrodtern insgesamt vorschwebten, in die Praxis umzusetzen. Nicht zuletzt seine, im Rahmen der "Ausbildung des Volksbildners", schon früher geäußerten Überlegungen, hinsichtlich der Schaffung einer Forschungs- und Ausbildungsstätte, wurden damit realisiert. Im Frühjahr 1927 konnte die "Deutsche Schule für Volksforschung und Erwachsenenbildung" dann ihre Arbeit aufnehmen.[47]

---

[42] Rosenstock, Eugen. Vom Industrierecht. Rechtssystematische Fragen. Festgabe für Xaver Gretener. Berlin: Sack, 1926.
[43] Rosenstock, Eugen. Die Europäischen Revolutionen. Volkscharaktere und Staatenbildung. Jena: Diederichs, 1931.
[44] Rosenstock, Eugen und Wittig, Joseph. Das Alter der Kirche. Kapitel und Akten. Berlin: Lambert Schneider, 1927-1928.
[45] Die Gründung des Hohenrodter Bundes stellte eine Reaktion auf die Auflösung des Ausschusses der deutschen Volksbildungsvereinigungen (A.d.d.V.) zu Beginn des Jahres 1923 dar. Im Gegensatz zum A.d.d.V., der ein Forum fruchtbarer Zusammenarbeit aller Richtungen bilden sollte, stand im Vordergrund der Überlegungen des "Freundeskreises gesinnungsverwandter Menschen", wie der Hohenrodter Bund häufig genannt wurde, die Schaffung einer neuen Form der Aussprache und der Zusammenkunft.
[46] Zum engeren Kreis gehörten zu diesem Zeitpunkt neben Eugen Rosenstock-Huessy, Theodor Bäuerle, Robert von Erdberg, Wilhelm Flitner, Walter Hofmann, Anton Heinen und Wolfgang Pfleiderer.
[47] Die Deutsche Schule für Volksforschung und Erwachsenenbildung hatte institutionell keinen festen Standort. In Berlin (Schiffbauerdamm 30) konnte lediglich eine Geschäftsstelle eingerichtet werden.

Die erste "Schulungsfreizeit", die in Comburg bei Schwäbisch Hall stattfand, wurde von Eugen Rosenstock-Huessy als Studienleiter mitbetreut.[48] In den folgenden Jahren nahm Eugen Rosenstock-Huessy an fast sämtlichen Veranstaltungen des Hohenrodter Bundes als Teilnehmer sowie der "Deutschen Schule für Volksforschung und Erwachsenenbildung" als Dozent teil.[49]

Eine besondere Bedeutung gewann für Eugen Rosenstock-Huessy der ihm von den Hohenrodtern 1927 erteilte Auftrag, den Plan eines Arbeitslagers auszuarbeiten. Mit ihm erhielt er die Gelegenheit, seinen seit 1912 immer wieder geäußerten "volkspolitischen Gedanken der Integration der verschiedenen sozialen Schichten in eine Volksordnung, im Rahmen kurzfristiger Arbeits- und Lebensgemeinschaften", zu erproben. Den Hintergrund dieser Gelegenheit bildete dabei letztlich die wirtschaftliche und soziale Not im niederschlesischen Industriegebiet der Kreise Waldenburg, Landeshut und Neurode. Graf von Moltke aus Kreisau war mit der Bitte an Eugen Rosenstock-Huessy herangetreten, ihn bei Hilfsaktionen in dem genannten Gebiet zu unterstützen.[50]
Nach Treffen mit Interessierten[51], kam es zum Zusammenschluß in der "Löwenberger Arbeitsgemeinschaft". Das erste "Arbeitslager" fand vom 24. März bis 01. April 1928 im Boberhaus in Löwenberg statt.
Entsprechend den Vorstellungen Eugen Rosenstock-Huessy's, trafen sich etwa 100 Teilnehmer (Jungarbeiter, Jungbauern, Studenten), um, angesichts einer Notsituation, diese in geistiger Auseinandersetzung zu beheben.[52]

---

[48] Daneben wirkte Paul Riebensahm (nunmehr Professor für Maschinenbau an der Technische Hochschule Berlin) und Wilhelm Flitner (Privatdozent für Pädagogik an der Universität Kiel) mit. Sie leiteten jeweils eine Studiengruppe.
Zu den Themen: Henningsen, Jürgen. Der Hohenrodter Bund zur Erwachsenenbildung in der Weimarer Zeit. Heidelberg: Quelle & Meyer, 1958.
[49] Eine Statistik sämtlicher Veranstaltungen des Hohenrodter Bundes und der Deutschen Schule findet sich bei: Henningsen, Jürgen. Der Hohenrodter Bund. AaO. 66-67.
[50] Einsiedel, Horst von. "Der Anfang". Das Arbeitslager. Berichte aus Schlesien von Arbeitern, Bauern, Studenten. Hg. Eugen Rosenstock und Carl Dietrich von Trotha. Jena: Diederichs, 1931.
[51] Treffen zwischen Mitgliedern der schlesischen Jungmannschaft, Eugen Rosenstock und einigen anderen Hochschullehrern bei Graf von Moltke in Kreisau. Daraus resultierten Zusammentreffen Ende Oktober 1927 in Löwenberg, zwischen Unternehmern aus der Textil- und Montanindustrie, sozialistischen und christlichen Gewerkschaftern, Landadel, Beamten, Professoren, katholischen und evangelischen Geistlichen, Lehrern und Jugendlichen.
[52] Zweites Arbeitslager vom 07. März bis 27. März 1929. Drittes Arbeitslager 1930 (der genaue Termin war nicht mehr zu ermitteln).

Die mit Anfang der dreißiger Jahre immer deutlicher werdende Entwicklung hin zum national-sozialistischen Deutschland, machte die Arbeit der Hohenrodter stetig schwieriger. So wurde der Bund mehr und mehr zum Gegenstand von Angriffen, die sich vor allem gegen seine Bildungspolitik richteten, wobei namentlich die seit Gründung ins Blickfeld der Öffentlichkeit geratene, "Deutsche Schule für Volksforschung und Erwachsenenbildung" im Mittelpunkt stand.[53]

Die Angriffe zielten letztlich darauf, die "Deutsche Schule ..." vom "Hohenrodter Bund" zu lösen, um damit einen Verzicht der Hohenrodter auf Bildungspolitik zu erreichen. Trotz einer formalen Lösung, die, als Ergebnis mehrerer Sitzungen des Hohenrodter Bundes im Jahr 1930, beschlossen und durchgeführt wurde, gingen die verbalen Angriffe, des mehr und mehr national-sozialistisch geprägten Bürgertums, gegenüber den Hohenrodtern und ihrer Arbeit weiter. Sie erfuhren einen Höhepunkt 1931, indem ein anonymer Verfasser eine sehr scharfe Pressefehde um den "Hohenrodter Bund" inszenierte.[54]

In der Folge wurde es für die Hohenrodter immer schwieriger, ihre Arbeit fortzusetzen. Das hing insbesondere damit zusammen, daß die Zuwendungen der Regierung für die "Deutsche Schule für Volksforschung und Erwachsenenbildung" immer spärlicher flossen, aber auch, daß versucht wurde, direkt Einfluß auf die Arbeit der Schule zu nehmen. Vor diesem Hintergrund sah sich Eugen Rosenstock-Huessy schon 1931 nicht mehr in der Lage, ein "Arbeitslager" in seinem Sinne durchzuführen.

Die Machtübernahme Hitlers führte dann zur Eingliederung der "Deutschen Schule für Volksforschung und Erwachsenenbildung" in das Zentralinstitut für Erziehung und Unterricht.[55]

Mit Blick auf die gesellschaftspolitische Entwicklung in Deutschland und den damit verbundenen Vereinnahmungsdruck, der durch national-sozialistische Kräfte ausgeübt wurde, faßte Eugen Rosenstock-Huessy am 01. Februar 1933 den Entschluß, nach Amerika auszuwandern. Damit beendete er die "trajektive Phase", wie er sie im Rahmen seiner "Neuen Grundlehre vom Sprechen" nannte ab.

---

[53] In sehr scharfer Form kamen die Spannungen auf der zweiten Tagung des "Reichsverbandes der deutschen Volkshochschulen", 1930 in Breslau, zum Ausdruck. Die Arbeit 7. (1930): 494-495.
[54] Kurze Zusammenfassung bei: Henningsen, Jürgen. Der Hohenrodter Bund. AaO.. 38-40.
[55] Formal beschlossen die Mitglieder der Deutschen Schule für Volksforschung und Erwachsenenbildung am 03. Juni 1933 einstimmig, die Schule aufzulösen.

Der Vollständigkeit halber sei an dieser Stelle noch kurz die folgende, von Eugen Rosenstock-Huessy als "objektive Phase" bezeichnete, Zeitspanne, von 1933 bis 1942, angesprochen. In ihr war das Nationalsozialistische Deutschland Hitlers entstanden und hatte sich etabliert. Dabei ging, so Eugen Rosenstock-Huessy, aus "Etwas", der Unzufriedenheit nach dem Zusammenbruch 1918 und der Unfähigkeit der Betroffenen, die Situation zu bewältigen, trotz Warnungen vor der Gefahr eines Hitlers, ein objektiver Tatbestand, mithin Geschichte, hervor.

2.3 Emigration nach Amerika

Eugen Rosenstock-Huessy fiel es sehr schwer, Deutschland zu verlassen, bedeutete es doch für ihn vor allem den Verlust seiner Wirkungsfelder, aber auch eine ungewisse Zukunft in Amerika. Zwei Umstände erleichterten ihm dann aber den Neuanfang. Das war zum einen eine Einladung der Harvard Universität, die letztlich auf den freundschaftlichen Kontakt zu einem Professor der Harvard-Universität zurück ging, der sich aus dessen Interesse an den "Löwenberger Arbeitslagern" heraus entwickelt hatte, zum anderen, die Bereitschaft der neuen Machthaber in Deutschland zu Zugeständnissen, vor dem Hintergrund der politischen Unsicherheiten. Sie kamen vor allem darin zum Ausdruck, daß sich das Kultusministerium in Berlin bereitfand, einen Teil seines Gehalts, letztlich für ein Jahr, nach Amerika zu überweisen und ihn bis 1941 jedes Jahr neu zu beurlauben.[56]

Die angesprochene Erleichterung des Neuanfangs beziehungsweise der Arbeitsaufnahme darf jedoch nicht in der Weise mißverstanden werden, daß Eugen Rosenstock-Huessy nunmehr seine in den Jahren 1919 bis 1933 in Deutschland verfolgte Arbeit in Amerika fortsetzen konnte. Vielmehr bedeutete die Emigration für ihn, sich amerikanischen Fragen und Interessen zu stellen, wobei sein Deutschland-spezifisches Denken und Wirken, wenn überhaupt, nur am Rande Bedeutung gewann. So etwa in seinen Vorlesungen über die europäischen Revolutionen.

Im Rahmen seines weiteren Aufenthalts an der Harvard-Universität erhielt er als erstes die Kuno-Francke-Professur für German Art and Culture, eine Wanderprofessur, die jährlich weitergegeben wurde.

Daran anschließend lehrte er noch kurzzeitig an der Historischen und Philosophischen

---

[56] Rosenstock-Huessy, Eugen. Ja und Nein. AaO.. 127-147.

sowie der Theologischen Fakultät.
Im Jahre 1935 wechselte er dann zum Dartmouth College in Hanover, Neu England.[57] Damit einher ging der Erwerb einer kleinen Farm in Four Wells im Staat Vermont, in dessen Folge er Bürger der Vereinigten Staaten von Amerika wurde. Die Lehrtätigkeit Eugen Rosenstock-Huessy's am Dartmouth-College wurde vor allem bestimmt durch sein Bestreben, "für Amerikaner von amerikanischen Dingen her zu sprechen". Entsprechend gehörten Veranstaltungen wie beispielsweise solche zur amerikanische Philosophie zu seinem ständigen Angebotsrepertoire.
1940 übernahm Eugen Rosenstock-Huessy, einem Wunsch Präsident Roosevelt's entsprechend, die Ausbildung von Führungskräften für das Civil Conservation Corps (CCC) im Camp William James in Turnbridge. Damit erhielt er jedoch nicht die Möglichkeit, die in den schlesischen Arbeitslagern begonnene Arbeit wieder aufzunehmen beziehungsweise fortzusetzen, wie der erste Eindruck vermitteln könnte. Zwar stimmten die Lager in ihrer Arbeit darin überein, daß in ihnen in gemeinsamer Verfolgung praktischer gemeinnütziger Arbeitszwecke die Lebensgesetze einer freien Gesellschaft außerhalb der Ringmauern überlieferter Ordnungen erprobt wurden, unterschieden sich aber aufgrund der Ausgangsbedingungen.
Während die schlesischen Lager verhärtete ideologische Fronten zwischen den Gliedern eines längst seßhaften Volkes aufzubrechen hatten, erwuchs dem amerikanischen Lager die Aufgabe, zwischen großenteils unstet lebenden Teilnehmern erst die Elemente eines Daseins in Gemeinschaft miteinander zu schaffen.[58]

Eugen Rosenstock-Huessy kam nach seiner Emigration, nur unterbrochen durch einen kurzen Besuch 1935 bei Freunden, erstmals wieder 1950 nach Deutschland. Anlaß war die Einladung der rechts- und staatswissenschaftlichen Fakultät der Universität Göttingen.[59]

---

[57] Eugen Rosenstock-Huessy war dann bis 1957 am Dartmouth College in Hanover tätig.
[58] Preiss, Jack J.. CAMP WILLIAM JAMES. Norwich Vermont: Argo Books, The Eugen Rosenstock-Huessy Fund, Inc., 1978.
Ballerstedt, Kurt. "Leben und Werk Eugen Rosenstock-Huessy". Das Geheimnis der Universität. AaO.. 297-305.
[59] Erwähnenswert erscheint ein mit Eugen Rosenstock-Huessy 1958 in Münster geführtes Interview, anhand dessen vor allem der Bruch zwischen seiner Arbeit in der Weimarer Zeit und der Zeit nach seiner Emigration deutlich wurde. So wies er darauf hin, daß er, aufgrund seiner Arbeiten vor seiner Emigration, zurückgeholt werden sollte, tatsächlich hatte ihn jedoch, die ihm durch die Emigration
- Fortsetzung nächste Seite -

In den folgenden Jahren wurde Eugen Rosenstock-Huessy immer wieder von verschiedenen Gruppen und Institutionen in Deutschland eingeladen.
1952 führte er eine Schulungswoche für bayerische Erwachsenenbildner durch. Er hielt Gastvorlesungen an verschiedenen Universitäten, genannt seien hier die Universität Münster, deren Evangelisch-Theologische Fakultät ihm anläßlich seines 70. Geburtstages die Würde eines Ehrendoktors der Theologie verlieh sowie die Universität Köln.
Den ihm 1961 von der Philosophischen Fakultät der Universität Köln angebotenen Ehrendoktor lehnte er ab mit der Begründung, "er wolle ihn nicht zusammen mit Leuten erhalten, die sich nach 1933 mit den Nationalsozialisten arrangiert hätten"[60].
Daneben wohnte er immer wieder Tagungen der Evangelischen Akademien bei oder aber besuchte von Freunden im privaten Kreis arrangierte Veranstaltungen.
Eugen Rosenstock-Huessy starb am 24. Februar 1973 in Norwich, Vermont.

Mit seiner "Neuen Grundlehre vom Sprechen" schuf Eugen Rosenstock-Huessy die Voraussetzungen für einen Weg hin zur Bildung Erwachsener. Indem er den Bezug herstellte zwischen seiner "Neuen Grundlehre vom Sprechen" und Phasen seiner Biographie, die ihm als abgeschlossene Lebensabschnitte galten, offenbarte er einen konkreten Ansatz für die Bildung von Erwachsenen.
Die "subjektive Phase" wie Eugen Rosenstock-Huessy sie nannte, stand in diesem Zusammenhang für das grundsätzlich Neue im Rahmen seiner "Vier-Phasen-Theorie".
Galt es ihm in dieser "Phase der Mitteilung" doch als unabdingbar, eine Ebene des Verstehens zwischen Mitteiler und Mitteilungsempfänger zu schaffen. Mithin das "Sprechen der Menschen miteinander auf gleicher Ebene" zu ermöglichen.
Indem Eugen Rosenstock-Huessy die "Sphäre des Akademikers" verließ, um sich als Redakteur der "Werkzeitung" der "Bildung des Arbeiters im Betrieb" zu widmen, vollzog er den "Schritt in die Praxis" , um vor Ort die Voraussetzungen zu schaffen, die er

---

- Fortsetzung vorhergehende Seite -
abverlangte Umorientierung, amerikanischen Wissensgebieten zugeführt. Schließlich hätte dann aber doch die Freundschaft zu Hans Thieme, von dem die Einladung an die Universität nach Göttingen letztlich ausging und von dem er wußte, daß er auch ihn meinte, wenn er ihn einlud, den Ausschlag gegeben für seine Reise nach Deutschland.
In der Folge hätte er dann aber erst nach und nach die an seinen Arbeiten Interessierten davon überzeugen müssen, daß er nicht ein bedingungsloser Rückkehrer sei, sondern daß er sein Leben mit neuen Inhalten geführt hatte und entsprechend seiner Neuorientierung zu akzeptieren sei.
Rosenstock-Huessy, Eugen. Ja und Nein. AaO.. 127-147.
[60] Faulenbach, Bernd. "Eugen Rosenstock-Huessy". Deutsche Historiker 9. AaO.. 123.

als ein maßgeblicher Vertreter der "Neuen Richtung" im Rahmen seiner Überlegungen propagiert hatte, nämlich den Menschen die Möglichkeit eines gemeinsamen gleichberechtigten Sprechens miteinander zu eröffnen und damit einem den Menschen bestimmenden Bedürfnis Rechnung zu tragen.

Die Biographie Eugen Rosenstock-Huessy's in Verbindung mit den gesellschaftlichen Entwicklungen und sein daraus resultierender praktischer Ansatz, auf betrieblicher Ebene mit der Bildung Erwachsener zu beginnen, der dann von ihm aber auch vollzogene Wandel hin zur Erwachsenenbildung außerhalb der Betriebe, vermag im Vorfeld der Auseinandersetzung mit der "Erwachsenenbildung auf betrieblicher Ebene", ihrer Entstehung und Entwicklung sowie der daraus resultierenden konkret von Eugen Rosenstock-Huessy gezogenen Schlüsse, der entsprechend geführten Auseinandersetzungen, aber auch der als "allgemein gültig" anerkannten, nicht zuletzt heute wieder zum Tragen kommenden, Ansätze und Überlegungen sowie deren Umsetzung, als Grundlage der folgenden Thematisierung dienen.

3. Bedeutung der Erwachsenenbildung auf betrieblicher Ebene

3.1 Anfänge der Erwachsenenbildung sowie ihr Bezug zur Soziologie

3.1.1 Erwachsenenbildung als Bewältigung einer Notlage

Erwachsenenbildung wurde bewußt erst im 19. Jahrhundert als besondere Bildungsaufgabe erfaßt. Dies obwohl sie, vor dem Hintergrund bestimmter politischer und ökonomischer Notlagen, praktisch schon viel früher geleistet wurde.

Ernst Michel sprach in diesem Zusammenhang ganz allgemein "vom Auftreten besonderer Bildungsbedürfnisse im Erwachsenendasein, da, bedingt durch den Tatbestand, daß der Erwachsene durch die erzieherischen Kräfte des Lebens selbst nicht mehr genügend umgeformt und innerlich weitergeführt wird, die Bildkräfte der Lebensordnungen zu versagen beginnen"[1].

Eine solche Notlage ergab sich bereits im 18. Jahrhundert aufgrund des Zusammenbruchs der mittelalterlichen ständischen Gesellschaft und den damit verbundenen geistigen, wirtschaftlichen und sozialen Veränderungen. Aus ihr ging die humanistische Bildung des Goethe'schen Zeitalters hervor, die als zusätzliche Bildung dem Bedürfnis insbesondere der neuen Schicht des erwerbenden Bürgertums, Rechnung trug, indem sie auf der Grundlage der humanistischen Weltanschauung, ergänzend zum Leben und seinen Ordnungen, eine lebensgestaltende Kraft vermittelte. Dies nicht zuletzt, um dem gehobenen erwerbenden Bürgertum eine Standesbildung zu ermöglichen, die ihm eine ebenbürtige Stellung neben dem Adel sicherte. Diese Idee einer harmonischen universalen Persönlichkeitsbildung wurde beispielsweise auch von Wilhelm von Humboldt intensiv gefördert, dabei aber insbesondere zur wissenschaftlich-akademischen Bildung verengt, als die sie dann zur herrschenden Bildungsform des 19. Jahrhunderts wurde. Sie bestimmte auch die im letzten Drittel des 19. Jahrhunderts einsetzende Volksbildungsbewegung.

Zu Beginn des 19. Jahrhunderts setzte, nicht zuletzt infolge der Aufklärung, auch in breiteren Schichten der Bevölkerung eine Art Bildungsbewegung ein, die, verstärkt durch die wissenschaftliche und technische Entwicklung, dem Bedürfnis nach Wissenserweiterung gerecht zu werden suchte. Dabei zielte das Mittel zur Wissenserweiterung

---

[1] Michel, Ernst. "Die geistesgeschichtliche Entwicklung der heutigen Erwachsenenbildung (1931)". <u>Vierteljahresschrift für wissenschaftliche Pädagogik</u> 7. (1931): 185-210 (187).

darauf, zum einen, jedem Menschen zum Gebrauch der ihm angeborenen Vernunft zu verhelfen, ihn mithin zu befähigen, sich gegenüber den überkommenen Autoritäten zu behaupten und die Ordnung seines Lebens selbst in die Hand zu nehmen, zum anderen, das Wissen und Können zu vermitteln, um den Anforderungen der sich vollziehenden technischen und wissenschaftlichen Umwälzungen zu genügen, wozu der Zuwachs an Erfahrungen des alltäglichen Lebens nicht ausreichte. Eine besondere Bedeutung gewannen in diesem Zusammenhang insbesondere Druckerzeugnisse, wie diverse Zeitschriften und populärwissenschaftliche Bücher. Daneben bildeten sich Lesegesellschaften sowie Bildungsvereine.[2]

Als Gegenpart wurde nach 1830 von Seiten der katholischen Kirche eine religiöse Volksbildungsbewegung initiiert, die zwar die Notwendigkeit zusätzlicher Bildung erkannte, ihr auch Rechnung zu tragen suchte, dabei aber vor allem im Auge hatte, den Einflüssen der Aufklärung im sich entwickelnden Bildungswesen entgegenzuwirken. Im Vordergrund ihrer Bildungsarbeit stand zunächst die restaurative Volkspflege, im Sinne einer Erneuerung der volkstümlichen Seelsorge, vor allem durch die Pfarrgemeinden. Nach und nach konstituierte sich das kirchliche Bildungswesen dann in Form des katholischen Vereinswesens, während die evangelische Kirche die Form des Bildungswesens in ihrer Inneren Mission übernahm.
Neben das seelsorgerische Bestreben, mit der die Kirche die Menschen gegenüber den Zeitkräften religiös einzubinden suchte, trat schließlich ihr Bemühen, mittels der zusätzlichen Volksbildung, die bildende Kraft der alten Lebensordnung neu zu entfachen, um vor diesem Hintergrund die neuen Lebenslagen und Zeitströmungen in die kanonische christliche Lebensform zu integrieren. Die katholische Volksbildung, die vom Bildungsideal der mittelalterlichen Ständeordnung beherrscht wurde, die dem Neuen ablehnend gegenüber stand, führte dann vor allem, bedingt durch die sich bildende Arbeiterbewegung, dazu, daß die katholische Kirche sich der Soziallehren von Thomas von Aquin besann, um sie zur Bewältigung des praktischen Lebens, im Sinne eines "naturrechtlichen Aktionsprogramms", zu verwerten.
Beide Richtungen der katholischen Volksbildungsarbeit, sowohl die restaurative Volkspflege als auch die teils apologetisch, teils moralisch-naturrechtlich fundierte Prinzipienbildung für die Praxis, prägten die folgenden Jahrzehnte des katholischen Bildungswe-

---

[2] Laack, Fritz. Das Zwischenspiel freier Erwachsenenbildung. Heilbrunn: Julius Klinkhardt, 1984. 7 bis 10 (mit weiteren Hinweisen).

sens.

Dabei standen stellvertretend für die Jahrzehnte nach 1850 die Kolping'schen Gesellenvereine und die Männer- und Arbeitervereine, während für die Jahrzehnte nach 1880 der Volksverein für das katholische Deutschland sowie der Borromäusverein bestimmend wurden.

Von Teilen des akademisch gebildeten Bürgertums wurde Mitte des 19. Jahrhunderts die Frage der Volksbildung neu gestellt. Dies vor dem Hintergrund, daß erkannt worden war, daß sich, aufgrund der industriellen Entwicklung, mit den ihr innewohnenden sozialen Problemen, eine Klassenspaltung, im Sinne des Ausbruchs des Industrieproletariats aus der alten Volksordnung, abzuzeichnen begann. Um dem, als bedrohlich empfundenen, Trend der Klassenbildung entgegenzuwirken, verfolgte die angesprochene Gruppe das Ziel, die bisherige Volksbildung durch eine geistige "soziale Fürsorge" von der akademischen Bildung her, eine Popularisierung der akademischen Bildung, zu ersetzen. Diese Volksbildungsbewegung gewann über die Jahre immer größere Bedeutung. Letztlich bestimmte sie die vier Jahrzehnte vor dem Ersten Weltkrieg. Sie lag dabei auf einer Linie mit der damals verfolgten Sozialreform. Wurde durch sie doch versucht, den bedrohlichen sozialen Mißständen durch staatliche oder gesellschaftliche Fürsorge, nämlich durch den Erlaß von Sozialversicherungsgesetzen und die Schaffung von Sozial- und Wohlfahrtseinrichtungen, mithin "von oben her", zu begegnen.

Dem Vorhaben der Oberschicht, das "Volk" an der akademischen Bildung teilhaben zu lassen, wurde vor allem von Seiten der bürgerlichen Mittelschicht ein starkes Interesse entgegengebracht. Wobei der Begriff "Volk" in diesem Zusammenhang für die gesamte Masse der Ungebildeten stand.

Was bedeutete nun aber "akademische Bildung" für das Volk beziehungsweise für den einzelnen?

Wie bereits oben angesprochen, oblag den Universitäten ursprünglich die Aufgabe, mittels wissenschaftlich-akademischer Bildung vorrangig dem gehobenen Bürgertum eine Standesbildung zu ermöglichen. Dies sollte durch die Heranbildung zu staatlichen Berufen gewährleistet werden; konkret wurden beispielsweise der Arzt zum wissenschaftlichen Mediziner, der Richter zum wissenschaftlichen Juristen, der Theologe als Lehrer zum wissenschaftlichen Pädagogen herangebildet. Mithin wurde nicht die menschliche Kraft, aus der heraus jemand heilt, richtet, erzieht, gebildet, sondern der zu Bildende wurde der Form der Wissenschaft sowie dem Ethos der wissenschaftlichen Arbeit unter geordnet. Das aber bedeutete, daß dadurch, daß die Wissenschaft an sich den Menschen nicht in seiner konkreten Lebenssituation erfaßte, die akademische Bildungsidee dem Volk beziehungsweise seinen Gliedern verschlossen blieb. So konnte letztlich die Gruppe der wissenschaftlich-akademisch Gebildeten den Staat übernehmen und mit ihrem Geist erfolgreich regieren, sie waren dabei jedoch davon abhängig, daß es das "Volk" gab, das seine Kräfte aus einer vorakademischen Lebensordnung zog und mit seinen Kräften den Staat nährte. Mithin war die Wirkungskraft der wissenschaftlich-akademischen Bildung an bestimmte geistige und geschichtliche Voraussetzungen geknüpft.

Die sich Mitte des 19. Jahrhunderts vollziehende Veränderung, sowohl hinsichtlich der Stellung der wissenschaftlich-akademischen Bildung im Rahmen des öffentlichen Lebens als auch in bezug auf die geistige Struktur der Bildung selbst, führte dann dazu, daß sich die akademisch gebildete Gesellschaftsschicht, die sich, wie oben angesprochen, bereit erklärt hatte, das Feld der akademischen Bildung dem "Volk" zu öffnen, stärker von den unteren Gesellschaftsschichten absetzte. Damit traten die liberalen, individualistischen und intellektualistischen Wesenszüge wirksamer in den Vordergrund. Das hatte zur Folge, daß die Bildung, wo immer sie in das "Volk" eindrang, weit zersetzender wirkte, als auf die alte vorakademische Volksstruktur. Daneben verlor die akademische Bildung für die Schicht der Gebildeten immer mehr die Bedeutung einer "Lebensbildung". Dies war nicht zuletzt darauf zurückzuführen, daß das wissenschaftlich-akademische Leben in sich selbst einen Auflösungsprozeß erfuhr.

Hatte die Emanzipation des Geistes vom Leben und seinen bindenden Ordnungen zur geistigen Produktion als Selbstzweck geführt, verursachte sie über die Zeit eine Anhäufung von Wissen, das aufgrund der sich einstellenden Unübersichtlichkeit immer weniger zu bilden vermochte, damit zwangsläufig den Wissenschaftler zum Spezialisten werden oder vom Stoff überwältigen ließ. Gleichzeitig vollzog sich bei den Trägern der akademischen Bildung ein Schwund des Existenzialverhältnisses zu ihrer Bildungsidee. "Die tragende Überzeugung, in der wissenschaftlich-erkennenden Haltung an einem Kosmos der Wahrheit gliedhaft teilzunehmen, verlor ihre Kraft."[3]

Das aber hatte zur Folge, daß die akademisch Gebildeten, sowohl dem "Volk" als auch ihrem Nachwuchs gegenüber, an Glaubwürdigkeit verloren, mithin die Universitäten ihre öffentlich-geistige Stellung zu verlieren begannen.

---

[3] Michel, Ernst. "Die geistesgeschichtliche Entwicklung der heutigen Erwachsenenbildung". AaO.. 192.

Beschleunigt wurde dieser Prozeß noch dadurch, daß mit der sich fortsetzenden Auflösung des "Volkes" die bildenden und haltgebenden Kräfte der volksbezogenen und religiösen Bildungsmächte, von denen auch die akademische Bildung, ohne sie als Fundament, ihre eigene Bildungskraft mehr und mehr verlor und in ihren Trägern einem individualistischen Verfall entgegen sahen.

In dieser Situation fand die akademische Bildung Eingang in die ab 1871 propagierte "freie Volksbildung", als deren Trägerin die "Gesellschaft für Verbreitung von Volksbildung"[4] auftrat.

Bei den einzusetzenden Mitteln im Rahmen der Volksbildung ging die "Gesellschaft für Verbreitung von Volksbildung" den in der Epoche der Aufklärung eingeschlagenen Weg weiter, indem sie die Verbreitung von populären Büchern sowie die Gründung von Büchereien vorantrieb. Ergänzend trat die direkte Belehrung in Form von Vorträgen, Museumsführungen und Kunstveranstaltungen hinzu.

Die angewandte Methode ging dabei hervor aus dem belehrenden Unterricht des intellektualistischen Schulsystems der damaligen Zeit. Der, von der "Gesellschaft für Verbreitung von Volksbildung", verfolgten Bildungsidee, die darauf zielte, die wissenschaftlich-akademische Bildung zu "demokratisieren", das hieß, entsprechend dem damaligen Verständnis, sie breiten Schichten des "Volkes" nahe zu bringen, lag die Überlegung zugrunde, den von der Wissenschaft geordneten und durchleuchteten objektiven Kulturbesitz als Bildung zu vermitteln.[5]

---

[4] Die Schaffung der "Gesellschaft für Verbreitung von Volksbildung" (sie wurde 1875 in "Gesellschaft für Volksbildung" umbenannt) ist vor dem Hintergrund zu sehen, daß es nach dem Erreichen der politischen Einheit galt, den Weg zu bereiten, für eine geistige Einheit des deutschen Volkes. Denn nur sie konnte letztlich den dauernden Bestand des Deutschen Reiches sichern.
Zwar war der Staats- beziehungsweise Reichsgedanke weder programmäßig klar gefaßt noch kam er in einer planmäßigen "staatsbürgerlichen Erziehung" zum Ausdruck, und er fand sich jedoch tendenziell in der Satzung der "Gesellschaft für Volksbildung" vom 20.12.1875 wieder. So ist unter dem Zweck der Gesellschaft zu lesen: "Der Bevölkerung, welcher durch die Elementarschulen im Kindesalter nur die Grundlagen der Bildung zugänglich gemacht werden, dauernd Bildungsmittel und -stoffe zuzuführen, um sie in höherem Grade zu befähigen, ihre Aufgabe im Staate, in Gemeinde und Gesellschaft zu verstehen und zu erfüllen."Mithin war das Interesse des Staates für die Bildung des Einzelnen maßgebend und der Höchstgrad dieser Bildung war abhängig von den Aufgaben, die der Einzelne für den Staat zu erbringen hatte." Entsprechend war Objekt der Bildung der Mensch als Staatsbürger, Ziel der Bildung war der gute Staatsbürger.
Volksbildungsarchiv 1 (1910): 93.
[5] Tews, Johannes. Deutsche Volksbildungsarbeit, Bericht über die Tätigkeit der "Gesellschaft für Verbreitung von Volksbildung" in den vierzig Jahren ihres Bestehens. Berlin/ Leipzig, Quelle & Meyer, 1911.

Es sollte im Rahmen der Volksbildung mithin nicht das Berufs- und Alltagsleben des Menschen erfaßt, also kein, wie bei der akademische Bildung, durchgängiger Lebensstil erzeugt werden. Die Stellung des Menschen in der Wirtschafts- und Gesellschaftsordnung wurde als gegeben angesehen. Durch die Vermittlung von "Kultur" sollte das außerberufliche Dasein des Menschen eine Aufwertung erfahren. Die sich in jener Zeit immer stärker vollziehenden Umschichtungen in der Gesellschaft fanden in der Volksbildungsarbeit ebensowenig Berücksichtigung wie aktuelle politische oder religiöse Probleme.

Grundsätzlich waren Fragen, die sich nicht wissenschaftlich-objektiv behandeln ließen, tabu. Der Erziehungs- und Bildungswille der "Gesellschaft für Verbreitung von Volksbildung" zielte so letztlich darauf, den in den unanfechtbaren Kulturgütern objektivierten Geist durch Vermittlung in den zu Bildenden lebendig und wirksam werden zu lassen. Damit verband sie nicht zuletzt die Erwartung, daß, aus der Weitergabe der nationalen Kulturgüter an alle Volksschichten, eine deutsche Volkskultur erwachsen würde, die die Grundlage für den deutschen Nationalstaat böte.

Die "Gesellschaft für Verbreitung von Volksbildung", die sich als Vertreter einer neutralen freien Volksbildung verstand, war von Anfang an nicht unumstritten. Letztlich erreichte sie (auch) nur den bürgerlichen Mittelstand. Während der neutrale Charakter, insbesondere in kirchlich-religiösen Kreisen, dazu führte, daß die eigene konfessionelle Volksbildung verstärkt wurde, trug der humanistische Charakter sowie die Proklamation eines "objektiven Kulturgutes" dazu bei, daß sie vor allem bei der Arbeiterschaft auf Ablehnung stieß, wurde in ihren Reihen doch schnell erkannt, daß Kulturgüter schichtenbezogen zu verstehen sind, in denen tiefgreifende Gegensätze zum Ausdruck kommen, die einer Einigung kontraproduktiv entgegenstehen.

Die industrielle Entwicklung, die sich daraus für die Arbeiterschaft ergebende Situation sowie die aus ihr hervorgegangene Struktur der Arbeiterbewegung, boten bereits von ihrem Ursprung her keine Grundlage für die Volksbildung im bisher angesprochenen Sinne. Handelte es sich doch um eine popularisierte akademische Bildung, die als Bildungsform von einer vorproletarischen Zeit ausging, mithin das Proletariat, als Synonym für die Auflösung der alten Volksordnung, nicht in ihre Bildungsüberlegungen einbezog. Damit letztlich eine "bürgerliche Kultur" anbot, die, in ihrer historischen und soziologischen Begrenztheit, den Belangen der Arbeiterschaft nicht Rechnung tragen konnte.

Trotz dieser Erkenntnis schafften es das Proletariat beziehungsweise deren Vertreter nicht, eigene Ansätze einer Bildungsarbeit zu formulieren. Stattdessen bedienten sie sich der bürgerlichen Wissensbildung, wobei sie in ihr jedoch weder eine echte wissenschaftliche Haltung noch das populärbürgerliche Idol einer Bildung durch intellektuelle Vermittlung des kanonischen Kulturinventars sah, sondern, ausgehend von dem Gedankengut der Aufklärung, Wissen als eine praktische Lebensmacht verstand. Vor dem Hintergrund der Erkenntnis, die die Wissenschaft, Technik und Industrie ermöglichte und die zur totalen Umgestaltung der Wirtschafts- und Gesellschaftsverhältnisse geführt hatte, wurde die Forderung nach Wissen gestellt, um es als Mittel für den politischen, sozialen, wirtschaftlichen, weltanschaulichen Klassenkampf zu nutzen.

In diesem Zusammenhang kam den Überlegungen von Karl Marx eine besondere Bedeutung zu, verwies er doch darauf, daß Wissenschaft erst in Verbindung mit dem Proletariat ihre befreiende, nämlich sozial-revolutionäre Kraft entfalte, dabei in den Händen des Proletariats die Entlarvung der bürgerlichen Gesellschaft vorantreibe und diese letztlich innerlich aushöhle. Entsprechend verleihe ihr nicht die wissenschaftliche Haltung und das Wissen an sich, sondern ihre funktionelle Vereinigung mit der proletarischen Bewegung im wissenschaftlichen Sozialismus, die geschichtlich-revolutionäre Kraft. In diesem Sinne wurde die Parole "Wissen ist Macht" sowie der Glaube an den "allwissenden Menschen" zu einem Wesensmerkmal der deutschen sozialistischen Arbeiterschaft. Arbeiterbildung stand mithin letztlich für Wissensübermittlung, die den Bedürfnissen des Arbeitskampfes Rechnung zu tragen hatte sowie insbesondere die naturwissenschaftlichen Methoden und Erkenntnisse des 19. Jahrhunderts einer sozialkritisch eingestellten soziologischen Erkenntnis der Geschichte dienstbar machen sollte.

Insgesamt verfehlte die bürgerliche Volksbildung, die den Arbeiter zu gewinnen glaubte, in dem sie seinen Wunsch nach Wissen zu befriedigen suchte, dessen tatsächliches Lebensbedürfnis, das nicht, wie das des Bürgertums, an freiem Wissen sondern an befreiendem Wissen ausgerichtet war. Ihm wohnte von Anfang an eine neue soziale Lebensordnung inne. Mithin war das bürgerliche Volksbildungsangebot für die Arbeiterschaft nicht um des Wissens willen interessant, vielmehr als "hilfreicher Geist" in ihrer Lebensnot gefragt. Nicht zuletzt hatte die intellektuelle Formung durch die gesellschaftskritische Schulung des wissenschaftlichen Sozialismus zur Folge, daß durch die wirksame geistige Hilfe das Selbstbewußtsein beziehungsweise die Widerstandskraft des Proletariats gestärkt wurde.

Die am Stoff, am wissenschaftlich erarbeiteten Kulturgut orientierte Bildungsauffassung, im Rahmen der "freien Volksbildung", maßgeblich vertreten durch die "Gesellschaft für Verbreitung von Volksbildung", sah sich sehr bald einer stetig wachsenden Opposition gegenüber. Diese, als "Neue Richtung", das herrschende Bildungswesen kritisierende Auffassung, forderte, daß die Bildungsarbeit nicht vom Stoff sondern vom Menschen ausgehen müsse, mithin individualisiert und intensiv, das heißt menschengestaltend anzulegen sei. Daneben rückte sie die Auswahl des echten Kulturgutes in den Mittelpunkt und verfocht eine kritische Haltung gegenüber der unproblematischen Verbreitung des kanonischen Bildungsgutes.

Die skeptische Haltung gegenüber dem tradierten Kulturgut war dabei noch insoweit stark von der Humanitätsidee bestimmt, als sie durch die menschengestaltende Kraft der geistigen Güter geprägt wurde. Menschengestaltung stand dabei für die echte humanistische Auffassung einer allseitigen geistig-seelischen Kräfteentfaltung. Wobei jedoch von Anfang an dem sozialen Aspekt Bedeutung beigemessen wurde. Die Menschenbildung sollte sich ausrichten an den Lebenskreisen der verschiedenen Volksschichten, mithin die Persönlichkeit sich im jeweiligen Lebenskreis entwickeln können. In diesem Zusammenhang wurden von den Vertretern der "Neuen Richtung" Volkshochschultypen ländlich-bäuerlicher, kleinstädtisch-bürgerlicher und großstädtisch-industrieller Art gefordert."[6]

3.1.2 Stellenwert der Erwachsenenbildung im Zusammenhang mit soziologischen Untersuchungen

Die skizzierten Anfänge der Erwachsenenbildung standen als solche unmittelbar im Zusammenhang mit dem gesellschaftlichen Umbruch des 19. Jahrhunderts, der durch das Gedankengut der Aufklärung eingeleitet worden war und durch die industrielle Entwicklung eine besondere Ausprägung erfuhr.

Das Bildungswesen entwickelte sich nach und nach zu einem wesentlichen Bestandteil des sozialen Lebens beziehungsweise trug zu dessen Gestaltung bei.

So stand letztendlich die Volksbildung der "Gesellschaft für Verbreitung von Volksbil-

---

[6] Die "Neue Richtung" wurde wesentlich geprägt durch Robert von Erdberg, der bereits seit 1909 durch sein "Volksbildungsarchiv" den angesprochenen Weg wies sowie durch Walter Hofmann, der sich auf dem Gebiet des Büchereiwesens mühte, durch entsprechende Literaturangebote, die Voraussetzungen für eine "Mensch spezifische Bildung" zu schaffen.
Prägnant erscheinen hier, die Aufsätze von Hofmann. "Gestaltende Volksbildung" und von von Erdberg. "Betrachtungen zur alten und neuen Richtung im freien Volksbildungswesen".
<u>Die Neue Richtung in der Weimarer Zeit</u>. Hg. Jürgen Henningsen. Stuttgart: Klett, 1959. 40-60 und 103-113.

dung" für das Bemühen, die niederen beziehungsweise ungebildeten Schichten des Volkes (vor allem die Arbeiterschaft) mit den gesellschaftlichen Gegebenheiten auszusöhnen, indem durch eine möglichst umfassende Verteilung von "Kulturgütern" die Einbeziehung in eine gemeinsame Kultur propagiert wurde.

Auch die als Opposition auftretende "Neue Richtung", die ein neues Bildungsziel sowie einen neuen Bildungsbegriff verfolgte, stellte sich letztlich als Reaktion auf die gesellschaftlichen Entwicklungen dar, in deren Rahmen die Auseinandersetzungen um eine neue Bildung und eine neue Ordnung des Volkes das Feld bestimmten.

Insgesamt standen die angesprochenen "pädagogischen Bewegungen" für den Beginn einer neuen Ära, in deren Rahmen die Frage nach dem Verhältnis der Soziologie zur Pädagogik beziehungsweise der Übergang von der soziologischen Untersuchung zur pädagogischen Umsetzung, nicht zuletzt auf wissenschaftlicher Ebene, einen besonderen Stellenwert erfuhr. Dabei war der mannigfache Bezug zwischen Soziologie und Pädagogik zwar von Anfang an unstrittig, doch traten hinsichtlich des Verhältnisses zueinander immer wieder Mißverständnisse sowie Kompetenzstreitigkeiten auf.

Die meines Erachtens gründlichste Analyse der Disziplinen Soziologie und Pädagogik nahm Aloys Fischer vor. In zwei Aufsätzen legte er dar, daß die Soziologie der Pädagogik weder als Norm-, Grund- noch Hilfswissenschaft zugeordnet werden kann. Um den realen Beziehungen zwischen beiden Disziplinen gerecht zu werden, forderte Fischer jedoch die Einrichtung einer Zwischenwissenschaft, nämlich der "Pädagogischen Soziologie.[7]

Demgegenüber stimmte Wolfgang Schulenberg zwar dem ersten Teil der Ausführungen Fischers zu, wendete sich aber gegen dessen Forderung nach der Einrichtung einer Zwischenwissenschaft. Das Vorliegen zweier Disziplinen stand für ihn außer Zweifel. Während er die Bedeutung und die Aufgabe der Soziologie in dem immerwährenden Bemühen sah, die gesellschaftliche Wirklichkeit leidenschaftslos und distanziert zu erkennen und alle darin vertretenen Willensrichtungen zu Wort kommen zu lassen, verwies er hinsichtlich der Pädagogik darauf, daß sie ihre Kraft aus der bewußten Richtung auf das erzieherische Handeln ziehe.[8]

---

[7] Fischer, Aloys. "Pädagogische Soziologie/ Soziologische Pädagogik". Aloys Fischer Leben und Werk, Gesammelte Abhandlungen zur Soziologie, Sozialpädagogik und Sozialpsychologie. Hg. Karl Kreitmair. München: Bayrischer Schulbuch Verlag, 1954. 107-166.
[8] Schulenberg, Wolfgang. "Ansatz und Wirksamkeit der Erwachsenenbildung".Göttinger Abhandlungen zu Soziologie 1. Stuttgart: Ferdinand Enke, 1957. 161 ff..

Die Erwachsenenbildung als solche erfuhr als Bewegung sowohl qualitativ als auch quantitativ ihre stärksten Antriebe aus den Volksbildungsbestrebungen, die sich vor dem Hintergrund der gesellschaftlichen Entwicklungen einstellten. Dabei war die fortschreitende Industrialisierung grundlegend für die Herausbildung einer Industriepädagogik, in deren Rahmen sich die Erwachsenenbildung als der Versuch zur Bildung der über Achtzehnjährigen darstellte, die als solche im Erwerbs- beziehungsweise Arbeitsleben standen.[9]

Die Industrie als ein Bereich prägte dabei die Gesamtform und den Gesamtinhalt des Zusammenlebens in bestimmter arteigener Weise.[10]

In diesem Zusammenhang vermögen insbesondere die Ausführungen von Theodor Brauer eine grundsätzliche Einschätzung vom Verhältnis zwischen Erwachsenenbildung und Soziologie zu verdeutlichen. So verwies er darauf, daß Erwachsenenbildung als Industriepädagogik nicht bloß einzelne Schichten von arbeitenden Menschen umfassen könne, sondern im Prinzip danach streben müsse, auf alle erwachsenen Menschen einzuwirken, die der "Gesamtkomplex der Industrie" unmittelbar in ihrer Lebensgestaltung beeinflußt, denn sie sind es, die alsdann diese Einflüße in das Gesamtleben hineintragen, mit einer Fernwirkung, die erfahrungsgemäß die Grenzen der eigentlichen Industriegebiete weit überschreitet. Wie diese Einflüsse zu behandeln sind, ob sie zu bejahen, daher aufzufangen und in bestimmter Richtung einheitlich oder mannigfaltig zu gestalten sind oder aber ob sie ganz oder teilweise zu verneinen sind, wie ihnen zu begegnen ist, das alles ist Sache der Pädagogen, die damit vor eine außerordentlich umfassende und weittragende Aufgabe gestellt sind. Den Sozialwissenschaftler geht nur die Frage an, inwiefern sich von der sozialwissenschaftlichen Analyse her Beziehungen zu dieser Art von Erwachsenenbildung ergeben.[11]

---

[9] Zur Unterscheidung Erwachsenenbildung/ Jugendbildung. Weniger, Erich. "Volksbildung im Lichte der Soziologie und Pädagogik". <u>Lehrerbildung, Sozialpolitik, Militärpädagogik</u>. Weinheim/Basel: Beltz, 1990. 185 ff..
[10] Ausführlich dazu: Strzelewicz, Willy. "Industrialisierung und Demokratisierung der modernen Gesellschaft". Hg. <u>Niedersächsische Landeszentrale für Heimatdienst, Hannover</u>. Hannover: Buchdruckwerkstätten, 1964.
[11] Brauer, Theodor. "Sozialwissenschaft und Erwachsenenbildung". <u>Sozialrechtliches Jahrbuch</u> 1 (1930): 83-90.

3.2 Von der "Industriepädagogik" zur Erwachsenenbildung auf betrieblicher Ebene

Der Begriff "Industriepädagogik" fand sich bereits im vom Merkantilismus geprägten 18. Jahrhundert und tauchte in der Folge immer wieder im Zusammenhang mit dem Prozeß der Industrialisierung auf. Dabei zeigte der Verlauf der Entwicklung, daß die Pädagogik in unterschiedlicher Art und Weise sowohl auf die spezifischen Anforderungen als auch auf die sozialen Folgen der industriellen Produktionsweisen reagierte.

So stand der Begriff "Industriepädagogik", im Zusammenhang mit den vom Merkantilismus inspirierten Industrieschulen, einerseits für das Bestreben, den Menschen als "produktiven industriellen Faktor" zu gestalten, andererseits für das Bemühen, der sich massiv einstellenden Kritik, insbesondere im Hinblick auf die vernachlässigten sozialen Belange, Rechnung zu tragen.

Auch die Gestaltung der staatlichen Schule, infolge der Einführung der allgemeinen Schulpflicht im 18. Jahrhundert, die vorrangig auf die später zu leistende Arbeit hin ausgerichtet war, dabei aber auch darauf zielte, der im Zuge des sozialen Wandels entstandenen "Notlage" gerecht zu werden, um befürchteten revolutionären Aktionen des Proletariats entgegenzuwirken, wurde immer wieder mit dem Begriff "Industriepädagogik" belegt.[12]

Ohne genau definiert zu sein, fand sich der Begriff "Industriepädagogik" dann immer wieder im Verlauf der Entwicklung der innerbetrieblichen "Aus- und Weiterbildungsformen", die bestimmt wurden durch ein auf die optimale Nutzung des Produktionsfaktors Arbeit hinzielendes Bemühen, mit dem solche die Humanisierung der industriellen Arbeit verfolgende pädagogisch orientierte Bestrebungen einhergingen.

Eine besondere Bedeutung gewann der Begriff "Industriepädagogik" dann infolge des Zusammenbruchs des Kaiserreichs 1918 und dem damit einhergehenden gesellschaftlichen Neubeginn beziehungsweise Umbruch, stand er doch vor allem für die (wieder-) einsetzende und geführte Diskussion um die Frage nach dem Verhältnis der Erziehung zur Industriearbeit.

In diesem Zusammenhang gebührt insbesondere dem Versuch des Pädagogen Heinrich Kautz Beachtung, der die "Industriepädagogik" als Wissenschaft zu begründen suchte.

---

[12] Zur "Industriepädagogik" des 18. und 19. Jahrhunderts Blum, Emil. "Arbeiterbildung als existenzielle Bildung". Dissertation. Mensch und Welt. Hg. C. Sganzini. Bern und Leipzig: Paul Haupt, 1935.

So zielte seine Untersuchung darauf, die Frage zu beantworten, aus welcher kulturellen Gesamtlage die Notwendigkeit der "Industriepädagogik" erwächst beziehungsweise wo der Ansatzpunkt für den systematischen Auf- und Ausbau industriepädagogischen Denkens und Wirkens liegt.

Ausgehend von dieser Fragestellung nahm er unter Zugrundelegung allgemeiner Merkmale eine Abgrenzung industriepädagogischer Bestrebungen vor. Dabei unterschied er zwei Hauptformen der "Industriepädagogik", wobei er den Umfang des Begriffs "Industriemensch" als wesentliches Kriterium variierte.[13]

Zum einen nannte Heinrich Kautz die "Industriepädagogik im engeren Sinne", die sich entweder als Industriearbeiter- und Industriearbeitspädagogik ausschließlich auf den Industriearbeiter oder aber als Wirtschaftspädagogik auf alle in der Wirtschaft tätigen Menschen beziehe, zum anderen die "Industriepädagogik im weiteren Sinne", die sich an alle Menschen, die in einem Industriebezirk wohnen und leben, richte ohne Unterschied des Berufes, der sozialen Schichtung und des Geschlechts.[14]

Die "Industriepädagogik im engeren Sinne" stand mithin für eine Beschränkung auf Betrieb und Arbeitswelt, bei Unterordnung unter wesentliche von der Wirtschaft vorgegebene Gesetzmäßigkeiten, wohingegen "Industriepädagogik im weiteren Sinne" das menschliche Individuum, seine Selbstbehauptung im Betrieb sowie sein Verhältnis zur ebenfalls industriell bestimmten Gesellschaft umfaßte.

Die von Heinrich Kautz getroffene Unterscheidung spiegelte damit nicht zuletzt die beiden grundsätzlichen Positionen der Vertreter von "Industriepädagogik" nach dem Ersten Weltkrieg wider.

So fanden sich Unternehmen, die auf fachlich-sachlicher Ebene aktiv wurden, andere, die durch Schaffung patriarchalischer Sozialformen "Werkshörigkeit" der Arbeitnehmer zu begründen suchten, um in deren Bewußtsein die zu leistende Arbeit in einem über das Sachliche hinausgehenden Sinne erscheinen zu lassen. In diesem Zusammenhang ist insbesondere auch das von Unternehmern 1925 gegründete "Deutsche Institut für technische Arbeitsschulung" (DINTA) zu nennen, dessen Arbeit darauf zielte, Führungskräfte der mittleren Unternehmensebene in "Menschenführung" auszubilden, um die bei der Produktion auftretenden menschlichen Probleme zu lösen. Karl Arnhold, als Leiter

---

[13] Kautz, Heinrich. Industrie formt Menschen. Versuch einer Normierung der Industriepädagogik. Einsiedeln: Benzinger & Co, 1929. 15 ff.(17).

[14] Kautz, Heinrich. "Die industriepädagogische Bewegung in Deutschland". Internationale Zeitschrift für Erziehungswissenschaft 1 (1931/32): 613.

des Instituts, verstand dessen Arbeit als Hilfe für die Unternehmen, "um noch wirtschaftlicher zu arbeiten", dies vor dem Hintergrund seiner Überzeugung, "daß außer der Mechanisierung und Rationalisierung noch eine dritte Möglichkeit dazu vorhanden ist, nämlich die der "Menschenführung", ja daß diese "Menschenführung" wahrscheinlich einen noch größeren wirtschaftlichen Effekt hat als die beste Rationalisierung und Mechanisierung".[15] Dabei maß Karl Arnhold Befehl und Gehorsam sowie militärischen Leitbildern eine besondere Bedeutung bei. So formulierte er, "wir brauchen heute mehr denn je in der Wirtschaft Männer - und beginnen in unseren Betrieben bereits heute zu spüren, daß die Schule des alten Heeres nicht mehr ist, die uns Männer erzog, die gehorchen, aber auch befehlen konnten".[16]

Demgegenüber verstand Heinrich Kautz in seiner eigenen Untersuchung "Industriepädagogik" als "Frage nach der pädagogischen Überwindbarkeit sowohl des kapitalistischen als auch des proletarischen Geistes"[17].

Vor dem Hintergrund seiner Überlegung, daß Kapitalismus und "Proletismus" Gesinnungen entspringen, sah er es als Aufgabe der Pädagogik, eine Gesinnungsänderung herbeizuführen, mit der dann letztlich auch eine Veränderung kritisierter sozialer Gegebenheiten einherginge. Zwar warnte Heinrich Kautz im Rahmen seiner Arbeit vor einer Überschätzung pädagogischer Möglichkeiten, sah jedoch letztlich die "Industriepädagogik als Überwindungstypus" gegenüber dem kapitalistischen und proletarischen Geist. Ein Eingriff in das soziale Geschehen lehnte er ab, denn, so Heinrich Kautz, "immer bliebe der Industriepädagogik der Versuch offen, wenigstens Voraussetzungen und Vorbedingungen für die Entstehung des neuen Typus auszusäen in der Bekämpfung des ethisch-weltanschaulichen Irrgangs durch ideale Sollensorientierung"[18].

Der Versuch von Heinrich Kautz im Rahmen seiner Interpretation der "Industriepädagogik", die Grenzen rein pädagogischer Arbeit einzuhalten, bedeutete letztlich, "den Proletarier ökonomisch einen solchen sein zu lassen, aber die geistig sozialen Wirkungen, den Proletismus, zu beseitigen, mit anderen Worten: den Proletarier geduldig und

---

[15] Arnhold, Karl. "Menschenführung im Sinne des Deutschen Instituts für technische Arbeitsschulung". Sozialrechtliches Jahrbuch 1 (1930): 118-134 (120).
[16] Arnhold, Karl. "Menschenführung im Sinne des Deutschen Instituts für technische Arbeitsschulung". AaO.. 127.
Weitsch, Eduard. "DINTA und freie Volksbildung". Freie Volksbildung 3 (1928): 25-38.
[17] Kautz, Heinrich. Industrie formt Menschen. AaO.. 12 f..
[18] Kautz, Heinrich. Industrie formt Menschen. AaO.. 149.

gefügig zu machen"[19].

Vor allem bei Vertretern sozialwissenschaftlichen Gedankenguts wie Willy Hellpach, Goetz Briefs, Paul Riebensahm, Ernst Michel und Eugen Rosenstock-Huessy fanden sich Ansätze, eine "Industriepädagogik" im Sinne einer "sozialen Betriebspolitik" zu entwickeln. Dabei strebten sie an, durch Veränderung der innerbetrieblichen Strukturen zur Lösung der "sozialen Fragen des Betriebs" beizutragen. Als Untersuchungsgegenstand diente "der Betrieb als soziales Gebilde"[20], in dem eine Vielzahl von Menschen zusammenarbeiteten, der sich aufgrund fremdbestimmter Arbeit, hierarchischer Strukturen der Anweisungsbefugnisse, als ein dauernder potentieller Konfliktherd darstellte. Die durchgeführten arbeitswissenschaftlichen und betriebssoziologischen Forschungen bildeten für die genannten Autoren die Grundlage für neue Gestaltungsvorschläge, die es umzusetzen galt. Zwar waren für den Einstieg in die Problemlösung sozialpolitische Maßnahmen bestimmend, doch wies etwa Eugen Rosenstock-Huessy darauf hin, daß es sich lediglich um Schritte "auf einem pädagogischen Weg" handelt, die vor dem Hintergrund der zwischen Arbeit und Betrieb bestehenden Besonderheiten zu verstehen seien.[21]

Für Eugen Rosenstock-Huessy hatte der "pädagogische Weg" seinen Ursprung in der konkreten Not des Alltags, die es durch eine Veränderung der gesellschaftlichen Ordnung zu beheben galt. Auf diesem Weg erschien ihm weder der, vom übrigen Bildungswesen isolierte, Unterricht an den Fortbildungsschulen, noch die inhaltsleeren Gemeinschaftsformen der Jugendbewegung, noch eine rein utopische oder idealistische Bildungsarbeit der politischen Parteien erfolgversprechend, denn sie alle "können nicht 'bilden', weil sie den Menschen fern von seiner Arbeit aufsuchen", aber gerade diese zeichnet sich dadurch aus, daß "Mensch, Arbeitskraft und Verantwortungsträger im Arbeiter heute ein jeder seine eigenen Wege sich suchen muß".[22]

Der in den Aussagen von Eugen Rosenstock-Huessy zum Ausdruck kommende Bildungsbegriff zeichnete sich insbesondere dadurch aus, daß er sich sowohl an der Situa-

---

[19] Geiger, Theodor. "Industriepädagogischer Unfug". Sozialistische Bildung 4 (1929): 38 f.
[20] Geiger, Theodor. "Zur Soziologie der Industriearbeit und des Betriebes". Die Arbeit 6 (1929): 683-689.
[21] Rosenstock, Eugen. Lebensarbeit in der Industrie und Aufgaben einer europäischen Arbeitsfront. Berlin: Springer, 1926. 54.
[22] Rosenstock, Eugen. Lebensarbeit in der Industrie und Aufgaben einer europäischen Arbeitsfront. AaO.. 54.

tion des Menschen bei der Arbeit ausrichtete als auch gleichzeitig die Veränderung dieser Situation anstrebte. Bildung sollte ausgehend von einer konkreten Notsituation über diese hinausreichen. Das aber bedeutete ein Ineinandergreifen pädagogischer und politisch-gesellschaftlicher Momente.

Aufbauend auf diesen Überlegungen entwickelte Eugen Rosenstock-Huessy vor dem Hintergrund einer durchgeführten Analyse der Industriearbeit einen "volkswissenschaftlichen" Ansatz, der die individuelle Biographie des Arbeiters mit einbezog, woraus dann sein "Projekt neuer Betriebsorganisation" hervorging, das von industriepädagogischen Maßnahmen begleitet wurde beziehungsweise dem sie innewohnten.

Während seine Überlegungen und die daraus resultierenden Aktivitäten zunächst auf eine Veränderung der Betriebsstruktur zielten, ging er mit der Zeit zunehmend dazu über, im Bereich außerhalb des Betriebes pädagogisch tätig zu werden, zumal er weit geringere Widerstände zu überwinden hatte; freilich davon ausgehend, daß sich Rückwirkungen auf die Arbeit im Betrieb einstellten.

Mit der Verlagerung der pädagogischen Tätigkeiten aus den Betrieben heraus, wurde dann letztlich der Begriff "Erwachsenenbildung" zum die Thematik der Bildung Erwachsener bezeichnenden Synonym, dem von den Vertretern der verschiedenen Richtungen die jeweils eigene Position zugeschrieben wurde.

3.3 Eugen Rosenstock-Huessy's "volkswissenschaftlicher Denkansatz"

In der Literatur fand sich Eugen Rosenstock-Huessy's "volkswissenschaftliche Ansatz" erstmals ausführlich behandelt in seiner Arbeit mit dem Titel "Werkstattaussiedlung", die im Rahmen einer von dem Mediziner, Sozialpsychologen und Politiker Willy Hellpach herausgegebenen "Sozialpsychologischen Studien-Reihe" erschienen war.[23]
Im Mittelpunkt der Arbeit standen "Untersuchungen über den Lebensraum des Industriearbeiters". Für Eugen Rosenstock-Huessy selbst stellten diese betriebssoziologischen Studien einen Beitrag zur empirischen Forschung dar, wobei seine Überlegungen dahingingen, keine abstrakte Diskussion mit einem abstrakt vorgestellten Publikum zu führen, sondern den Bericht einer konkreten Person und der Antwort an ihn zur Grundlage seiner Untersuchungen zu machen. Dies unter dem Gesichtspunkt, daß die Ab-

---

[23] Rosenstock, Eugen. "Werkstattaussiedlung". Sozialpsychologische Forschungen des Instituts für Sozialpsychologie an der Technischen Hochschule Karlsruhe 2. Hg. Willy Hellpach. Berlin: Springer, 1922.

straktion "in der Gesellschaftslehre um so gefährlicher (ist), als hier die Aussprache (im Sinne des Gesprächs) mit den erforschten Personen für den Gesellschaftsforscher fast den gleichen Wert haben muß, wie das Experiment für den Naturforscher". "Das ist eine Regel, die in normalen Zeiten auch fast immer unbewußt befolgt worden ist und nur heute ausdrücklicher Wiederherstellung bedarf".[24]

Letztlich verbarg sich hinter Eugen Rosenstock-Huessy's Aussagen beziehungsweise seinem daraus resultierenden Vorgehen das, was er "Volkswissenschaft" nannte und was er folgendermaßen umschrieb:

"... auch die Forschung muß heute aufhören, das Volk bloß als Kraft in ihren Arbeitsraum, in ihr 'Laboratorium' zu verschleppen. Dieser Arbeitsraum muß sich vielmehr wandeln wie der Arbeitsraum jedes Betriebes und ein Stück Lebensraum des 'wissenschaftlich behandelten Volkes' selber werden. Jeder Mensch weiß ja, wie anders er in Anwesenheit eines Menschen über ihn redet als in der Entfernung. Nun wohl: die Experimentalsoziologie erhebt es zur wissenschaftlichen Pflicht, von den Menschen so zu reden, als seien sie anwesend. Denn sie behandelt die Menschen nicht als Material, als Gegenstände der Naturbeschreibung; auch nicht bloß als fertige Tatsache der außer uns selber liegenden Geschichte, sondern als lebende Wesen, die mit dem Forscher gemeinsam den geistigen Raum des Volkes bevölkern. Der Gegensatz von Naturwissenschaft und Geisteswissenschaft ist hier erledigt, wo es sich um weder das eine noch das andere, sondern um Volkswissenschaft handelt. Hierdurch kann die inductio vera, die wahre Induktion, die Bacon gepredigt hat, einziehen. Und die Volkswissenschaft zwingt sich, von dieser geistigen Anwesenheit ihres Objektes, oder wie wir jetzt richtiger sagen: ihres Partners, Kenntnis zu nehmen, indem sie ihm einfach das erste Wort erteilt. ... Das Volk ist weder Material noch eine schweigende Bücherreihe. Es gibt das Stichwort. Und so wird der Forscher auch im Forschen ein Glied der Volksgemeinschaft."[25]

Die Ausführungen von Eugen Rosenstock-Huessy zeigten insbesondere seine Achtung vor dem Menschen als Untersuchungsobjekt, die vor allem bestimmt wurde durch die Ablehnung einer voraussetzungslosen Forschung. So standen die Verantwortung für das Individuum, dessen Lebensumfeld es zu erforschen galt, sowie die in der Gemeinschaft zu entwickelnde "Volksordnung" im Mittelpunkt der Überlegungen. Eugen Rosenstock-

---

[24] Rosenstock, Eugen. "Werkstattaussiedlung". AaO.. 9 f..
[25] Rosenstock, Eugen. "Werkstattaussiedlung". AaO.. 15 f..

Huessy verwies in Anlehnung an den "kategorischen Imperativ" Kant's darauf, daß die Forderung, keinen Menschen als bloßes Mittel zu behandeln, von dem Lebensgebiet erst erfüllt wird, wenn die Wissenschaft selbst, die sich bisher über diesen sittlichen Grundsatz erhaben dünkte, ihn anerkennt. "Damit hört sie auf, allmächtig zu sein."[26] Mit seiner "Volkswissenschaft" schuf Eugen Rosenstock-Huessy sowohl einen spezifischen Forschungsansatz als auch die Grundlage für eine Lehre. Damit reagierte er letztlich auf die, zum Ende des 19. Jahrhunderts sowie in den ersten beiden Jahrzehnten des 20. Jahrhunderts, massiv zutage tretende Wissenschaftskrise, die vor allem bestimmt wurde durch die im Rahmen der Kulturkritik in Frage gestellte streng positivistische Wissenschaft, die zweifelsohne durch die sich vollziehenden politischen und wirtschaftlichen Umbrüche eine zusätzliche Verschärfung erfuhr.

Eugen Rosenstock-Huessy reihte sich damit ein in die in verschiedenen Fachbereichen der Wissenschaft laut werdenden Stimmen, die die Bewältigung anstehender Probleme nur durch das Einbringen subjektiver Momente gewährleistet sahen. Die Dynamik des menschlichen Lebens wurde zum Orientierungspunkt; im "Namen des Lebens" nahm man den Kampf gegen Positivismus und Werturteilsfreiheit auf.[27]

Für Eugen Rosenstock-Huessy bedeutete das vom Ansatz her, daß das "Experiment", ähnlich wie bei der Naturwissenschaft, Eingang in die Theorie der Soziologie finden müsse. Dabei machte er jedoch von Anfang an deutlich, daß das Experiment der Soziologie ein anderes sei als das der Naturwissenschaft. So habe der Soziologe seine Substanz, die gesellschaftliche Wirklichkeit, nicht als ein Quantum vor sich, das sich in kleine Beispiele oder Atome aufspalten lasse, sondern das sich als unzerstörbar einheitliches Kraftfeld darstelle, das sich dem Beweis sowohl mit Zahlen als auch mit Nachbildungen im Kleinen entziehe. Der Soziologe, der dem ewig offenen System der lebendigen Menschheit gegenüber stehe, der sich mithin mit einem unberechenbaren Objekt im Sinne der naturwissenschaftlichen Forschung konfrontiert sieht, vermag das Rationale auf dem Gebiet der Soziologie jedoch insbesondere durch Erzählung und Rede, als Geschehen und Leben im Volke, zu erkennen.

Während, so Eugen Rosenstock-Huessy, auf die stumme, theoretisch errechnete und rein begrifflich gedachte Zahl die stumme Natur draußen im Experiment stumm reagiert, nimmt die lebendige Natur des Volkes durch seine in verständlicher Sprache ausgespro-

---

[26] Rosenstock, Eugen. "Werkstattaussiedlung". AaO.. 16.
[27] Jung, Ulrich. "Eugen Rosenstocks Beitrag zur deutschen Erwachsenenbildung der Weimarer Zeit". Frankfurter Beiräge zur Pädagogik. Wiesbaden: Koehler & Hennemann, 1970. 14.

chene Erzählung an der Forschung der Soziologen teil. Mithin denkt der Naturforscher der Natur vor, und die Natur nimmt zu seinen Gedanken im Experiment antwortend Stellung, wohingegen das Volk zunächst seine eigenen Erfahrungen von der Sache redend und erzählend darbietet, und der Soziologe die Fragen aufsucht, die in den Reden beziehungsweise Erzählungen stecken und sie beantwortet. Der Wissenschaftler unterscheidet sich hierbei nur darin von seinen Mitmenschen, daß er deren Erzählungen in die Frage- und Antwortform überführt und damit danach strebt, einigend sowie klärend zu wirken. Die Vorgänge im Volksleben, so Eugen Rosenstock-Huessy, werden nicht gezählt, sondern erzählt, genau wie die menschlichen Dinge auch nicht einfach gelebt, sondern erlebt werden.[28]

Entsprechend sah Eugen Rosenstock-Huessy im Experiment, das in der Wissenschaft als "Vermittler zwischen Subjekt und Objekt" galt, die Möglichkeit des forschenden Menschen, sich durch das Experiment von der Wirklichkeit seiner Gedanken kraft ihrer Verkörperung überzeugen zu lassen. Er verstand im Rahmen der von ihm propagierten "Volkswissenschaft" das "Volk als Objekt" des forschenden Subjekts, dessen Adressat, die mit an der Forschung interessierten Subjekte, gleichfalls Mitmenschen in irgendeinem Sinne waren beziehungsweise sind.

Die Auffassung, daß die Aufgabe sich durch Wort und Sprache verständlich zu machen die gleiche sei, sowohl dem Mitforscher als auch dem Objekt "Volk" gegenüber, wurde von Eugen Rosenstock-Huessy nicht geteilt, er verwies auf die unterschiedlichen Ebenen des Gesprächs.

In seiner Ablehnung kam letztlich zum Ausdruck was er auch in der von ihm propagierten "Neuen Grundlehre vom Sprechen"[29] zu verdeutlichen suchte, die ein Sprechen miteinander, auf gleicher Ebene, nur im Rahmen bestimmter Voraussetzungen als gegeben ansah, denen es Rechnung zu tragen galt. Hier, so Eugen Rosenstock-Huessy, war der Soziologe gefordert, zu zeigen, daß er den erforschten Volksteil versteht und diametral entgegengesetzt seiner Aufgabe als wissenschaftlicher Darsteller im Kollegenkreis gerecht wird. Er mithin zwischen beiden steht und die beiden Sprachen in eine transformiert.

Dementsprechend muß zwischen der Erzählung des Volkes (zu dem der Forscher auf der einen Seite gehört) und der Diskussion der Begriffe (die ihm auf der anderen Seite

---

[28] Rosenstock, Eugen. "Werkstattaussiedlung". AaO.. 8 ff..
[29] Vergleiche dazu die oben im Rahmen der Biographie von Eugen Rosenstock-Huessy vorgestellte "Neue Grundlehre vom Sprechen".

obliegt) ein dauernder Wechselstrom hin und her gehen. Das bedeutet gemäß Eugen Rosenstock-Huessy, daß sich der Soziologe aus dem geistigen Spannungsfeld des Volkes in keinem Augenblick der Forschung herauslösen dürfe, sich trotzdem als denkendes Subjekt über dieses Objekt seiner Forschung erheben müsse.[30]
Der Forscher selbst tritt als Teil des Volkes auf, das als sein Partner unvermittelt die entscheidenden "Zeichen" setzt. Die volkswissenschaftliche Forschung wird mithin im Sinne des ursprünglichen Lebens verstanden, die gleichzeitig auf das Volk gerichtet ist, indem sie durch Gestaltungsvorschläge und durch eine spezifische Lehre zur Herstellung einer neuen Ordnung beitragen will.
Die Aussage von Eduard Spranger, wonach "ein Volk niemals nur Wirklichkeit ist, sondern immer auch Aufgabe, gemeinsame sittliche Aufgabe", spiegelte diese Intention wieder; woraus er folgerichtig die Aufforderung an die Forscher, die gleichermaßen "Volkskenntnis" sowie "Volkseinheit" anstreben, herleitete: "Versenken wir uns, von aller Romantik frei, in den volkhaften Lebenszusammenhang um uns herum, von dem wir uns zugleich getragen fühlen."[31]
Eugen Rosenstock-Huessy sah entsprechend im Rahmen seines "volkswissenschaftlichen Ansatzes" das Volk, einerseits als Quelle der Erkenntnis, das andererseits in einem Prozeß der Heilung eine neue Begründung erfahren sollte. Seine Gedankenwelt wurde mithin bestimmt durch die Auseinandersetzung mit dem Volk, sowohl in seiner "Erkrankung" als auch im Hinblick auf seine Zukunft, ohne daß er beides immer genau getrennt hätte.
Erich Weniger sah, diese doppelte Intention ansprechend, den Volksbegriff von Eugen Rosenstock-Huessy als "rein pädagogischen Volksbegriff", "der im Bildungsvorgang selbst geschaffen, aus der erzieherischen Erfahrung der 'Volkszerstörung' und 'Volksnot' (heraus), vorerst nur in der bildenden Begegnung zwischen den Generationen und zwischen den einzelnen lebendig zu erhalten wäre und seine erneuernde Kraft eben nicht mehr in irgendeinem Rückgang, sondern gerade in der Erfüllung des Augenblicks oder besser ausgedrückt in der Vorwegnahme der Zukunft finden müßte".[32]
Wenngleich Eugen Rosenstock-Huessy der Zuordnung seiner "Volkswissenschaft" zur

---

[30] Rosenstock, Eugen. "Werkstattaussiedlung". AaO.. 13 f..
[31] Spranger, Eduard. "Volkskenntnis, Volksbildung, Volkseinheit". Volksbildung. Monatsschrift für öffentliches Vortragswesen, Volksleseanstalten und freies Fortbildungswesen in Deutschland 60 (1930): 225 ff.
[32] Weniger, Erich. "Grundtvig und der Begriff der historischen Aufklärung". Die Eigenständigkeit der Erziehung. Weinheim: Beltz, 1952. 172 ff. (215).

Pädagogik zweifelsohne nicht zugestimmt hätte, sah er sie doch als eine im allgemeinen Sinne weit umfassendere, vor allem die menschlichen Kräfte insgesamt einbeziehende Wissenschaft, offenbart ein Vergleich mit Erich Weniger's "pädagogischem Volksbegriff" eindeutig übereinstimmende beiden innewohnende politische sowie pädagogische Momente. Sie wurden insbesondere deutlich in der Abkehr von der Romantik im Sinne einer Sehnsucht nach Ordnungen der Vergangenheit, einer schwärmerischen Lebensstimmung sowie einem Verharren im bloß Besinnlichen.

In diesem Zusammnhang ist auch Wilhelm Flitner's Auseinandersetzung mit der Frage, "wo liegt das Romantische, worin ist es zu überwinden oder bereits überwunden und verbirgt sich in ihm auch eine Wahrheit ..."[33], zu sehen, als deren Ergebnis er die Berufung auf einen romantischen Volksbegriff, als positive Leistung neuromantischen Denkens versteht, die als Reflexion, der als problematisch empfundenen Gegenwartskultur mit Hilfe gewonnener Maßstäbe, die aus vergangenen Kulturepochen hervorgingen, "das Nichtige und Brüchige der Gegenwart" erkennen läßt.[34]

Insgesamt lassen sich Eugen Rosenstock-Huessy, Erich Weniger und Wilhelm Flitner einer gemeinsamen geistigen Richtung zuordnen. Dies insbesondere mit Blick auf den Ansatz ihrer Überlegungen. So verstanden sie das Volk als Schicksalsgemeinschaft innerhalb der geschichtlichen Entwicklung, das nach neuer lebendiger Gestaltung drängt. Dabei gestanden sie dem einzelnen, seiner lebendigen Entwicklung, seiner Lebensgeschichte sowie seiner Lebenstotalität eine gleichrangige Bedeutung zu. Entsprechend war das gemeinsame Ziel darauf gerichtet, das Leben des Volkes und des einzelnen in seiner Dynamik zu erkennen und gemäß den jeweils innewohnenden Gesetzen neu zu gestalten.

Die "Volkswissenschaft" im Sinne von Eugen Rosenstock-Huessy stand dabei für eine umfassende, die Grenzen der Fachwissenschaften überschreitende, Betrachtungsweise. Entsprechend ordnete er "seiner Volkswissenschaft", die er als "Heilkunde am Volk" verstand, die den Geist als Organ des Volkes heilt und gestaltet,[35] die Fachwissenschaften, wie die der Jurisprudenz, der Geschichte, der Wirtschaft, der Kultur und Sprache, unter.

---

[33] Flitner, Wilhelm. "Das Romantische Element in der Erwachsenenbildung und seine Überwindung". Freie Volksbildung 4 (1929): Heft 1. 1 (2).
[34] Flitner, Wilhelm. "Das romantische Element in der Erwachsenenbildung und seine Überwindung". AaO.. 6.
[35] Rosenstock, Eugen. Die Hochzeit des Krieges und der Revolution. Würzburg: Patmos, 1920. 215.

Wilhelm Flitner sah in der von Eugen Rosenstock-Huessy angewandten Forschungsmethode ein, die additiven Grenzen überschreitendes, zu ganzheitlicher Erkenntnis gelangendes, Denken, "das den wahren Begriff von Mensch, Zeit, Geschichte, Volk, Gemeinschaft in sich trägt"[36].

3.4 Lebensraum des Industriearbeiters als Grundlage "volkswissenschaftlicher Überlegungen"

Mit Eugen Rosenstock-Huessy's "Untersuchungen über den Lebensraum des Industriearbeiters"[37], die nicht zuletzt die Grundlage der Rechtfertigung seines "volkswissenschaftlichen Denkansatzes" bildeten, liegt eine schriftliche Ausarbeitung vor, die die wesentlichen Aspekte des Ansatzes verdeutlichen; dabei sowohl die sich im Betrieb widerspiegelnden politischen, wirtschaftlichen und technischen Entwicklungen sowie die daraus resultierenden Probleme des Arbeiters und der Arbeiterschaft offenbaren, als auch die Herangehensweise an die Probleme sowie Vorschläge zur Lösung aufzeigen. Konkret stellte sich Eugen Rosenstock-Huessy die Frage: "Wie verhalten sich Arbeitsraum und Lebensraum (des Arbeiters) zueinander? Wo liegt das Optimum, das heißt, das beste Verhältnis zwischen ihnen, vom Standpunkt des einzelnen Arbeiters, der gesamten Arbeiterschaft, der Technik und Wirtschaft und schließlich vom Volksganzen und seinem schicksalsmäßigen Gang aus gesehen."[38]

Daraus resultierten letztlich seine Überlegungen zur "Erwachsenenbildung im Betrieb". Er sprach in diesem Zusammenhang auch von der "Erwachsenbildung als Komplement der Betriebspolitik".

3.4.1 Stellenwert der Arbeit im Leben eines Industriearbeiters

Vor dem Hintergrund, daß die Industrie in Deutschland erst unter dem Einfluß der Französischen Revolution nach und nach eine eigene Welt der Arbeit hervorbrachte, sah Eugen Rosenstock-Huessy die die Entwicklung bestimmenden Epochen jeweils geprägt

---

[36] Flitner, Wilhelm. "Das romantische Element in der Erwachsenenbildung und seine Überwindung". AaO.. 10.
Als Replik auf einen gegen Eugen Rosenstock-Huessy gerichteten Aufsatz von Schlünz, Friedrich. "Romantik und Realismus in der Erwachsenenbildung". Freie Volksbildung 3 (1928): Heft 6. 423-432.
[37] Rosenstock, Eugen. "Werkstattaussiedlung". AaO..
[38] Rosenstock, Eugen. "Werkstattaussiedlung". AaO.. 8.

durch Fragen, die es zu lösen galt und die letztlich zur aktuellen Fragestellung führten.[39] Eugen Rosenstock-Huessy verwies darauf, daß sich mit dem "Ausruf menschlicher Vernunft" im Rahmen der Französischen Revolution "der Vorstoß der Vernunft in der Natur einstellte", was letztlich bedeutete, daß "der Mensch der Natur ihr Gesetz entlockte" und so "auch jedes Stück Natur unter das Gesetz (zu) zwingen (suchte)". Entsprechend wurde die erste Epoche beherrscht von den Fragen nach dem "Was und Wie", nämlich, "was kann maschinell fabriziert werden und wie kann es fabriziert werden?" Gefragt waren die Leistungen des Erfinders und des Technikers, die Entwicklung neuer Fabrikate und neuer Fabrikationsmöglichkeiten.

Ihr folgte die Epoche, in der die Fragen nach dem "Wieviel und Wie gut" im Mittelpunkt standen. Die Produktivität und die Wirtschaftlichkeit der erfundenen Maschinen sowie der erbauten Fabrikationsstätten bestimmten die Überlegungen, das heißt, die Erzielung hoher Auslastungsgrade beziehungsweise Absatzmengen, die letztlich den Erfolg begründeten, waren gefragt. Hinzu kam das sich einstellende Qualitätsbewußtsein, das "Wie gut" der Produktion, das vor dem Hintergrund des konkurrierenden Massenangebots auf dem Markt sehr bald den Absatz bestimmte. Dem Menschen als Arbeiter kam dabei in beiden Epochen eine der Maschine dienende Funktion zu.

Insbesondere mit der Demobilmachung nach dem Ersten Weltkrieg vollzog sich dann ein Wandel in der Diskussion. Die Natur des Menschen, konkret die des Arbeiters, wurde auf breiter Basis thematisiert beziehungsweise immer intensiver hinterfragt. Wobei vor allem die Überlegung zum Tragen kam, "daß die Herstellung des Fabrikats und die Arbeit für den Markt etwas ist, was aus der Natur dessen, der die Arbeit tut, fließt". Damit waren die Fragen nach dem "Wann und Wo" der Arbeit gestellt.

Es handelte sich dabei nicht um Fragen, die primär Erfindungen beziehungsweise deren Umsetzung und Verwertung im Auge hatten, denn letztlich war es sowohl dem Erfinder

---

[39] Die Fragenstellungen finden sich im Rahmen eines Modells von Eugen Rosenstock-Huessy, das in Stufen die naturwissenschaftliche (technische) und wirtschaftliche Entwicklung zu verdeutlichen sucht.
Vorstufe: Seit 1500 das Zeitalter der Naturwissenschaft, seit etwa 1800 das Industriezeitalter.
I. Stufe: Bis 1870. Erfindungen und Technik, Ingenieure. Was und Wie der Fabrikation.
II. Stufe: 1871 bis 1914. Großstädte und Weltmarkt Konkurrenz. Unternehmer. Wieviel und Wie gut der Waren.
III. Stufe: Seit dem Krieg 1914 und der Revolution. Planwirtschaft und Kriegsschulden. Betriebspolitiker. Wann und Wo der Arbeit.
Rosenstock, Eugen. "Werkstattaussiedlung". AaO.. 97.

als auch dem Unternehmer gleichgültig, an welchem Ort und zu welchen Zeiten er seine Ziele verwirklichen konnte, vielmehr betrafen die Fragen den Lebensraum des Menschen im Zusammenhang mit seiner Arbeit vor Ort im Industriebetrieb. Die Fragen, "wie arbeitet die menschliche Natur am gesündesten, am vernünftigsten, aber auch am billigsten", standen im Mittelpunkt der Überlegungen.[40]
Vor diesem Hintergrund gewann das Bemühen Eugen Rosenstock-Huessy's, dem "neuen Denken" Rechnung zu tragen, seine besondere Bedeutung. War es doch darauf gerichtet, den Arbeiter als "menschliches Wesen" bei seiner Arbeit vor Ort, als ein Teil der Arbeiterschaft innerhalb des Volksganzen, das geprägt worden war durch die politischen, technischen und wirtschaftlichen Entwicklungen, zu sehen, dem es galt, durch die Schaffung entsprechender Voraussetzungen vor Ort, Rechnung zu tragen.
Um dieses Ziel zu erreichen, bediente sich Eugen Rosenstock-Huessy, basierend auf seinem "volkswissenschaftlichen Denkansatz", "seiner Forschungsmethode", indem er zunächst die Industriearbeit analysierte, um danach näher auf die erkennbaren gegensätzlichen Interessen einzugehen.

3.4.1.1 Analyse der Industriearbeit

Den Ausgangspunkt der Eugen Rosenstock-Huessy'schen Überlegungen bildete die, seines Erachtens maßgeblich die Gesellschaftsordnung beeinträchtigende, Arbeitsverfassung, die er vor allem durch den Gegensatz zwischen der Forderung nach einer rein zweckrationalen Produktion und der Forderung des einzelnen Arbeiters nach einem persönlichen Wirken am Arbeitsplatz bestimmt sah.
Dabei gewann vor allem seine kritische Auseinandersetzung mit dem als "Taylorismus" und als "Psychotechnik" bezeichneten, auch in Deutschland eingeführten, Verfahren der Behandlung des Menschen Bedeutung, wurde in ihrem Rahmen doch auch Eugen Rosenstock-Huessy's Grundeinstellung deutlich. So erkannte er durchaus an, daß Frederik Winslow Taylor den "beseelten Menschen" als den, im bisherigen Produktions- beziehungsweise Arbeitsprozeß und damit in der bisherigen gewerblichen Kalkulation vergessenen, wichtigsten Posten "entdeckt" hatte, wandte sich aber vehement gegen die Art und Weise, wie er den Menschen in den Arbeitsprozeß einzubeziehen suchte. Bediente sich doch Taylor Zeit- und Bewegungsstudien, um herauszufinden, wie eine Arbeit mit geringstem Aufwand an Kraft und Zeit ausgeführt werden konnte und wie

---

[40] Rosenstock, Eugen. "Werkstattaussiedlung". AaO.. 81-88.

Werkzeuge zweckmäßig gestaltet sein sollten, um so das Menschliche an der Arbeit zu versachlichen, die persönliche Leistung als eine bis ins letzte hinein meßbare Quantität zu erfassen. In die gleiche Richtung zielte letztlich das System der Psychotechnik, dem als "Nachfolger des Taylorismus" sowohl die Allgemeinheit als auch Fachgruppen mit großer Einmütigkeit und Bereitwilligkeit zugeneigt waren beziehungsweise sich zu unterwerfen bereitfanden.

Mit seiner Kritik an diesem letztlich "die menschlichen Eigenschaften auf das Auswechselbare reduzierenden" Vorgehen, wies Eugen Rosenstock-Huessy implizit einen "neuen Weg" ganzheitlicher Betrachtung, der den arbeitenden Menschen mit seinen Bedürfnissen, Stärken und Schwächen in den Arbeitsprozeß zu integrieren suchte.[41]

Eugen Rosenstock-Huessy's Kritik war bestimmt durch seine Betrachtungsweise vom Menschen als individuellem Wesen, das er in seiner Dynamik und Vitalität durch eine "Friedensseele" bestimmt sah, die einem ständigen Wachstum unterlag, der eine individuelle Lebenskurve innewohnte.

Entsprechend stellte sich der menschliche Lebenslauf für ihn, als Folge von Augenblicken, Zeitabschnitten und Lebensstufen dar, die eine Einschätzung beziehungsweise Überprüfung persönlicher Leistungen, im Sinne meßbarer Quantitäten, nicht zuließ.

---

[41] Einen Eindruck von der unterschiedlichen, der Psychotechnik beigemessenen, Bedeutung vermitteln zwei Aufsätze, die sich in der <u>DAIMLER Werkzeitung 1919/20</u> 2. Hg. Daimler Benz AG. Moers: Brendow, 1991. 28-29 und 37-41, veröffentlicht finden; und zwar zum einen unter dem Titel "Betriebswissenschaft und Psychotechnik" von G. Schlesinger, einem maßgeblichen Verfechter der Psychotechnik sowie Praktiker, der entsprechende Apparate vor Ort entwickelte und nutzte, zum anderen "Die Leistung der Psychotechnik" von Eugen Rosenstock, der in einer Auseinandersetzung mit der Psychotechnik deren unterschiedliche Ansatzpunkte sowie Einschätzungen aufzeigte.
So sah Eugen Rosenstock das psychotechnische Vorgehen durch dreierlei bestimmt:
- "Die Wirklichkeit, in der eine menschliche Eigenschaft benötigt wird, muß durch eine bloße Nachbildung in Form eines Apparates, ein sogenanntes Schema der Wirklichkeit, ersetzt werden.
- Dieses Schema muß zahlenmäßig, von einer Skala ablesbare, untereinander also vergleichbare, Ergebnisse liefern.
- Es muß in Stunden, höchstens Tagen, dasselbe leisten, wofür die Wirklichkeit Wochen oder Monate braucht."

Eugen Rosenstock verstand das psychotechnische Verfahren letztlich als eine "Testmethode", die sich durch das Ermitteln sowie das Heranziehen von Zahlen und vergleichenden Tabellen auszeichnete, damit einen "sachlich unanzweifelbaren Maßstab" setzte und so der menschlichen Willkür eines Prüfers keinen Raum bot.

Hinzu kam im Rahmen der kritischen Auseinandersetzung Eugen Rosenstock-Huessy's mit der Psychotechnik neben der Betonung der ganzheitlichen Konzeption des Individuums, in der die Biographie des einzelnen einen eigenen Wert besaß, seine spezifisch gesellschaftspolitische Vorstellung von der "Volksordnung des Friedens", die er darauf angelegt sah, den Lebensstufen des Individuums entsprechend ihren Ansprüchen Geltung zu verschaffen.

Mit dem Ende des Krieges hoffte er auf eine Friedensordnung, die dem einzelnen ein gewisses Maß an eigener Entscheidungsbefugnis und Verantwortung zugesteht und somit auch der Arbeit eine "neue" gesellschaftliche Sinngebung verliehen würde.[42]

Vor diesem Hintergrund zeigte sich Eugen Rosenstock-Huessy bemüht, die Arbeit als das ins Gedächtnis zu rufen, was sie ist: eine Äußerung des eigenen Wesens. Ausgehend von den Gegebenheiten der Zeit, verwies er auf die Unfreiheit des Arbeiters, der "sich in die Zwangsjacke einer Normalzeit und eines Fabrikraums stecken läßt ... (und dabei) die Verfügung über das Allerursprünglichste: über Zeit und Raum verliert". Entsprechend sah er die Arbeit als fremdbestimmt, als Beugung unter eine nicht frei gewählte Aufgabe, die dem technisch vorgegebenen Takt der Maschinen unterliegt, damit einem dem "Menschen innewohnenden Rhythmus" zuwiderläuft.[43] In Ermangelung dieses Rhythmus' sowie eines daraus sich entwickelnden selbstverständlichen Miteinanders in der Arbeitsgruppe, so Eugen Rosenstock-Huessy, kamen letztlich im Arbeitsraum der Fabrik tagtäglich einzelne Individuen zusammen, deren Gemeinsamkeit sich darin erschöpfte, vom gleichen Vorgesetzten kontrolliert zu werden. Er sah dabei durchaus, daß der Arbeiter diese Arbeit als selbstverständlich empfand, daß hier aber eben nur ein mechanisches und geistestötendes handeln vorlag, welches den einzelnen letztlich dahin trieb, als Mensch nach einem Ausgleich des verlorengegangenen Rhythmus' zu suchen. Hieraus resultierte, so Eugen Rosenstock-Huessy, ein unausweichliches Bedürfnis, welches das Bewußtsein des einzelnen weckte beziehungsweise inspirierte, wobei die vor diesem Hintergrund entstandene Weltanschauung für ihn traumhafte Gedankengebilde darstellten. Entsprechend formulierte er: "Es steht ... fest, daß die moderne Wirtschaftsweise fortgesetzt als Abfallprodukte wahre Massen geistiger Unwirklichkeiten, gedanklicher Unverantwortlichkeiten, intellektueller Narkotika erzeugt. Die-

---

[42] Rosenstock, Eugen. "Psychotechnik". Hochland 17 (1919/ 20): 515-520.
[43] Rosenstock, Eugen. Industrievolk. 2.Aufl. Frankfurt/Main: 1924. (Volk im Werden. Schriftenreihe der Rhein-Mainischen Volkszeitung. Hg. Friedrich Dessauer, Ernst Michel und Heinrich Scharp.) 32 ff..

se Abfallprodukte werden nicht innerhalb des einzelnen Betriebes verbraucht, sondern dringen auf zahllosen Bahnen der Politik, Publizistik, Kunst, Organisation, Vereine, Schulen ins Volksganze und vergiften dessen Aufbau und Ordnung, weil sie alles Konkrete, Nahe, Persönliche mit dem Schleim ihrer abstrakten, unpersönlichen, grenzen- und schrankenlosen Massenvorstellungen überziehen und zersetzen."[44]

Für Eugen Rosenstock-Huessy stellte sich das Schicksal der Arbeiter dar als eine "Entvolklichung zur Masse", in der der Arbeiter hinter dem "Existenzminimum ... an Volkheit und Manneswürde zurückbleibe", dabei losgelöst vom Ideal des Volkes, einer zwangsweisen Verkürzung seiner Lebenskurve unterläge.[45]

Um hier entgegenzuwirken, forderte Eugen Rosenstock-Huessy, die Kräfte der Kontinuität zu aktivieren, worunter er verstand, dem Arbeiter einen erfüllten Lebenslauf zu bieten, in dessen Rahmen für ihn, durch das Bewußtwerden von Zeitlichkeit und Nachfolge, eine neue Sicherheit entstehen sollte, die die Voraussetzung schaffen würde, um ihn wieder in die Volksordnung zu integrieren, ihn mithin von den "Narkotika" zu erlösen. Dabei erschien es ihm wesentlich, dem Arbeiter (wieder) die Bedeutung der Arbeit, als Teil des menschlichen Lebens, als eigene Lebensarbeit zu vermitteln.

3.4.1.2 Unterschiedliche Interessen

Eugen Rosenstock-Huessy's Bestreben, dem Arbeiter die Bedeutung der Arbeit wieder als Teil des menschlichen Lebens zu vermitteln, ging einher mit der Aufforderung an die Arbeiterbewegung, ihrer Verpflichtung gegenüber dem Arbeiter und seinen Bedürfnissen am Arbeitsplatz nachzukommen. Dies mit Blick auf ihr Image als Schicksalsgemeinschaft der Arbeiter, als die sie zur Heimstatt für die Arbeiter geworden war, in der die Arbeiter, als sozial und örtlich entwurzelte Proletarier, das Gefühl der Zusammengehörigkeit empfanden, durch die sie vor allem ihre Interessen gewahrt sahen.

Für Eugen Rosenstock-Huessy bedeutete es ein vorrangig zu verfolgendes Ziel, die Voraussetzungen zu schaffen, um den Bedürfnissen des Arbeiters als Individuum gerecht zu werden. Er verwies darauf, daß sich dadurch der Wert des Arbeiters auch für den Betrieb erhöhen werde, mithin auch den Interessen der Unternehmensleitung Rechnung getragen würde, was zweifellos auf Seiten der Unternehmensleitung eine entsprechende Offenheit erwarten lasse beziehungsweise deren Unterstützung herausfordere.

---

[44] Rosenstock, Eugen. Industrievolk. AaO.. 38.
[45] Rosenstock, Eugen, Industrievolk. AaO.. 42 f..

Indem Eugen Rosenstock-Huessy die Erfüllung der Bedürfnisse des Individuums forderte, sprach er mithin sowohl die Interessen der Arbeiter als auch die der Arbeitgeber an, woraus sich für ihn die Grundlage für ein Miteinander ergab. Hier kam seine Kritik beziehungsweise eine Gegenposition zur von Karl Marx propagierten Konfrontation zwischen Arbeit und Kapital zum Ausdruck.

Die von Eugen Rosenstock-Huessy geäußerte Überzeugung von der Notwendigkeit einer "Neuorganisation der Arbeit", um den Bedürfnissen des Individuums gerecht werden zu können, bestimmte dabei vor allem seine "Untersuchungen über den Lebensraum des Industriearbeiters"[46], deren Grundlage, vor dem Hintergrund seiner "volkswissenschaftlichen Anthropologie", letztlich die Frage nach dem Betriebsschicksal des einzelnen Industriearbeiters bildete.

Die Situation des Industriearbeiters stellte sich Eugen Rosenstock-Huessy dar als durch ein Leben geprägt, in dem die notwendigen Lebensstufen der Jugend (Kindheit, Schule, Lehre, Wanderjahre) einigermaßen erfüllt waren, in dem jedoch die späteren Stufen Eheschluß, berufliche Seßhaftigkeit, Aufstieg, Ausbau der Arbeitsstelle zur Beständigkeit sowie Erziehungsmöglichkeit, diese Leistungen der Jahre zwischen 30 und 60, zu kurz kamen. Die zweite Stufe des Lebens trat seines Erachtens vor der ersten zurück. "Wo andere Stände ihre Angehörigen zum Manne ausreifen, da mußte der Arbeiter entweder in der Organisation oder als Meister hochkommen, das heißt, er mußte seine tägliche Berufsaufgabe ändern." Hier sah Eugen Rosenstock-Huessy den Sozialismus gefordert, wollte er etwas anderes als bloße Verstaatlichung sein. Die Sozialisierung als politisches Kampfobjekt galt ihm als eine Sache, die zwischen den Theoretikern und den Organisationen ausgefochten werde. Der einzelne Arbeiter jedoch merke davon nichts, was er aber müsse, um die Arbeiterbewegung am Leben zu halten. Dementsprechend galt es ihm, das Recht des einzelnen Arbeiters in seiner Werkstatt zu entfalten, um ihm als Arbeiter die Möglichkeit zu bieten, im Laufe seines Lebens eine "manneswürdige Stellung" zu erringen.[47]

Im Sinne des "volkswissenschaftlichen Ansatzes" von Eugen Rosenstock-Huessy bedeutete das, daß "aller Sozialismus an das Schicksal des einzelnen Industriearbeiters anknüpft, der zwar millionenmal vorkommt, aber doch nur, weil ..., jeder einzelne aus diesen Millionen litt, sammelten sich die einzelnen als Sozialisten. (Entsprechend) muß

---

[46] Bekannt geworden unter dem Buchtitel: "Werkstattaussiedlung. AaO..
[47] Rosenstock, Eugen. "Werkstattaussiedlung". AaO.. 127.

auch der einzelne aus seinem Leidensstand befreit werden, ..."[48]
Eugen Rosenstock-Huessy's Forderung war mithin darauf gerichtet, dem Arbeiter einen "Lebensspielraum" einzuräumen, worunter er verstand, dem einzelnen Arbeiter eine "sinnvolle Lebenslaufbahn" zu eröffnen. Wobei er darauf verwies: "... daß, ein geachteter Mann zu werden, einem nicht durch ein Gesetz in den Schoß geworfen werden kann. Man wird es oder man wird es nicht. Aber die Erringung muß einmal in den Bereich der Möglichkeit treten, der Mann muß einmal die volle Lebensprobe, in der nicht um den Wochenlohn, sondern um die volle Lebenslaufbahn gewürfelt wird, bestehen."[49] Der Arbeiter als "wirklicher Mensch mit seiner bestimmten Lebenszeit braucht zur Verkörperung der ihm eingeborenen Kräfte einen Lebensraum und Lebensboden. Alles hängt davon ab, daß er ihn erhält".[50]
Gerade dies vermochten die Industrieunternehmen den Arbeitern nicht zu bieten, vielmehr war die industrielle Entwicklung der damaligen Zeit geprägt durch ein stetes Auseinanderdriften von Arbeits- und Lebensraum. Eugen Rosenstock-Huessy sprach von der Arbeit als einem "in sich selbständigen Gefüge von räumlichen Anordnungen und zeitlichen Abfolgen"; als herausgelöst aus der Zeit und dem übrigen Raum, mithin als objektiviert und unpersönlich.[51] Das bedeutete für ihn, daß die Arbeit der Sphäre des persönlichen "Ichraums", dem sie ursprünglich innewohnte, entzogen wurde, daß das "Ich", die Möglichkeit der Entfaltung, sich nunmehr auf die Freizeit, die Muße beschränkte.[52] Lebensraum und Arbeitsraum des Arbeiters fielen mithin auseinander, wobei der Lohn als Bindeglied verblieb. Dies nicht zuletzt, "weil er das Mittel ist, von der Arbeit zu leben". Entsprechend stellte sich das Dasein des Arbeiters für Eugen Rosenstock-Huessy dar als geprägt durch weitgehende Freiheiten als Verbraucher, die aber in unmittelbarem Zusammenhang mit einer sklavischen Abhängigkeit vom Produktionsprozeß beziehungsweise vom Produzenten standen. Er verwies darauf, daß das Bemühen den Lebensraum als Verbraucher weiter auszudehnen (Achtstundentag, Bildungsmöglichkeiten), den Lohn, das Ende und den Zweck der Arbeit zu steigern, nicht zur

---

[48] Rosenstock, Eugen. "Werkstattaussiedlung". AaO.. 5.
[49] Rosenstock, Eugen. "Werkstattaussiedlung". AaO.. 127 f.
[50] Rosenstock, Eugen. "Werkstattaussiedlung". AaO.. 226.
[51] Rosenstock, Eugen. "Die seelischen Wirkungen der modernen Arbeitsordnung". Berufsschule und Leben. Berufspädagogische Woche in Frankfurt (1925): 26.
[52] "Weil wir arbeiten, um zu leben, deshalb haben wir unser 'eigentliches' Leben, unser 'eigenes' Leben hinter der Arbeit und außerhalb der Arbeit in unserer Freizeit ... Dort blüht uns dann ein zweites menschenwürdiges Leben auf ..., ein Leben, welches uns der Arbeitsraum vorenthält". Rosenstock, Eugen. "Werkstattaussiedlung". AaO.. 6.

Lösung des eigentlichen Problems, der Befreiung von der Abhängigkeit, beitrug, daß es "lediglich" darauf zielte, den Lebensraum sowohl qualitativ als auch quantitativ zu erweitern. Der Arbeitsraum blieb dem Arbeiter als Lebensraum verschlossen.[53] Diesen zu öffnen war das erklärte Ziel von Eugen Rosenstock-Huessy, sah er doch insbesondere bei der Arbeit die Möglichkeit des Arbeiters angelegt, schöpferisch tätig zu werden. Demgemäß war die von ihm verfolgte Erneuerung der Arbeit darauf gerichtet, im Raum-Zeit-System der Arbeitsordnung, "diejenigen Zeit- und Raumeinheiten, für die Arbeit, die geeignet sind, die eigentümlich menschlichen Qualitäten der Wirtschaftsmenschen, nämlich ihr Verantwortungsgefühl, aufs höchste zu steigern."[54] Entsprechend bedeutete für Eugen Rosenstock-Huessy das Ausfüllen der Arbeit mit persönlichen Werten die Entwicklung einer neuen Betriebsverfassung.

In deren Rahmen gewannen vor allem seine Überlegungen zu "Gesetze der Nachfolge" einen besonderen Stellenwert. So standen seine "Gesetze der Nachfolge" dafür, "dem ehernen Lohngesetz der entwurzelten heimatlosen Ware Arbeitskraft das vernünftige Gesetz des arbeitenden Menschen entgegenzusetzen"[55]. Das bedeutete für ihn, daß dem Arbeiter, der weder Vermögen noch Grundbesitz zu vererben vermochte, sein Arbeitsplatz als eigen anerkannt werden müsse. Entsprechend erhielte der Arbeiter die Möglichkeit, den eigenen Arbeitsplatz an einen Nachfolger weiterzugeben, mit der Konsequenz, daß ein derartiges "Eigentum am Arbeitsplatz" für den Arbeiter einen neuen Wert erhielte. "(Er) gehört nun in den gesicherten Teil der Gesellschaftsordnung ... wenigstens dieser eine (Platz) verschwindet vom freien Arbeitsmarkt. (Sein) Recht und (seine) Zuständigkeit liegen fest. (Er) gehorcht nun ganz anderen wirtschaftlichen Gesetzen als denen der kapitalistischen Wirtschaft ... Und in einem solchen Arbeitsplatz bahnt sich schließlich und unausbleiblich auch eine Nachfolge des eigenen Sohnes an."[56]

---

[53] Er "bleibt derweil der Lebensraum des Unternehmers ...; ein Lebensraum, den diese(r) durch die Arbeitskräfte der Arbeiter bewegen, gestalten und zu Riesenmassen auffüllen (kann)". Aber nur weil der Arbeiter ihnen seine "nackte" Arbeit dazu überläßt, weil die Fabrik ihn ohne das Kleid seines eigenen schöperischen Willens und seiner innigen Mit-Wirkung aufnimmt, kann die Leitung nun mit all den Kräften machen "was sie will", kann sie allein Herr im Hause sein wollen. Rosenstock, Eugen. "Werkstattaussiedlung". AaO.. 7 f.
[54] Rosenstock, Eugen. "Werkstattkommandite". Reichsarbeitsblatt (nichtamtlicher Teil). Berlin: Stollberg, 1925. 615.
[55] Rosenstock, Eugen. "Werkstattaussiedlung". AaO.. 152.
[56] Rosenstock, Eugen. "Werkstattaussiedlung". AaO.. 148.

Die von Eugen Rosenstock-Huessy verfolgte nicht unerhebliche Befreiung von den Gesetzen des Marktes beziehungsweise der Fremdbestimmung der Arbeit, zielte dabei zweifellos, durch die eingeräumte Möglichkeit die tatsächliche sowie die geistige (auf den Beruf hin gerichtete) Nachfolge zu bestimmen, auf eine Emanzipation des Arbeiters. Wobei diese jedoch letztlich durch einen Rückgriff auf die vorindustrielle Form der Lebensstellung des Arbeitenden, die handwerkliche Produktionsweise, erreicht werden sollte.[57]

Eugen Rosenstock-Huessy's "Gesetze der Nachfolge" waren mithin darauf gerichtet, im Rahmen der Lebenskurve des Arbeiters, eine geistige Nachfolge in den Arbeitsplatz zu gewährleisten. Wenngleich er in späteren Überlegungen von seinen "Gesetzen der Nachfolge" wieder Abstand nahm, so resultierte dies aus deren in der Praxis nicht möglich erscheinenden Umsetzung, nicht jedoch aus der Aufgabe seiner Überzeugung von der Arbeit des Menschen, die ihm als Äußerung des eigenen Wesens galt und die er weiterhin entsprechend ihrer individuellen Bedeutung für den Menschen zu ermöglichen suchte.

Eugen Rosenstock-Huessy's "Untersuchungen über den Lebensraum des Industriearbeiters" spiegelten nicht zuletzt die Situation wider, in der sich der arbeitende Mensch im Betrieb befand, die ihn als der rein zweckrationalen Produktion unterliegend offenbarte. Indem er die politischen, wirtschaftlichen sowie technischen Entwicklungen als dafür ausschlaggebend geißelte, daß die menschlichen Eigenschaften, im Rahmen der Arbeit vor Ort, eine Reduzierung auf das Auswechselbare erfuhren, bereitete er den Boden für den (neuen) Ansatz seiner ganzheitlichen Betrachtung des arbeitenden Menschen.

Dabei bot der auf gesellschaftlicher Ebene sich abzeichnende beziehungsweise sich vollziehende Umbruch, der sich politisch im verlorenen Ersten Weltkrieg manifestierte, zweifellos eine Situation, aus der heraus die Überlegungen im Sinne von Eugen Rosenstock-Huessy einen Weg der Neuorientierung wiesen, vor dessen Hintergrund sich letztlich für die Menschen vor Ort eine Perspektive für die Zukunft eröffnete.

Eugen Rosenstock-Huessy's Kritik, die hervorging aus dem im Rahmen der Industriearbeit angelegten Vorgehen, "die menschlichen Eigenschaften auf das Auswechselbare zu reduzieren", bildete letztlich die Grundlage seiner ganzheitlichen Betrachtung, in die

---

[57] Rosenstock, Eugen. "Werkstattaussiedlung". AaO.. 136-152.

er den Menschen, als ein individuelles Wesen mit Bedürfnissen, Stärken und Schwächen, einbezog. Wobei ihm dessen Tätigkeit im Betrieb entsprechend, als Äußerung des eigenen Wesens, als Teil des menschlichen Lebens galt. Woraus sich seines Erachtens der Anspruch des arbeitenden Menschen nach einem persönlichen Wirken am Arbeitsplatz, als Teil seines Lebensraums, ableitete.
Indem Eugen Rosenstock-Huessy dann schließlich vor diesem Hintergrund näher auf die Interessen des arbeitenden Menschen einging und dabei den Faden knüpfte zu den Interessen der Betriebsleitung, um in beider Sinne ein Arbeiten vor Ort zu ermöglichen, wandte er sich einer Thematik zu, die heute (wieder) verstärkt die Diskussion bestimmt.

Ein Blick auf die politischen, wirtschaftlichen und technischen Entwicklungen beziehungsweise Gegebenheiten zeigt dabei insbesondere, daß "der Mensch als individuelles Wesen" umsomehr in den Mittelpunkt rückt, als die Lösung gesellschaftlicher Probleme anders nicht mehr möglich erscheint. Deutlich wird dies vor allem in der Entwicklung seit Ende des Zweiten Weltkrieges, die hinführte zum Umbruch, der heute die meisten wirtschaftlichen Bereiche erfaßt hat.
Während die enormen Anstrengungen, die die Beseitigung der Folgen des Zweiten Weltkrieges erforderten, den Glauben an ein ungebremstes und ewig andauerndes Wirtschaftswachstum hervorrief, zeigten sich mit dem Ölpreisschock 1973/ 74 erstmals Grenzen des bis dato stetigen Wachstums und des damit einhergehenden steigenden Wohlstands. Dem daraus resultierenden Rückgang der jährlichen Wachstumsrate von 5 auf 2,5 Prozent suchten die Unternehmen vor allem durch immer bessere Planungs- und Steuerungssysteme zu begegnen.
Es setzte eine Zeit der rationalen Managementmethoden ein, die von detaillierter Planung, Steuerung sowie Kontrolle und einer Optimierung der Organisationsstruktur beherrscht wurde beziehungsweise immer noch wird. Erstklassige Qualitätsprodukte sowie Innovationen im Bereich der Produktions- und Verfahrenstechnik sollten die Wettbewerbsvorteile und den Erfolg der Unternehmen langfristig sichern.
Doch das Potential dieser Methoden und Systeme ist mittlerweile weitgehend ausgeschöpft, sind sie doch leicht kopierbar und allen zugänglich. Gefordert sind neue Mittel und Wege, um sich auf dem Weltmarkt zu behaupten. Die "personenorientierten Faktoren" gewinnen vor diesem Hintergrund (wieder) eine besondere Bedeutung. Der fachlich und menschlich hochqualifizierte, engagierte Mensch steht im Mittelpunkt des Interesses. Ihn zu erhalten steht zweifellos in unmittelbarem Zusammenhang damit, den Menschen im Sinne von Eugen Rosenstock-Huessy als individuelles Wesen anzuerken-

nen, ihn entsprechend sein Wesen entfalten beziehungsweise es sich entwickeln zu lassen und dafür nicht zuletzt die Voraussetzungen zu schaffen.

Bevor im folgenden Abschnitt näher auf die von Eugen Rosenstock-Huessy in diesem Zusammenhang propagierte "Betriebliche Erwachsenenbildung" einzugehen sein wird, sollen noch kurz seine Überlegungen zur Betriebspolitik in ihrer Bedeutung für die Erwachsenenbildung vorgestellt sowie deren Position innerhalb der in den Zwanziger Jahren aktuellen Diskussion um betriebliche Bildung aufgezeigt werden.

3.4.2 "Betriebspolitik" in ihrer Bedeutung für die Erwachsenenbildung

Der Begriff der "Betriebspolitik" tauchte seit Beginn des 20. Jahrhunderts bis in die dreißiger Jahre verstärkt bei einer nicht unbedeutenden Zahl von Sozialwissenschaftlern im Rahmen sozialpolitischer Diskussionen auf, wobei "Betriebspolitik" nie als eindeutig bestimmter Begriff Verwendung fand.[58]
Für Eugen Rosenstock-Huessy stand "Betriebspolitik" in unmittelbarem Zusammenhang mit "Industriepädagogik" im Sinne einer "gestaltenden Erwachsenenbildung"[59], maß er doch letzterer im Rahmen seiner Überlegungen sowohl eine vorbereitende als auch eine ergänzende Funktion bei. Dies nicht zuletzt vor dem Hintergrund seiner Einschätzung, daß der größte Teil der Arbeiterschaft sich nicht bereit fände beziehungsweise dazu fähig wäre, eigenverantwortlich zu arbeiten. Durch die "Erwachsenenbildung" sah er die Möglichkeit geboten, den Arbeitern die ihnen innewohnenden noch ungelebten Kräfte bewußt zu machen beziehungsweise in ihnen freizusetzen. Wenngleich Eugen Rosenstock-Huessy sein Engagement hinsichtlich der "Erwachsenenbildung im Betrieb", darauf wird später noch im Rahmen seiner Überlegungen zur "Werkstattaussiedlung als Erwachsenenbildung" einzugehen sein, aufgrund der ihm übermächtig erscheinenden Dominanz des ökonomischen Betriebszwecks und der ihm unterliegenden Technologie, verlagerte, änderte dies nichts an seiner Überzeugung von der Notwendigkeit der "Erwachsenenbildung", die er fortan außerhalb der Betriebe zu gewährleisten suchte. Wobei für ihn die Rückwirkungen auf die Arbeit im Betrieb in der "Erwachsenenbildung" angelegt waren.

---

[58] Michel, Ernst. Die soziale Frage des Betriebes als Volkspolitische Aufgabe. Industrielle Arbeitsordnung. Jena: 1932. 55 ff.
[59] Dazu oben: 3.2 "Von der 'Industriepädagogik' zur Erwachsenenbildung auf betrieblicher Ebene".

Der "Deutschen Schule für Volksforschung und Erwachsenenbildung"[60] kam in diesem Zusammenhang eine besondere Bedeutung zu, bot sie doch als Diskussionsforum vor allem auch zum Thema "Erwachsenenbildung im Betrieb" Menschen aus allen Schichten des Volkes in diversen Veranstaltungen die Möglichkeit zum konkreten Meinungsaustausch. Wobei nicht zuletzt der mehrtägigen Tagung zum Thema "Erwachsenenbildung und Industriepädagogik Beachtung" gebührt, die beginnend mit Vorträgen von Vertretern unterschiedlicher Couleur, in eine Arbeitswoche des Gedankenaustausches mündete.[61] Während sich die Vorträge insgesamt durch eine grundsätzliche Bejahung der "Erwachsenenbildung" im Rahmen des Arbeitslebens beziehungsweise innerhalb des industriellen Lebensraumes auszeichneten, in denen die Meinungen, abhängig von den vom Vortragenden vertretenen Interessen, im Hinblick auf den zur Bildung Berechtigten, den zu Bildenden sowie die Bildungsinteressen, variierten, erfuhr die Veranstaltung vor allem durch die Vorträge von Karl Arnhold und Eugen Rosenstock-Huessy ihre besondere Pointierung.

Obgleich in beiden Vorträgen die "Erwachsenenbildung" und die "Betriebspolitik" als bestimmende Faktoren deutlich wurden, spiegelten sie doch zwei grundsätzlich unterschiedliche Positionen wider, die in verschiedenen Ansätzen ihren Ursprung hatten.

Karl Arnhold präsentierte in seinem Vortrag die Arbeit des "Deutschen Instituts für technische Arbeitsschulung" (DINTA), die er als "aus den Bedürfnissen der Praxis heraus gewachsen" vorstellte. Ihr Ziel war es, den besten und vielseitigsten Facharbeiter

---

[60] Die "Deutsche Schule für Volksforschung und Erwachsenenbildung" wurde als Forschungs- und Ausbildungsstätte von Vertretern des Hohenrodter Bundes ins Leben gerufen. Von zwei Konzeptionen setzte sich die von Wilhelm Flitner durch. Die Konstituierung fand endgültig am 01.Okt.1927 statt.
Dazu näher: Henningsen, Jürgen. "Der Hohenrodter Bund". <u>Zur Erwachsenenbildung in der Weimarer Zeit</u>. Heidelberg: Quelle & Meyer,1958. 46-65.
[61] Die "Arbeitswoche" fand in der Zeit vom 20. bis 28. Februar 1929 in Königswinter statt. Es handelte sich um die Fortsetzung der in der ersten Akademie in Comburg, vom 14. März bis 09. April 1927, begonnenen Aussprache. Ihr waren Vorträge von Anton Heinen, Mönchengladbach, "Grundlagen einer Bildungsarbeit am industriellen Menschen"; Professor Dr. Brauer, Köln, "Sozialwissenschaft und Erwachsenenbildung"; Dr. Schürholz, Berlin, "Industrie und Volkserziehung"; Professor Dr. Honigsheim. Köln, "Menschenführung, Industriepädagogik und Volksbildung"; Oberingenieur Arnhold, Düsseldorf, "Menschenführung im Sinne des DINTA"; Professor Dr. Rosenstock, Breslau, "Erwachsenenbildung und Betriebspolitik" vorausgegangen, die mit Ausnahme des Vortrags von Heinen bereits im Vorfeld in der Aula der Universität Köln gehalten worden waren. Anhand der genannten Aufsätze lassen sich sowohl der Umfang des Themenkomplexes als auch die ihm innewohnenden Schwierigkeiten und Gegensätze zumindest erahnen.
Die Aufsätze finden sich veröffentlicht im <u>Sozialrechtlichen Jahrbuch</u> 1 (1930):

heranzubilden. Karl Arnhold verwies darauf, daß dies nur dadurch erreichbar wäre, daß den Unternehmen für die DINTA-Arbeit sorgfältig ausgewählte und vorgebildete Ingenieure, die in dauerndem Kontakt zum DINTA-Institut stünden, zur Verfügung gestellt würden. Als primäre Ansprechpartner im Unternehmen nannte er die gelernten Arbeiter, die, im Anschluß an die Auswahl nach psychotechnischen Grundsätzen, die Ausbildung als Industrielehrling absolviert hatten; die aufgrund der während der Ausbildung gewonnenen Erfahrungen in praktischen Lehrgängen sowie theoretischen Schulungen "weiterbildungsfähig" waren; die außerdem den Freiraum für den Sport, das Experimentieren in kleinen Laboratorien, Bibliotheken oder auch die Pflege von Liebhabereien zu nutzen gelernt hatten. Dabei sich für Tugenden wie Selbstbewußtsein, Sauberkeit, Ehrgeiz und Kampfesfreude empfänglich zeigten. Den Arbeitern, so Karl Arnhold, stand der DINTA-Ingenieur als Führer und Vorbild gegenüber, der sie gerecht und menschlich fühlend, als junge arbeitende Menschen zur Mannestreue erzieht, um im Geiste echten Preußentums ungeahnte Kräfte in ihnen zur Entfaltung kommen zu lassen.

Die DINTA-Arbeit stand mithin für das "Hervorbringen eines neuen Menschentyps", der durch Betreuung und Menschenführung als "erwachsener Arbeiter" geschaffen beziehungsweise als solcher erhalten werden sollte, der damit den Bedürfnissen des Betriebes gerecht würde.[62]

Karl Arnhold konnte im Rahmen seines Vortrages vor allem auch auf die Anerkennung und die erfolgreiche Arbeit des DINTA verweisen, die in den Unternehmen zu einer Steigerung der Wirtschaftlichkeit führte.

Im Gegensatz zu Karl Arnhold, der "Erwachsenenbildung als aus den Bedürfnissen der Praxis (am Arbeitsplatz) heraus gewachsen" verstand, sprach Eugen Rosenstock-Huessy ihr die Aufgabe zu, dem Menschen, als Subjekt, die Möglichkeit zu eröffnen, sich aus sich selbst heraus zu entwickeln, um so vor allem auch den Anforderungen im Arbeitsleben gewachsen zu sein. Er sah den Menschen als im Mittelpunkt zwischen "Erwachsenenbildung und Betriebspolitik" stehend. Dabei wies er der "Erwachsenenbildung" die Aufgabe zu, dem Menschen das ihm innewohnende Leben zu offenbaren, während er von der "Betriebspolitik" forderte, die Hingabe an das Werk beziehungsweise die Arbeit zu ermöglichen.

Zur Verdeutlichung des spezifisch "Neuen" an der Position von Eugen Rosenstock-

---

[62] Arnhold, Karl. "Menschenführung im Sinne des Deutschen Instituts für technische Arbeitsschulung". Sozialrechtliches Jahrbuch 1 (1930): 116-134.

Huessy soll an dieser Stelle genauer auf die konkreten Aspekte seiner Überlegungen eingegangen werden. Eugen Rosenstock-Huessy's Vortrag zeichnete sich, im Hinblick auf die im Vorfeld von den anderen vorgetragenen Positionen, durch eine besondere Bewertung sowie Zuordnung der "Erwachsenenbildung" aus. Er nahm Abstand von der "Erwachsenenbildung" als Fortsetzung oder als Anhang zur Jugend- und Arbeiterbildung sowie als Schulung des Facharbeiters, trat der herrschenden Einstellung von einerseits Heer und Staat andererseits Bildung und Wissenschaft entgegen, um dann schließlich der Auffassung vom grundsätzlichen Gegensatz zwischen Kapital und Arbeit eine Absage zu erteilen. Stattdessen stellte er eine Querverbindung her zwischen dem einzelnen als Teil des Volksganzen, des gesellschaftlichen Ganzen, und dem Betrieb sowie ihrem Verhältnis zueinander, in deren Rahmen er die "Erwachsenenbildung" angesiedelt sah.[63]

Durch die "Erwachsenenbildung" sollte dem Menschen ermöglicht werden, wie Eugen Rosenstock-Huessy es nannte, sein "zweites Gesicht" zu zeigen, um damit "Kräfte im Menschen freizusetzen, noch ungelebte Kräfte", die dem Menschen innewohnen, die ihn bestimmen. Sofern die Bereitschaft von Unternehmen fehlt, den Menschen in den Betrieben entsprechende Entfaltungsmöglichkeiten zu bieten, müsse der Bereich außerhalb der Arbeit das gewährleisten, und zwar in der Weise, daß eine Rückwirkung auf die Arbeit in den Betrieben stattfindet. Für diesen Bereich, der ebenso wie derjenige der Arbeit fremder Bestimmung unterliegt, sah Eugen Rosenstock-Huessy die Möglichkeit, daß "Erwachsenenbildung" einen zweiten, dauerhaften, "geistigen Raum" aufbaut, durch die der Betrieb schlagkräftig wird. Wobei er unter "Schlagkraft des Betriebes" seine Dynamik sowie seine Anpassungsfähigkeit an sich rasch wandelnde wirtschaftliche Situationen verstand. Daraus, so Eugen Rosenstock-Huessy, resultiere jedoch eine bedingte Unstetigkeit für den Arbeiter, strebe das Unternehmen doch danach, sich am Markt zu behaupten und unterliege damit dem Zwang, Betriebe zusammenzulegen, abzubauen oder stillzulegen. Die Betriebe würden so ausschließlich Mittel zum Zweck. Doch das bedeute auch, im Interesse der Unternehmen, die Menschen, der Vergänglichkeit der Betriebe unterworfen, dahingehend zu fördern beziehungsweise aufzubauen, daß sie den Betrieben als produktive Arbeitskräfte erhalten bleiben.

Das aber bedeute für Unternehmen die Konsequenz, den Menschen, neben der rein sachorientierten Welt der industriellen Arbeit, die sie aufbauenden und fördernden

---

[63] Rosenstock, Eugen. "Erwachsenenbildung und Betriebspolitik". Sozialrechtliches Jahrbuch 1 (1930): 135-150.

Möglichkeiten zu bieten. Mithin sie zu befähigen, trotz der Erkenntnis, daß sie sich nicht mit dem Betrieb auf Lebenszeit einlassen, ihr Arbeitsleben als Teil ihres Lebens verstehen zu lernen, das sie entsprechend ihren Fähigkeiten in anderen Betrieben fortzusetzen vermögen.

Eugen Rosenstock-Huessy sah vor diesem Hintergrund "Erwachsenenbildung" auch außerhalb des Betriebes gefordert. Er sprach von einer "zweiten Welt" im Bereich der Freizeit. In ihr kam der "Erwachsenenbildung" die Funktion zu, als "rückwärtige Verbindung" einen Vertrauensbereich zu schaffen. Er sprach in diesem Zusammenhang von der "Erwachsenenbildung als Komplement der Betriebspolitik".

An dieser Stelle gilt es nun vor allem noch die von Eugen Rosenstock-Huessy gebrauchten Begriffe "zweite Welt" sowie "zweites Gesicht" genauer zu hinterfragen, kam ihnen im Rahmen seiner Überlegungen doch eine besondere Bedeutung zu.

Der Begriff der "zweiten Welt" ist dabei im Zusammenhang zu sehen mit dem Auseinanderdriften von Arbeitsraum und Lebensraum, das sich in Folge des geregelten Lebensrhythmus' der vorindustriellen Gesellschaft einstellte. Entwickelte sich doch die Sphäre des Lebens nunmehr hin zur Berufssphäre einerseits und zur arbeitsfreien Zeit andererseits.

Vor allem als nach dem Ersten Weltkrieg, durch die Einführung des Achtstundentages, breiten Bevölkerungsschichten in Deutschland eine, über die Wiederherstellung der physischen Arbeitskraft hinausgehende "freie Zeit" zuteil wurde, führte das zur verstärkten Problematisierung des Phänomens der Freizeit. Insbesondere die junge Gruppe der "Volksbildner" erkannte die "Freizeit des Erwachsenen" als wichtiges Feld der Pädagogik.

Eugen Rosenstock-Huessy, der sich schon früh mit dem Themenkomplex auseinandergesetzt hatte, erschien die neu gewonnene Freiheit allein dadurch negativ bestimmt, daß sie sich frei von der Arbeit zeigte beziehungsweise entsprechend propagiert wurde.

Vor dem Hintergrund der mit den fortschreitenden Zwanziger Jahren, infolge der wirtschaftspolitischen Entwicklungen, immer geringer werdenden Akzeptanz, ja sogar Ablehnung der "Erwachsenenbildung auf betrieblicher Ebene" durch die Leitungen der Unternehmen, war Eugen Rosenstock-Huessy letztlich gezwungen, die durch die Freizeit gewonnene Freiheit, im Sinne der von ihm der Erwachsenenbildung beigemessenen Bedeutung, zu nutzen. Demgemäß setzte er sich mit den Fragen auseinander, welche gesellschaftliche Funktion der Freizeit beizumessen sei beziehungsweise welche Bedeutung ihr für das Leben des einzelnen sowie des Volkes zukomme. Dabei erschien ihm die Beachtung zweier Aspekte wesentlich. Einerseits die Möglichkeit, die bei der mechanischen Arbeit im Industriebetrieb unterdrückten, dem Menschen innewohnenden, Kräfte zur Geltung kommen zu lassen, der Beschränkungen unterliegenden Arbeit die Vielzahl menschlicher Möglichkeiten bewußt gegenüber zu stellen, mithin einen Ausgleich für die Versagungen der Arbeitswelt zu schaffen. Andererseits aber auch darauf hinzuwirken, die in der Freizeit entfalteten Kräfte dahingehend zu fördern, daß sie die in der modernen Gesellschaft auftretenden Tendenzen hin zur Versachlichung menschlicher Beziehungen zu binden vermögen, um von Seiten der Freizeit, der Sphäre der Arbeit eine neue Sinngebung zu vermitteln. Eugen Rosenstock-Huessy sah mithin die Freizeit, als "zweite Welt"[64], nicht als unvermittelt neben der rational organisierten Arbeitswelt stehend, sondern vielmehr als in sie transzendierend. Damit eröffnete er die Möglichkeit, die Begrenztheit bei der Arbeit im Betrieb durch die "zweite Welt" aufzuheben. Sein Hinweis auf die "Betriebspolitik (als) etwas ... in der Welt noch nie Dagewesenes, ..., eine Enthaltsamkeit, ein Sichzurückhalten des Wirtschaftsmenschen, des Arbeitsmenschen von kulturellen und geistigen Dingen"[65] erfuhr so seine Relativierung durch die "zweite Welt" beziehungsweise deren Rückwirkungen über die arbeitenden Menschen.

Unmittelbar mit den durch die "zweite Welt" verbundenen Rückwirkungen, gewann der weitere bei Eugen Rosenstock-Huessy's Überlegungen als wesentlich erscheinende Begriff des "zweiten Gesichts" an Bedeutung. Sollte die Möglichkeit dieses zu zeigen, doch den Menschen durch die "Erwachsenenbildung", im Rahmen der Gestaltung der Freizeit, ermöglicht werden. Eugen Rosenstock-Huessy suchte damit, basierend auf der von ihm vollzogenen Querverbindung zwischen "Erwachsenenbildung und Betriebspolitik", den "idealen Lebenslauf", wie er es nannte, für den einzelnen wieder zu erreichen. Dies unter der Prämisse, daß dieser "ideale Lebenslauf" in der Arbeit nicht verwirklicht werden könne, vielmehr über die Gestaltung der "zweiten Welt" erreicht werden müsse.

Ansatzpunkt Eugen Rosenstock-Huessy'scher Überlegungen war dabei der Übergang

---

[64] Der Gedanken von einer "zweiten Welt" wurde von Wilhelm Flitner in seiner Theorie der Volkshochschule entwickelt. In ihr sah er die "zweite Welt" als Ergänzung zur mechanisierten, in ihrem Sinn bedrohten Arbeit, was, wie er es nannte, zu einem "Dualismus von Arbeit und Bildung" führe. Flitner, Wilhelm. Die Abendvolkshochschule. Entwurf ihrer Theorie. Berlin: Volks und Geist, 1924. 16 f.
[65] Rosenstock, Eugen. "Erwachsenenbildung und Betriebspolitik". AaO.. 140.

von der ständisch-agrarischen in die industriell bestimmte Gesellschaft. Unterlag der Erwachsene zunächst der sicheren herrschenden Ordnung, die ihn in Sozialformen einband und ihm damit den nötigen Rückhalt im Leben bot, verloren in der Industriegesellschaft die traditionellen Sozialformen, wie etwa die Hausgemeinschaft, die Nachbarschaft oder die Kirche an Bedeutung, was letztlich auch zum Verlust des erforderlichen Rückhalts im Leben führte. Einer bloßen Entspannung in der arbeitsfreien Zeit fehlten vor diesem Hintergrund die Elemente, die deren Funktion als Gegengewicht zur Sphäre des Befangenseins in der mechanischen Betriebsamkeit der Produktion begründen sollte. Hier, so Eugen Rosenstock-Huessy, kam der "Erwachsenenbildung" die Funktion zu, die Freizeit in der Weise zu gestalten, daß sie dem einzelnen die Möglichkeit eröffne, sein "zweites Gesicht" zu zeigen.[66] Worunter er verstand, ihm, in einem eigenen Raum des Vertrauens und der Entspannung, die Gelegenheit eines "geistigen Ausweichens" zu bieten, die "Aufschließung seelischer Kräfte"[67], die ihm innewohnen, zu ermöglichen. Ein bestimmender Faktor seiner Überlegungen, die in der Welt der Arbeit unterdrückten seelischen Kräfte zur Geltung kommen zu lassen, war dabei eine neue Gruppenbildung, wie er es nannte. Sie resultierte letztlich aus seiner Erkenntnis, daß das im Rahmen seiner "Werkstattaussiedlung" angestrebte "Gesetz der Nachfolge"[68], aufgrund der ablehnenden Haltung der Betriebe, nicht zu verwirklichen sei. Entsprechend verwies Eugen Rosenstock-Huessy darauf: "Es gibt, glaube ich, nur ein anderes menschliches Mittel: Wenn der Mensch seinen Vorgänger und seinen Nachfolger nicht kennt, so kennt er doch die Genossen seines Tuns und kann mit ihnen namentlich verbunden werden. ... Dann gibt es nur die Miteingeschifften, von denen ich für meine Tätigkeit Würde und Ehre empfangen kann, es gibt den Auftrag aus der Gruppe der Verschiedenartigen, die mich zu meiner Funktion hervorgehen lassen. Dieses Hervorgehen aus einer Gruppe und dieser Auftrag zum Werk, zu der Einzelaufgabe scheint mir heute das zu sein, was zur einzelnen Tätigkeit im Betrieb hinzukommen muß, um den Menschen zu befriedi-

---

[66] Eugen Rosenstock schrieb in seinem Aufsatz "Dienstpflicht?": "Der Friede muß von außen in den Betrieb hineingeliefert werden ... Frieden hat der Mensch, der vertrauensvoll in der Gemeinschaft der Menschen so leben darf, wie er wirklich ist. Der Friede macht die Masken des Lebenskampfes überflüssig, er gestattet es, das Visier zu lüften, die Rüstung abzulegen, das zweite, unstarre Gesicht aufzusetzen, das jedermann im Kreis der seinen aufsetzt. Der Betrieb ist heute für niemanden der Kreis der 'Seinen'."
Rosenstock, Eugen. "Dienstpflicht?". Deutsche Rundschau 219 (1929): 11.
[67] Rosenstock, Eugen. "Kirche und Arbeit". Die Kreatur 2 (1927/28): 176.
[68] Vergleiche dazu die oben im Rahmen "Lebenslauf des Industriearbeiters als Grundlage 'volkswissenschaftlicher' Überlegungen" aufgezeigten "Unterschiedliche(n) Interessen".

gen ...." Und weiter an anderer Stelle: "Aber eines scheint mir entscheidend: daß im Betrieb die Menschen nur dann freudig tätig werden können, wenn der einzelne, der da arbeitet ..., das Gefühl hat, nicht durch irgendeinen Ellenbogenstoß an seinen Platz gekommen zu sein ..., sondern als von einer Gruppe beauftragt, die eines ihrer Glieder nun in diese Tätigkeit herausstellt."[69]

Das bedeutete, im Sinne seiner Querverbindung zwischen "Erwachsenenbildung und Betriebspolitik", zum einen ein stetes "Zusammentreten Verschiedener immer wieder an Stätten des Vertrauens, in Freizeiten, in Begegnungen, ..., in denen der einzelne direkt oder indirekt den Auftrag erfährt, 'jetzt bist du reif, auf dieser Stufe zu wirken', zum andern von Seiten des Betriebes die Bereitschaft, den arbeitenden Menschen die entsprechenden Gelegenheiten zu bieten, sie vor allem auch gutzuheißen. Er muß sie selbst freigeben für eine Zeit, in der sie wieder einwurzeln und ihres Lebenslaufs Herr werden können."[70]

Die "zweite Welt" stellte sich für Eugen Rosenstock-Huessy mithin dar als ein Ort, in dem sich Menschen zu einer Gemeinschaft zusammenfinden, die von einer geistigen Ordnung beherrscht wird und die sich durch eine Atmosphäre gegenseitigen Vertrauens auszeichnet. Die in der Gruppe durch die "Erwachsenenbildung" erfahrenen Kräfte sollten vom einzelnen mit in den Betrieb zurückgenommen werden, um so der Arbeit vor Ort die nötige Sinngebung zu vermitteln.[71]

Mit seinen Überlegungen zur Bedeutung der "Betriebspolitik" für die "Betriebliche Erwachsenenbildung" grenzte sich Eugen Rosenstock-Huessy nicht nur vom Kreis der Befürworter von "Erwachsenenbildung" ab, die sie als aus den Bedürfnissen der betrieblichen Praxis heraus gewachsen verstanden, sondern zeigte, vor dem Hintergrund seiner Überzeugung, "dem Menschen, als Subjekt, die Möglichkeit eröffnen (zu müssen), sich

---

[69] Rosenstock, Eugen. "Erwachsenenbildung und Betriebspolitik". AaO.. 147.
[70] Rosenstock, Eugen. "Erwachsenenbildung und Betriebspolitik". AaO.. 147.
[71] Die besondere Bedeutung, die Eugen Rosenstock-Huessy der "Erwachsenenbildung" beimaß, wurde deutlich zum Schluß seines Vortrags in Königswinter, indem er darauf verwies: "Der Betrieb selbst ist in diesem Sinne geistlos, als er keine Verbindung zwischen den Menschen braucht, er ist stumm. Die guten Geister, die er ruft, sind die Geister des Miteinandersprechen- und Lebenkönnens, die er nun der Erwachsenenbildung überschreiben muß. Die Verstummung des Betriebes und das Aufbrechen zu gemeinsamem Gespräch in der Erwachsenenbildung gehören so zueinander, weil im Betriebe die Menschen nicht miteinander sprechen. Insofern ist da ein Zusammenhang, den man nicht beklagen soll; wenn beides in Blüte steht -Erwachsenenbildung und Betriebspolitik-, dann ist die Welt ganz gut wieder in Ordnung, ..."
Rosenstock, Eugen. "Erwachsenenbildung und Betriebspolitik". AaO.. 150.

aus sich selbst heraus zu entwickeln ...", Wege auf, um auf die auf betrieblicher und damit letztlich auch auf wirtschaftlicher Ebene sich stellenden Probleme reagieren zu können.

Indem Eugen Rosenstock-Huessy, den "Menschen" vor Augen, der "Erwachsenenbildung" die Aufgabe zuwies, das dem Menschen innewohnende Leben zu offenbaren, daneben von der "Betriebspolitik" forderte, die entsprechende Hingabe an die Arbeit zu ermöglichen, zeigte er auf, wie es die dem Menschen innewohnende Möglichkeit der Entfaltung, im Interesse des einzelnen, aber auch im Interesse des Betriebes zu nutzen galt. Sein Hinweis, daß, sollten Unternehmen nicht bereit sein, dem Menschen die ihm innewohnenden Entfaltungsmöglichkeiten im Betrieb zu bieten, der Bereich außerhalb des Betriebes, mithin der Freizeitbereich, zur "Erwachsenenbildung" genutzt werden müsse, um die dem Menschen innewohnenden Kräfte freizusetzen, läßt dabei seinen Blick für die Gegebenheiten vor Ort erkennen, steht aber auch für die besondere Bedeutung, die er der "Erwachsenenbildung" in Bezug auf ihre Wirkung auf die Arbeit im Betrieb beimaß. Der Aufbau eines "geistigen Raumes", der in diesem Zusammenhang bestimmend wurde für die Überlegungen von Eugen Rosenstock-Huessy, steht dabei für eine "Forderung der Zeit", die in ihrer Aktualität seit Mitte der achtziger Jahre neu an Bedeutung gewann. Dies wird deutlich in Anbetracht der sowohl auf betriebs- als auch auf volkswirtschaftlicher Ebene gegebenen Situation, auf die es zu reagieren galt beziehungsweise zu reagieren gilt.

Beispielhaft sei verwiesen auf die Notwendigkeit, die "Schlagkraft des Betriebes" zu erhöhen, um den sich rasch wandelnden wirtschaftlichen Gegebenheiten gerecht werden zu können. Dabei vor allem, vor dem Hintergrund eines steten Bemühens der Unternehmen, sich am Markt zu behaupten, den arbeitenden Menschen, als der bedingten Unstetigkeit unterworfen, die resultiert aus dem Zusammenlegen, Abbauen oder Stillegen von Betrieben, als "Menschen" zu fördern beziehungsweise aufzubauen, um ihn für den Betrieb als produktive Arbeitskraft zu erhalten. Ihn entsprechend zu befähigen, die Arbeit als Teil seines Lebens zu verstehen, ihn damit unabhängig vom Einsatzort gemäß der ihm innewohnenden Fähigkeiten "zu nutzen".

Dies vor Augen, gilt es, im folgenden Abschnitt Eugen Rosenstock-Huessy's konkrete Ansätze sowie Versuche einer "Betrieblichen Erwachsenenbildung" aufzuzeigen sowie zu verdeutlichen und dabei den aktuellen Bezug herzustellen.

4. Konkrete Ansätze einer "Betrieblichen Erwachsenenbildung" bei Eugen Rosenstock-Huessy

4.1 Die "Neue Richtung" als Perspektive für Erwachsenenbildung auf betrieblicher Ebene

Die Bezeichnung "Neue Richtung" die in den bisherigen Ausführungen immer wieder auftauchte, entstand als sprachliche Formulierung wie jede andere, der ein bestimmter Anlaß zugrunde lag. Zur herausfordernden Behauptung geworden, entzündete sich an ihr nicht nur Widerspruch, mit ihr verbanden sich auch leidenschaftliche Bekenntnisse. Dabei diente die Bezeichnung "Neue Richtung" im Verlauf ihrer Verwendung nicht nur der Kennzeichnung eines Kreises von Menschen, sie stand auch für eine Methode sowie für eine bestimmte historische Erscheinung.

Als mit der Bezeichnung "Neue Richtung" unmittelbar im Zusammenhang stehend sind vor allem die Namen Walter Hofmann sowie Robert von Erdberg zu nennen. Wobei ersterer, in den Jahren vor dem Ersten Weltkrieg, die Bezeichnung auf dem Gebiet des Büchereiwesens prägte, während sie bei Robert von Erdberg in seinen Überlegungen zur allgemeinen Volksbildung zum Ausdruck kam. Dabei stand die Bezeichnung für sie zunächst als Synonym für ihre Kritik an der Methode der vorherrschenden "volksbildnerischen Arbeit". Entsprechend suchte Walter Hofmann das Büchereiwesen und damit verbunden die Ausleihmethoden, auf das Individuum hin neu auszurichten,[1] während Robert von Erdberg mit seiner Kritik am "extensiven" Vortragsbetrieb ansetzte und differenziertere Methoden forderte, um so eine individuellere und intensivere Arbeit zu ermöglichen.[2] In diesem Zusammenhang hatte letzterer bereits im Jahre 1905 bei den

---

[1] Die erste Veröffentlichung Hofmann's über seine Büchereipraxis findet sich in: Concordia. Zeitschrift der Zentralstelle für Volkswohlfahrt 16 (1909): 301.
Dazu auch Hofmann, Walter. "Bericht des Instituts für Leser- und Schrifttumskunde in Leipzig". Die Deutsche Schule für Volksforschung und Erwachsenenbildung. Das erste Jahr. Hg. Hohenrodter Bund. Stuttgart: Silberburg, 1927. 30-51. Zur Auseinandersetzung zwischen Hofmann und einem seiner Hauptwidersacher, Eugen Sulz. Volksbildungsarchiv 5 (1917): 115.

[2] Robert von Erdberg's Ausführungen auf dem 1.Vortrags- und Übungskursus der Gesellschaft für Verbreitung von Volksbildung in Berlin 1912 weisen bereits in die neue Richtung, indem er, statt der bisher üblichen Einzelvorträge Vortragskurse fordert, um eine intensive Beschäftigung mit demselben Thema zu ermöglichen. Vergleiche dazu insbesondere auch die kritischen Äußerungen von von Erdberg in einer Besprechung der 1913 veröffentlichten Vorträge des 2. Vortrags- und Übungskursus der Gesellschaft für Verbreitung von Volksbildung, in der wesentliche Aspekte der "Neuen Richtung" angesprochen werden, etwa die Notwendigkeit einer intensiven Beschäftigung mit zu behandelnden Themen sowie ein ausgeprägtes Problembewußtsein gegenüber dem eigenen Tun. Volksbildungsarchiv 4 (1916): 340.

volkstümlichen Büchereien eine auf das Individuum bezogene Arbeit angemahnt.[3] Als Robert von Erdberg und Walter Hofmann sich im Jahre 1908 auf dem 3. Deutschen Volkshochschultag in Dresden trafen, kam es sehr schnell zur Verständigung über die gemeinsamen Auffassungen.
Wenngleich von den Gegnern heftig bestritten, kann dieses Treffen durchaus als die Geburtsstunde der "Neuen Richtung" gelten; "sie war da", wie von Erdberg in einer Rückschau 1920 schrieb.[4]
Neben Robert von Erdberg und Walter Hofmann ist vor allem auch Eugen Rosenstock-Huessy als eine, die "Neue Richtung" prägende, Persönlichkeit zu nennen. Deutlich zutage trat die von ihm vertretene Position etwa in seinem Aufsatz "Das Dreigestirn der Bildung"[5]. Verwies er in ihm doch darauf, daß aus der Not heraus, die sich nach Ende des Ersten Weltkrieges eingestellt hatte, (wieder) der Mensch als Individuum, mit den ihm innewohnenden Fähigkeiten, gefordert war. Diese Fähigkeiten anzusprechen, dem einzelnen bewußt zu machen, sie zu fördern, sah er als die vorrangige Aufgabe der Bildung an. Eugen Rosenstock-Huessy sprach in diesem Zusammenhang von der "Lebensbildung", deren der Mensch bedarf. Davon ausgehend, daß das Leben des Menschen durch seine Arbeit bestimmt wird, wandte er sich der Bildung des Arbeiters zu.
Während er sich Anfang der zwanziger Jahre als Redakteur der Werkzeitung bei DAIMLER BENZ der Bildung auf betrieblicher Ebene widmete, ging er nach zwei Jahren dazu über, Erwachsenenbildung "indirekt", über Ausbildungsinstitutionen außerhalb der Unternehmen, mit Blick auf den "Menschen", aber auch auf die Belange des Betriebes, zu betreiben. Als entsprechende Institution sei etwa die Akademie der Arbeit genannt, an deren Gründung er maßgeblich mitwirkte.

---

[3] Erdberg, Robert von. Concordia 12 (1905): 305f.
[4] Erdberg, Robert von. Die Arbeitsgemeinschaft 2 (1920/21): 89.
  Werner Picht sah die Entstehung der "Neuen Richtung" verbunden mit von Erdbergs Gründung der Zeitschrift "Volksbildungs-Archiv" im Jahre 1909, durch die er "der Naivität des kulturoptimistischen Bildungsbetriebs die Axt an die Wurzel gelegt" sah. In: Das Schicksal der Volksbildung in Deutschland. 2. Auflage. Braunschweig: Westermann, 1950. 46 f..
  Ähnlich sahen es auch andere Autoren wie Wilhelm Flitner. "Die Theorie des freien Volksbildungswesens seit 75 Jahren". Bildungsfragen der Gegenwart(Bäuerle-Festschrift). Hg. Franz Arnold. Stuttgart, 1953. 34-62, die Entwicklung der Erkenntnisse, die dann unter der Bezeichnung "Neue Richtung" zusammengefaßt wurden, in den Jahre nach der Jahrhundertwende und um den Ersten Weltkrieg angelegt.
[5] Rosenstock, Eugen. "Das Dreigestirn der Bildung". Die Neue Richtung in der Weimarer Zeit. Hg. Jürgen Henningsen. Stuttgart: Ernst Klett, 1960. 61- 87.

Wenngleich die "Neue Richtung" durch das Gedankengut von Robert von Erdberg, Walter Hofmann aber auch Eugen Rosenstock-Huessy geprägt war, darf nicht verkannt werden, daß deren Entstehen erst möglich wurde, nachdem sich bestimmte Konstellationen innerhalb der Gesellschaft ergeben hatten. Der in den siebziger Jahren des 19. Jahrhunderts vollzogene Wandel auf politisch-sozialer Ebene bot in diesem Zusammenhang mit der Ermöglichung eines freien Volksbildungswesens die Grundlage. Zwar waren bereits vorher Ansätze eines freien Bildungswesens zu erkennen, doch konnte eine tatsächliche Bewegung erst einsetzen, nachdem nicht mehr nur einzelne Schichten des Volkes zu Kulturträgern berufen waren, die nationale Kultur nicht ausschließlich eine Klassenkultur war, sondern allen Volksschichten ihre eigene Kultur zugestanden wurde, sie innerhalb des nationalen Kulturwesens Anerkennung fanden. Ein entsprechender Weg wurde bereitet durch die, infolge des Deutsch-Französischen Krieges geschaffene, politische Einheit des deutschen Volkes und die damit einhergehende Verleihung des allgemeinen Wahlrechts an die Staatsbürger.[6] Dabei kam insbesondere den Arbeitszielen sowie den Arbeitsmethoden des freien Volksbildungswesens, aber auch der geistigen Einstellung des Volkes, die sich vor dem Hintergrund der Entwicklungen des 19. Jahrhunderts herausgebildet hatten, Bedeutung zu. Die sich, wie Robert von Erdberg es nannte, "in der immer mehr sich vollziehenden Veräußerlichung unseres geistigen Lebens, in dem Erstarrungsprozeß unserer Kultur zur Zivilisation, äußerte"[7]. Robert von Erdberg sprach in einem von ihm im Jahr 1920 veröffentlichten Aufsatz von drei unterschiedlichen Perioden freier Volksbildungsarbeit.[8] Wobei er den Begriff der Periode nicht im Sinne eines historisch begrenzten Zeitraums verstand, sondern vielmehr als solchen, der, vor dem Hintergrund gesellschaftspolitischer Entwicklungen, neue Überlegungen sowie Ideen hervorbrachte, die im Laufe der Zeit in Konkurrenz zueinander traten und damit wesentlich die Diskussion um eine freie Volksbildungsarbeit

---

[6] Emil Blum verweist in diesem Zusammenhang auf Robert von Erdberg's Schrift "50 Jahre freies Volksbildungswesen", in der dieser Ziel und Methode der Volksbildung jener Zeit bestimmt sieht. "Erstens, das allgemeine Wahlrecht. Zweitens, den Willen zur Stärkung der Einheit des deutschen Volkes. Drittens, die Abwehr der Sozialdemokratie. Viertens, die naturwissenschaftlich-technische Richtung jener Zeit als geistige Einstellung des deutschen Volkes".
Dem fügte Blum, die seines Erachtens von Robert von Erdberg übersehene, anfänglich starke Front gegen den Katholizismus hinzu.
Blum, Emil. "Arbeiterbildung als existenzielle Bildung". AaO.. 34 f. (insbesondere Fußnote 47).

[7] Erdberg, Robert von. "Vom Bildungsverein zur Volkshochschule". Die Neue Richtung in der Weimarer Zeit. Hg. Jürgen Henningsen. Stuttgart: Ernst Klett, 1959. 13-40 (17).

[8] Erdberg, Robert von. "Vom Bildungsverein zur Volkshochschule". AaO.. 16 f..

bestimmten. Als Zeiträume galten ihm, neben dem, von Anfang der siebziger bis in die Mitte der neunziger Jahre des 19. Jahrhunderts, in dem eine vom Staat zur eigenen Sicherung betriebene Volksbildungsarbeit offenbar wurde, der folgende, sich bis in die Mitte des ersten Jahrzehnts des 20. Jahrhunderts erstreckende, in dem sich eine von der Kultur her eingestellte Volksbildungsbewegung entwickelte, sowie der sich daran anschließende, der eine vom Menschen aus eingestellte Volksbildungsarbeit hervorbrachte.

Obgleich die Aneinanderreihung von Perioden als solche letztlich als konstruiert erscheinen mag, bietet sie doch vor dem Hintergrund der gesellschaftspolitischen Entwicklungen die Möglichkeit, entstandene Ideen und Überlegungen zuzuordnen und damit die in den Diskussionen um eine freie Volksbildungsarbeit vertretenen Richtungen nachzuvollziehen beziehungsweise zu verstehen.

Die erste Periode, die wie angesprochen mit der politischen Einheit des "deutschen Volkes" einsetzte, wurde bestimmt durch das Bestreben des Staates beziehungsweise seiner Träger, eine geistige Einheit zu schaffen. Wenngleich der Staatsgedanke weder programmgemäß klar gefaßt worden war noch eine "staatsbürgerliche Erziehung" planmäßig vorlag, so bestimmte er doch die Volksbildungsarbeit. Deutlich wurde dies etwa in der Satzung der im Jahr 1871 gegründeten "Gesellschaft für Verbreitung von Volksbildung", kam in ihr doch als Zweck der Gesellschaft zum Ausdruck: "Der Bevölkerung, welcher durch die Elementarschulen im Kindesalter die Grundlagen der Bildung zugänglich gemacht werden, dauernd Bildungsmittel und Bildungsstoff zuzuführen, um sie in höherem Grade zu befähigen, ihre Aufgabe im Staate, in Gemeinde und Gesellschaft zu verstehen und zu erfüllen."

Das Interesse des Staates war mithin bestimmend für die Bildung des einzelnen. Wobei der Umfang der Bildung sich danach richtete, welche Aufgaben der einzelne im Staat wahrnahm. Der Mensch als Staatsbürger wurde vor diesem Hintergrund zum Objekt, das durch die Bildung, hin zum "guten Staatsbürger", im Sinne des bestehenden politischen Systems, entwickelt werden sollte. Entsprechend fand die Auswahl der Mittel zur Bildung statt, die vor allem gegen die Gegner des Staates gerichtet waren, zu denen mehr und mehr die Vertreter sozialistischen Gedankenguts wurden, formierten sie sich doch massiv als politische Kraft. Auch hierzu fanden sich eindeutige Aussagen im Gründungsauftrag der "Gesellschaft für Verbreitung von Volksbildung". So war zu lesen: "Seitdem die erste gesetzgebende Versammlung Deutschlands aus allgemeinen und direkten Wahlen hervorgeht, ist die Freiheitsfrage zu einer Frage der Bildung der Massen geworden. Gestehen wir uns in dieser Beziehung offen: mag bei uns auch die Zahl der Gebildeten vergleichsweise eine große sein, an sich genommen ist sie nur gering. Große Massen unserer Bevölkerung sind noch unwissend und geistig träge; unfähig, selbständig zu urteilen und zu handeln, folgen sie der Strömung, wo sie zum Guten führt, aber auch dort, wo sie zum Übel ist. Der Erfolg, den wenige gewissenlose Männer mit ihren sozialistischen Bestrebungen hatten, gibt uns einen deutlichen Beleg hierfür; ..."[9]

Dem Dilemma, in dem sich die genannten "Volksbildner" sahen, nämlich mit dem Antreten gegen den erkannten Gegner die politische Parteienbildung zu fördern, mithin das verfolgte Ziel, die Heranbildung eines deutschen Einheitsstaatsbürgers, aufzugeben, suchten sie dadurch zu entgehen, daß sie eine "neutrale Bildung" verfolgten. Sie sollte von allen angenommen werden können und dabei in ihrer Wirkung dazu führen, den "schlechten" Staatsbürger in einen "guten" zu wandeln.

Die angestrebte politische Neutralität in der Bildungsarbeit führte jedoch sehr schnell direkt in die Politik. Dies insbesondere vor dem Hintergrund, der dem Neutralitätsgedanken innewohnenden weltanschaulichen Einstellung, die in der politischen Freisinn-Bewegung ihre Befürworter fand. Damit machten sich die Vertreter einer "neutralen Bildung" jedoch politisch verdächtig, was nicht zuletzt dazu führte, daß sie von den Sozialdemokraten, die sie vor allem ihrem Einfluß zu unterwerfen suchten, abgelehnt wurden.

Die Sozialdemokraten wiederum begannen ihrerseits, soweit die Sozialistengesetze es zuließen, mit eigener Bildungsarbeit. Diese hatte als parteipolitische Erziehung jedoch nicht den Staat im Auge wie er war, sondern den, wie er werden sollte.

Während eine Spaltung der Bildungsbewegung durch die Arbeit der "Gesellschaft für Verbreitung von Volksbildung" und die der Sozialdemokraten, die in den siebziger Jahren erst im Entstehen begriffen und damit noch relativ unbedeutend war, nur ansatzweise erkennbar wurde, offenbarte sie sich im Verhältnis zu Arbeiten bestehender religiöser Organisationen, etwa dem im Jahr 1848 entstandenen evangelischen Arbeiterverein oder dem im Jahr 1849 gegründeten katholischen Gesellenverein, die bereits durch Ansätze einer freien Volksbildung geprägt waren.

Der von der "Gesellschaft für Verbreitung von Volksbildung" bewußt verfolgte Weg

---

[9] Zum Gründungsauftrag, der Geschichte, Organisation und Tätigkeit der Gesellschaft für Verbreitung von Volksbildung vergleiche: <u>Volksbildungsarchiv</u> 1 (1910): 93 (vor allem auch die Fußnote in B).

der Neutralität sowohl gegenüber eines auf religiöser Ebene sich bereits zeigenden, als auch auf politischer Ebene sich entwickelnden Volksbildungswesens, krankte von Anfang an daran, daß die Fragen der Zeit, die den einzelnen bewegten, sei es das geistige Leben, der Kulturkampf oder auch die Sozialistengesetze, in den Überlegungen zu einer freien Bildung des Volkes außen vor blieben, dabei aber die Bildungsarbeit vom Staat ausgehend verstanden wurde.

Der die Gedanken der Aufklärung verkennenden Überzeugung, daß es die Bildung des einzelnen aus ihm selbst heraus zu entwickeln gelte, wohnte als solcher die Opposition bereits inne. Dies galt zweifelsohne auch für die religiösen Vereine, die in ihrer Bildungsarbeit von der Institution Kirche ausgehend, den Menschen zunächst als treuen Angehörigen der Kirche zu erziehen suchte.

Die Bewegung "freie" Volksbildung der ersten Periode war als solche geprägt durch das mangelnde Verständnis gegenüber der, infolge der Aufklärungsbewegung erwachten, Sehnsucht breiter Volksschichten nach Umgestaltung des Lebens vom Geiste her, das im Streben nach Bildung zum Ausdruck kam. Dieses Streben wurde mehr oder weniger "mißbraucht", um den einzelnen für den Staat beziehungsweise die Kirche zu gewinnen, ihn entsprechend zu aktivieren. So halfen die Institutionen dem Menschen nicht, sein Sehnen vom Verständnis seiner Selbst her zu verstehen sowie entsprechende Wege und Ziele zu erkennen, vielmehr weckten sie mit der Möglichkeit, Wissen aller Art zu erlangen, beim einzelnen den Glauben, daß ihm dadurch das Höchste zuteil werde, was der Mensch erstrebe. Es wurde eine Ehrfurcht vor dem Wissen erzeugt, die darauf zielte, Wissen als Offenbarung zu erkennen, die der Seele zuteil werde, um den letzten und tiefsten Bedürfnissen zu genügen. An die Stelle der Seele trat mithin der nüchterne, kalte, denkende und berechnende Verstand. "Die Menschen fanden sich befriedigt, wenn sie den Stoff, der ihnen geboten wurde, meisterten, und vergaßen, ..., daß ihr unklares Sehnen auf ein Erfassen des Geistes gerichtet gewesen war."[10]

Charakteristisch für die praktische Arbeit der Bewegung vor Ort war, mit Blick auf den anvisierten Menschen, sich des Mittels der Massenbildung zu bedienen und in Anbetracht des Verständnisses von Bildung, als dem Erwerb von Kenntnissen, das Arsenal der Wissenschaft zu nutzen. Das, von Seiten der sich konstituierenden Volksbibliotheksbewegung, der belehrenden Literatur in den Büchereien beigemessene Übergewicht kann hier als bezeichnend gelten für die genannte Entwicklung.

---

[10] Erdberg, Robert von. "Vom Bildungsverein zur Volkshochschule". AaO.. 13-40 (22).

Die erzeugte Ehrfurcht vor dem Wissen ließ eine unterschiedliche Wertung in bezug auf das Wissenswerte nicht zu. Ausgehend davon, daß alles Lernbare seinen Wert als Bildungsgut in sich trägt, wurde alles gelehrt.

Die Grenzen des Erwerbs von Wissen waren jedoch vorgegeben durch die dem Interessierten zur Verfügung stehende Zeit. Diese Zeit fehlte den Menschen in den siebziger Jahren jedoch größtenteils. So blieben etwa dem Arbeiter, wenn überhaupt, nur kurze Abendstunden, um seinen Bedarf an Wissen zu befriedigen. Vor diesem Hintergrund konnte der Forderung nach allgemeiner Bildung, als welche die Vermittlung eines möglichst vielseitigen Wissens verstanden wurde, nur begegnet werden durch die Popularisierung und Rationalisierung von Wissenschaft und Kunst. Das hieß, es galt, Wissenschaft und Kunst quantitativ und qualitativ den Möglichkeiten und Bedürfnissen der Masse anzupassen. Die aus Wissenschaft und Kunst bereiteten "geistigen Kulturwerte" erfuhren dabei ihre Bestimmung durch die Institutionen Staat beziehungsweise Kirche sowie aus ihnen heraus. Entsprechend nahmen die Institutionen maßgeblich Anteil an der Auswahl und der Bearbeitung der zu vermittelnden Kenntnisse. Letztlich stand die Volksbildungsbewegung im Dienste der Gesinnungsbildung.

Nachdem die Bewegung, die in ihrer Volksbildungsarbeit an der Institution Staat beziehungsweise Kirche ausgerichtet war, dabei die Heranbildung des Menschen zwecks Sicherung der jeweiligen Institution verfolgte, ihr Bemühen zum Scheitern verurteilt sah, zerbrach sie in verschiedene Richtungen mit unterschiedlichen Zielen, wobei jedoch insgesamt die Auffassung vom "Wissen als Bildung" weiterhin unerschüttert blieb. Diese Maxime gewann insbesondere auch grundlegende Bedeutung für die zweite Periode freier Volksbildungsarbeit. Dabei bestimmte vor allem der neu gewählte Weg, hin zur Erfüllung des Bedürfnisses beziehungsweise des Anspruchs auf (mehr) Bildung, der von einem immer größeren Teil des Volkes geltend gemacht wurde, die zweite Periode. Nach dem Fehlschlag der ersten Periode führte der neue Weg über die "Kultur", in der alle die Bedingungen des ersehnten geistigen Lebens, dessen der einzelne bedarf, als angelegt galten. Sowohl Politik als auch Religion wurden als von der "Kultur" abgegrenzte beziehungsweise abzugrenzende Bereiche verstanden, denen isolierte Funktionen des menschlichen Geistes innewohnten. Die "Kultur" als solche galt als unabhängig und selbständig. Dabei herrschte jedoch weiterhin der Glaube vor, daß der wissende Mensch auch der politisch zuverlässige Mensch sei, ja daß die politische Zuverlässigkeit sich mit der Vermehrung des Wissens noch steigern lasse, zumal wenn die Vermittlung des Wissens durch politisch Zuverlässige erfolgte. Letztlich bedeutete es für den

Staat die Sicherung seiner bestehenden Rechte. Entsprechend stand er dem Bemühen, jedem den Zugang zur Wissenschaft sowie zur Kunst zu ermöglichen, wohlwollend gegenüber.
Robert von Erdberg nannte es: "Die Tragik der Geschichte, daß die Kultur auf die Menschen losgelassen werden sollte, nachdem sie bereits zu einem Sachen- und Formenkult entartet war, in dem ihre Seele entflohen und nur noch der Schein und die Form zurückgeblieben waren."[11] So erfuhr die Kulturbewegung in Deutschland ihren Anstoß vor allem durch das Ausland. Dabei wurden besonders die angelsächsischen Public Libraries sowie die University Extension Movement bestimmend für die Aktivitäten der Bewegung in Deutschland, wohingegen die in Dänemark sich verstärkt als Bildungsstätten entwickelnden Volkshochschulen, die eine eigene lebendige Kulturbewegung hervorbrachten, nur in geringem Maße Beachtung fanden, ja häufig als nicht würdig erachtet wurden, thematisiert zu werden.[12]
Obgleich in England zum Ende des 19. Jahrhunderts von Seiten der Arbeiterbildungsbewegung die Kritik an den genannten Institutionen immer massiver zum Ausdruck kam, sie führte letztlich zur Gründung der Workers Educational Association im Jahre 1903, wurde sie von der Bewegung in Deutschland nicht wahrgenommen beziehungsweise in ihrer Bedeutung verkannt.
Der sich vollziehende Wandel in der deutschen Bildungsbewegung brachte vor diesem Hintergrund eine intensive Ausweitung des Bibliothekswesens hervor, offenbarte aber auch eine lebhafte Betriebsamkeit bei der Gründung sowie bei Zusammenschlüssen von, durch den neuen Geist bestimmten, Vereinigungen.[13]
Im Vergleich zu den Volksbildungsvereinen der ersten Periode, zeigte sich der vollzogene Bruch vor allem darin, daß vom Prinzip her davon Abstand genommen wurde, den

---

[11] Erdberg, Robert von. "Vom Bildungsverein zur Volkshochschule". AaO.. 25.
[12] Vergleiche Robert von Erdberg's Verweis auf den Bericht über die Verhandlungen des dritten deutschen Volkshochschultages in Leipzig, in dem er darauf aufmerksam machte, daß ihm, als er im Jahr 1908 das Thema der dänischen Volkshochschule auf die Tagesordnung des 3. deutschen Volkshochschultages gesetzt hatte, auf der Vorstandssitzung des Verbandes für volkstümliche Kurse von Hochschullehrern des Deutschen Reiches vorgehalten wurde, das Thema der Bauernhochschule sei einer Volkshochschultagung nicht würdig.
Erdberg, Robert von. "Vom Volksbildungsverein zur Volkshochschule". AaO.. 25.
[13] Erdberg, Robert von. "Vom Bildungsverein zur Volkshochschule". AaO.. 28-29 (Fußnote). Beispielhafte Aufzählung von neugegründeten Bildungsinstitutionen.
<u>Auszug:</u> Volksverein für das katholische Deutschland in Mönchen-Gladbach, 1890. Comenius-Gesellschaft in Berlin, 1892. Zentralverein zur Gründung von Volksbibliotheken in Berlin, 1898. Verband für volkstümliche Kurse von Hochschullehrern des Deutschen Reiches in Berlin, 1898.

geistigen Bedürfnissen der Mitglieder Rechnung zu tragen sowie den sich ihnen Anvertrauenden in der charakterisierten Weise geistige Fürsorge auf allen Gebieten zukommen zu lassen. Angesagt war die Schaffung von zentralen Organisationen, die von sich aus fähig waren, direkte großzügige Volksbildungsarbeit zu leisten. Des weiteren ein auf Spezialisierung hin ausgerichtetes Bildungsangebot der Vereine, um dem stetig wachsenden Bedarf an Volksbildung, dem der einzelne Verein in seiner Gesamtheit meist nicht mehr Rechnung zu tragen vermochte, gerecht zu werden.

Der sich ausweitende Bildungsbetrieb trug dazu bei, daß die Volksbildungsbewegung ihren ursprünglich fürsorgerischen, patriarchalischen Charakter weitgehend verlor, daneben aber auch den Vorzug von gewissen persönlichen Beziehungen einbüßte.

Als prägend für den Wandel des Volksbildungswesens können vor allem auch die verstärkt stattfindenden Kongresse gelten; war früher die Hauptversammlung das Forum des Vereins, um Volksbildungsfragen zu diskutieren, suchte die Bewegung nunmehr, die breite Öffentlichkeit zu interessieren beziehungsweise in Gespräche einzubeziehen. Die Kongresse standen dabei nicht zuletzt für das die zweite Periode bestimmende Volksbildungswesen, war es doch das vorrangige Ziel ihrer Arbeit, jeden Volksgenossen zum gleichberechtigten und gleichbefähigten Mitgenießer der bürgerlichen Kultur zu machen. Ausgehend von der "Kultur" als etwas Gegebenem, von unbezweifeltem Wert, galt es als erklärtes Ziel, das entsprechende Umfeld für eine Vermittlung zu schaffen.

Charakteristisch für die praktische Arbeit war vor diesem Hintergrund eine immense Betriebsamkeit auf allen Gebieten der Bildung, eine über die Maße hinausgehende Versorgung mit Kulturgütern, die ob der Masse, eine geistige Verarbeitung beim einzelnen wenn überhaupt nur in beschränktem Maße zuließ.

Ohne Zweifel kann die in den beiden Perioden angesprochene Entwicklung des Volksbildungswesens nur aus der Zeit heraus, vor dem Hintergrund der gesellschaftspolitischen Gegebenheiten, verstanden werden, in der sich bezeichnenderweise niemand fand, der volkspädagogische Fragen stellte, der nach den Grenzen und den Voraussetzungen der freien Bildungsarbeit fragte. Selbst die Wissenschaft ließ hier keinen Handlungsbedarf für die Beantwortung der genannten Fragen erkennen. Entsprechend fehlte es neben pädagogischen Lehrstühlen auch an wissenschaftlicher Literatur, in der volkspädagogische Fragen eine Thematisierung erfuhren.

Die anfangs verhaltene Kritik an der freien Volksbildung, die als Vermittlung von "Kultur" einen immer höheren Grad an Mechanisierung erfahren hatte, wurde nach und nach immer intensiver. Getragen von der Überzeugung, wie Robert von Erdberg sie formulierte, daß "vor die Tat die Überlegung zu stellen" sei, bildete sich mehr und mehr die "Neue Richtung" im Volksbildungswesen heraus, deren Vertreter vom Individuum ausgehend, die zu vermittelnde Bildung zu bestimmen beziehungsweise sie entsprechend anzubieten suchten.

Auf dem Weg zur Etablierung der "Neuen Richtung" können vor allem drei Veranstaltungen als grundlegend gelten. Dabei bildete das Treffen vom 24. bis 25. September 1917 in Frankfurt am Main, zu dem der "Ausschuß der deutschen Volksbildungsvereinigungen" Vertreter aller Richtungen geladen hatte, den Einstieg in eine neue Epoche des Volksbildungswesens. Bot sich doch in diesem Rahmen zum ersten Mal die Möglichkeit der offenen Aussprache, in deren Mittelpunkt die Diskussion um die "Neue Richtung" in der freien Volksbildung stand.

Im Jahr 1918 (vom 27. September bis 01. Oktober) folgte dann in Rothenburg o. T. die erste Tagung des "Ausschusses der deutschen Volksbildungsvereinigungen", in der neben den Vertretern der ihm angeschlossenen Vereinigungen ein kleiner Kreis von führenden Persönlichkeiten eingeladen waren.

Thematisiert wurden vor allem grundsätzliche Fragen im Hinblick auf den Begriff und die Aufgaben einer freien Volksbildung. Dabei zeigte der Tagungsverlauf, daß sich ein immer größerer Teil der Anwesenden zur "Neuen Richtung" bekannte. Vor allem der Kursus vom 06. bis 27. September 1919 in Mohrkirch-Osterholz, zu der die führenden Persönlichkeiten der verschiedenen Richtungen geladen waren, kann dann als Durchbruch auf breiter Front gegenüber der "Alten Richtung" gelten. Er ging zurück auf die bereits im Vorfeld zwischen dem nach dem Krieg vom Preußischen Ministerium für Wissenschaft, Kunst und Volksbildung errichteten Dezernat für das Volkshochschulwesen und dem "Ausschuß der deutschen Volksbildungsvereinigungen" getroffenen Vereinbarung zur Mitarbeit, in deren Rahmen dem Ausschuß die Vorarbeiten zum genannten ersten staatlichen Volkshochschulkursus oblagen. Die weitere Zusammenarbeit führte dann schließlich am 01. April 1920 dazu, daß Robert von Erdberg, als Geschäftsführer des Ausschusses, zum Referenten für Volkshochschulen und Volksbüchereien in das Ministerium berufen wurde.[14]

Die angesprochene Etablierung der "Neuen Richtung" legt es nahe, an dieser Stelle

---

[14] Vergleiche zur Geschichte des "Ausschusses der deutschen Volksbildungsvereinigungen" von der Gründung im Jahr 1916 bis zur Auflösung im Jahr 1923, die Zusammenfassung bei: Henningsen, Jürgen. Der Hohenrodter Bund. Heidelberg: Quelle & Meyer, 1958. 13-23.

konkret die mit ihr verbundenen wesentlichen Grundsätze aufzuzeigen beziehungsweise zu verdeutlichen. Der prinzipielle Unterschied im Vergleich der "Alten" mit der "Neuen Richtung" freier Volksbildung zeigte sich vor allem im Ansatz bei den zu Bildenden. Gingen doch die Vertreter der "Neuen Richtung" davon aus, daß Bildung keinen geistigen Besitz darstellt, daß es sich bei ihr vielmehr um eine geistige Form handelt, die aus der inneren Auseinandersetzung des einzelnen mit der Kultur hervorgeht. Daraus wurde die Forderung nach einer individualisierenden Volksbildungsarbeit abgeleitet, die auf die im einzelnen Menschen angelegten Voraussetzungen aufbaute. Entsprechend wurden als Voraussetzungen nicht die äußeren Gegebenheiten angesprochen, wie etwa die soziale Stellung oder der Beruf, es zählte vielmehr der einzelne in seiner inneren, seelischen sowie geistigen Disposition. Vor diesem Hintergrund wurde der Erwachsene verstanden als geprägt durch seine Weltanschauung, zu der er im Rahmen der Auseinandersetzung um seine soziale sowie wirtschaftliche Lage gelangt war.

Mit Blick auf die Aufgabe der freien Volksbildungsarbeit lehnten es die Vertreter der "Neuen Richtung" grundsätzlich ab, die einzelnen Weltanschauungen in die Auseinandersetzung gegeneinander zu führen, um schließlich die "einzig richtige Weltanschauung" präsentieren beziehungsweise propagieren zu können. Zumal die Volksbildungsbewegung nicht als Richterin über die Weltanschauungen verstanden wurde. Hätte doch ein Recht auf Beurteilung bedeutet, der Bewegung einen objektiven, mithin weltanschauungslosen, Status zuzugestehen, der ihr gerade nicht zukam. Auch stand im Sinne der "Neuen Richtung" außer Frage, daß eine einmal erworbene Weltanschauung nicht zwangsläufig für immer vom einzelnen beibehalten werde. Wobei jedoch davon ausgegangen wurde, daß eine menschliche Macht weder im Stande sei beim einzelnen ein Beharren auf seiner Weltanschauung zu erreichen noch ihn durch Zwang zu einer Änderung zu bewegen. Vielmehr, so Robert von Erdberg, werde "die Weltanschauung durch tiefe geheimnisvolle Kräfte in der Seele des einzelnen selbst mitbestimmt". Vor diesem Hintergrund sah er die Aufgabe der Volksbildungsarbeit darin, den einzelnen zu einer inneren ehrlichen Auseinandersetzung mit den geistigen Gütern zu führen.[15]

Im Sinne der "Neuen Richtung" wurde in diesem Zusammenhang vom Bildungsziel des einzelnen Menschen gesprochen. Deutlich zutage traten wesentliche Aspekte der "Neu-

---

[15] Erdberg, Robert von. "Betrachtungen zur alten und neuen Richtung im freien Volksbildungswesen (1921)". Die Neue Richtung in der Weimarer Zeit. Jürgen Henningsen. Stuttgart: Ernst Klett, 1960. 40 ff. (53).

en Richtung" vor allem auch in der von ihr vertretenen Position gegenüber der Massenbildung sowie der Wissenschaft als Faktoren der Volksbildung. Ihr Verhältnis zur Massenbildung offenbarte sich dabei in der bereits angesprochenen Forderung nach individualisierender Bildungsarbeit und der damit einhergehenden Ablehnung einer allgemeinen Bildung. Entgegen der "Alten Richtung", die im Sinne der Aufklärung das Aufgeklärtsein als Wesen der Bildung verstand, das es durch die Massenbildung zu gewährleisten galt, wobei die Wirkung bei den verschiedenen Menschen dem Zufall überlassen wurde, setzte die "Neue Richtung" in ihrer Bildungsarbeit beim einzelnen an, ihre Arbeit dabei vor allem ausrichtend an den beim einzelnen erzielbaren beziehungsweise sich einstellenden Wirkungen.

Neben der negativen Wertung der Massenbildung (Masse verstanden im Sinne einer Summe von Individuen), verschloß sich die "Neue Richtung" in der freien Volksbildungsbewegung nicht den Forderungen der Masse als solcher, sah sie sich doch gefordert, zur Lösung der sich stellenden Aufgaben beizutragen. Entgegen den traditionell konfessionellen sowie politischen Gruppen, die ihren Überzeugungen entsprechend aktiv waren, mithin stark zweckgerichtet agierten, suchten Kräfte innerhalb der "Neuen Richtung", im Rahmen diverser Veranstaltungen für die Masse (etwa Konzerte, Aufführungen, Feste unterschiedlichster Art), den Weg "reiner Bildungsarbeit" zu gehen.

Ein entsprechendes Verständnis kam auch im Verhältnis der "Neuen Richtung" zur Wissenschaft als Faktor der Volksbildung zum Ausdruck. Hatten doch die Vertreter der "Neuen Richtung" nicht im Auge, möglichst viele Menschen über möglichst vieles aufzuklären. Vielmehr sahen sie als Ansatzpunkt der wissenschaftlichen Arbeit den Menschen, wobei jeder einzelne, aufgrund seiner Anlagen sowie seiner Entwicklung, als für ein bestimmtes Wissensgebiet prädestiniert galt. Dabei wurde es als wesentlich angesehen, daß der einzelne sich nicht mit diesem bestimmten Wissensgebiet um der Wissenschaft willen beschäftigte, sondern daß sein Bildungwille im Vordergrund stand.

Der individualisierenden Arbeit kam entsprechend in der wissenschaftlichen Volksbildungsbewegung der "Neuen Richtung", gerade auch im Vergleich zu der durch den Glauben an die Aufklärung geprägten "Alten Richtung", ein besonderer Stellenwert zu. Erschöpfte sich doch die Bildungsarbeit nicht mehr nur in der Vermittlung von Wissen, sondern ging darüber hinaus, indem sie beim einzelnen die innerliche Verarbeitung der erworbenen Kenntnisse zu gewährleisten suchte. Die entsprechende innere Bereitschaft des Menschen stellte sich dabei als grundsätzliche Voraussetzung dar, um sich das Wissen der Bildung willen aneignen zu können. Die Auseinandersetzung mit dem Bildungsstoff wurde vor diesem Hintergrund als auf weltanschaulicher Ebene angesiedelt gesehen. Wobei nicht das Sammeln von Kenntnissen als im Vordergrund stehend verstanden wurde, sondern das Lernen des einzelnen, im Sinne der Erweiterung und Vertiefung seines Weltbildes. Das bedeutete jedoch nicht grundsätzlich, daß die Wissenschaft immer für den aktiven und die Weltanschauung für den passiven Part stand, gab es doch weder ein endgültiges wissenschaftliches Ergebnis noch eine absolute wissenschaftliche Objektivität, vielmehr wurde das Ergebnis der Arbeit als ein solches der Bildung verstanden, das sowohl von der Wissenschaft als auch von der Weltanschauung her seine Bestimmung erfuhr.

Mit der Entscheidung für die individualisierende Arbeit stellte sich dann auch die Frage, wie damit umzugehen sei, daß die Voraussetzungen der Bildung bei den einzelnen Menschen in der Regel unterschiedlich sind. Dies um so mehr, als die Ebene wissenschaftlicher Bildung angesprochen war. Robert von Erdberg sprach in diesem Zusammenhang von dem Menschen, "der die Fähigkeit zu einem selbständigen/ geistigen Leben besitzt, ... das ihm die Gabe eignet, nachzudenken, was von den erleuchtetsten Geistern vorgedacht worden ist, daß er die großen Zusammenhänge im geistigen Leben soll sehen und von seinem Standpunkt aus soll werten können".[16]

Im Sinne der "Neuen Richtung" wurde als Forum der Typus einer Volkshochschule propagiert, der die Möglichkeit bot, die genannten einzelnen Menschen zusammenzuführen, um in gemeinsamer Arbeit mit den geistigen Führern nicht nur Kenntnisse zu erwerben, sondern Erkenntnisse zu erarbeiten. Es sollte erreicht werden, daß die Vertreter breiter Volksschichten, die bisher kein Verhältnis zum geistigen Leben der Nation hatten, als Mitträger sowie Mitgestalter dieses geistigen Lebens in die Pflicht genommen wurden. Dabei zielten die Überlegungen darauf, sich auf das Wesentliche des geistigen Besitzes zu besinnen, und dieses in die Diskussion um die allgemeine Volkskultur einzubringen. Volksbildungsarbeit bedeutete in diesem Sinne, den einzelnen Menschen als Teil einer geistigen Volksgemeinschaft zu behandeln, und entsprechend in den Volkshochschulen Vertreter aller Weltanschauungen zusammenzuführen.

Sie galten dabei nicht als Konkurrenten im Kampf der Weltanschauungen, vielmehr wurden sie im Sinne einer geistigen Gemeinschaft, als "Glieder des Volkes", verstanden, die als geistig mündige Menschen in der Auseinandersetzung geistige Kräfte nach allen Richtungen aussandten und damit eine geistige Bewegung hervorbrachten, ohne die letztlich die "Existenz eines Volkes" nicht zu gewährleisten ist, mithin das Ziel der

---

[16] Erdberg, Robert von. "Betrachtungen zur alten und neuen Richtung". AaO.. 55 f..

Volksbildungsarbeit verfehlt würde.

In der Praxis stand vor diesem Hintergrund die Umgestaltung des bisher angewandten Vortragsbetriebes in individualisierende Grundsätze berücksichtigende Bildungsarbeit im Vordergrund. In diesem Zusammenhang gewannen die öffentlichen Büchereien eine besondere Bedeutung, wurde doch ihre Arbeit, im Sinne der "Neuen Richtung", als eine der individualisierenden Volksbildungsarbeit nutzbar zu machende verstanden. Die Arbeit von Walter Hofmann kann hier als Pionierleistung gelten. Sie stand für das verfolgte Ziel, die Bücherei in Richtung auf eine individuellere und intensivere Arbeit hin auszurichten. Das bedeutete für ihn grundsätzlich, eine gewissenhafte, den Bedürfnissen beziehungsweise den Interessen entsprechende, Auswahl und Bereitstellung von Bücherbeständen. Durch eine entsprechende Gestaltung des Ausleihverfahrens sah er die Möglichkeit gegeben, die Interessenrichtung der Leser(-innen) herauszufinden, ihre Vorbildung und ihren Lebenskreis auszumachen sowie zur Einschätzung ihrer geistigen Aufnahmefähigkeit zu gelangen. Auf der Grundlage dieses Wissens bot sich mithin die Möglichkeit, daß sich Leser(-innen) in einzelnen Gruppen zusammenfinden beziehungsweise sie zusammenzufassen, um sie im Rahmen von Vortragskursen ihren Interessen gemäß weiter zu fördern. Entsprechend stand nicht mehr das große Angebot im Vordergrund, nach dem sich die Nachfrage zu richten hatte, vielmehr ließ sich nunmehr das Angebot nach den vorhandenen Bedürfnissen bestimmen.

Im Sinne der "Neuen Richtung" an sich, kam der kleinen Gemeinschaft beziehungsweise Gruppe als solcher dabei nicht nur die Bedeutung eines wesentlichen Charakteristikums zu, die Gruppe war vielmehr charakteristisch für die Arbeit der "Neue Richtung" überhaupt. Sie bildete als solche den Dreh- und Angelpunkt der Volksbildungsarbeit. Bot sie doch den Rahmen, innerhalb dessen beim einzelnen der Wille zur Bildung geweckt wurde, mit der eine geistige Einstellung auf die Volksbildungsarbeit einherging, in der die Volksbildung ihre Gestaltung erfuhr.

Als von besonderer Bedeutung gilt es in diesem Zusammenhang, auch die Ermöglichung freier Volksbildungsarbeit im Sinne der "Neuen Richtung" anzusprechen, kam sie doch im Eintreten für eine sowohl gründliche als auch systematische Schulung der erforderlichen "Volksbildner" zum Ausdruck. In seinem Aufsatz über "Die Ausbildung des Volksbildners"[17] setzte sich vor allem Eugen Rosenstock-Huessy mit der Frage der

---

[17] Rosenstock, Eugen. "Die Ausbildung des Volksbildners". Im Kampf um die Erwachsenenbildung
(Fortsetzung...)

Qualifikation des Volksbildners auseinander. Dabei sah er es als Vorbedingung an, daß der potentielle Volksbildner einen Fachberuf sowohl theoretisch erlernt als ihn auch praktisch ausgeübt hat, beziehungsweise ihn weiterhin ausübt. Eugen Rosenstock-Huessy sprach von einer "bewußten Meisterung eines Berufs innerhalb der Gesellschaft", die gegeben sein müsse. Darauf aufbauend gingen seine Überlegungen zur Qualifizierung der Ausbilder dahin, es dem einzelnen in Kleingruppen zu ermöglichen, im gemeinsamen Gespräch, über das Bewußtsein des eigenen Berufs hinaus, die Auseinandersetzungen, die Zusammenhänge, die Überschneidungen, die Widersprüche, die in den unterschiedlichen Lebensbereichen innerhalb der Gesellschaft auftreten, zu erkennen, ja, sie in die eigenen Überlegungen einzubeziehen. Die verschiedenen fachlichen Spezialisten sollten "in einem gemeinsamen Haus Bildung austeilen". Wobei sie gezwungen wären, wollten sie sich nicht selbst oder aber den anderen bloßstellen, "... ihr geistiges Wesen voreinander zu rechtfertigen, ihre Wissensbereiche gegeneinander abzugrenzen, ihre Gemeinsamkeiten zu entdecken."
Eugen Rosenstock-Huessy verwies darauf, daß es niemandem im Sinne des gemeinsamen Gesprächs helfen würde, sich auf sein Fachgebiet, seine Fachsprache, zurückzuziehen. Vielmehr muß der Weg der Verständigung über eine gemeinsame Sprache gesucht werden. Was sich einerseits schwieriger, andererseits natürlich auch, im Sinne des Behauptens der eigenen Position, einfacher für den einzelnen darstellt, stehen sich doch als Gesprächspartner ebenbürtige Fachleute gleichen Ranges sowie gleicher Bildung gegenüber. Entsprechend wird sich jeder dem beziehungsweise den anderen gegenüber zu behaupten haben. "Indem der eine Fachmann zum anderen spricht, wird dieser andere Fachmann zum Laien. Er lernt statt zu lehren. Er hört zu, um im nächsten Augenblick wieder seinerseits zu lehren." Genau das, so Eugen Rosenstock-Huessy, ist der Volksbildner, den die "Neue Richtung" fordert, nämlich, "daß er einmal gerade im Augenblick angestrengter Bildungsarbeit aus einem Fachmann einen Laien werden läßt, der umgekehrt das Urteil eines ebenbürtigen Laien über sich selbst als Fachmann entgegenzunehmen bereit ist. Spiegelt sich doch in diesem Wechsel Fachmann/ Laie beziehungsweise umgekehrt, der einzelne als Glied der Gesellschaft wider.
Eugen Rosenstock-Huessy nannte es eine rein geistige, von einzelnen Interessen unberührte, Aufgabe, die, aufgrund der Verschiedenheit der einzelnen, nur in einer höheren Einheit gelöst zu werden vermag. Obgleich er diese Einheit als zunächst noch nicht ge-

---

(...Fortsetzung)
1912-1926. Hg. Werner Picht und Eugen Rosenstock. Leipzig: Quelle, 1926. 150- 167.

geben sah, galt ihm die Bereitschaft sich in der Gruppe zusammenzufinden sowie die gemeinsame Not im Gespräch miteinander zu erfahren, als Einstieg. Wurde doch die vom einzelnen durchaus erkannte Not in die Gemeinschaft getragen, um in ihr eine Lösung zu erfahren, dabei eine Umlenkung und Neuordnung der Fächer sowie der Fachgedanken billigend in Kauf nehmend. Ganz neue Fächer würden es sein, die sich erschließen, so Eugen Rosenstock-Huessy. "Der ganze Schatz jener Lebensweisheit, den früher das Volk, ... in Sentenzen und Geschichten aufspeicherte, ... (muß) zu neuem Leben in neuer Stoffordnung erwachen." Wobei die nötigen Erkenntnisse, etwa "... über den Aufbau der Familie, über die Wirtschaftsordnung", erst noch werden entstehen müssen.

In diesem Zusammenhang sprach Eugen Rosenstock-Huessy ähnlich den anderen Vertretern der "Neuen Richtung" von der Gruppe als "Arbeitsgemeinschaft". Als deren typisches Wesen er den Zusammenschluß von in ihrem innersten verschiedenen Menschen verstand, die den Frieden sowie die Vereinigung suchten und dabei das "geistige Volk" vor Augen hatten.

In der "Arbeitsgemeinschaft" vollzog sich seines Erachtens eine Volkwerdung im kleinsten Rahmen. Wobei das Sprechen des einzelnen größere Bedeutung gewann als das Denken, war doch jeder fortwährend gezwungen, seine Rolle zu tauschen, würde er doch als Laie, Fachmann oder Vermittler angesprochen. Die Notwendigkeit, gemeinsam einen Lehrplan erarbeiten zu müssen, führte zur Einheit der geistigen Aufgabe, die Trennung in Fachsprachen und Weltanschauungen, als Kennzeichen des gebildeten und denkenden Menschen, würde überwunden.

Hinsichtlich der Qualität der Auseinandersetzung verwies Eugen Rosenstock-Huessy darauf, daß, mit Blick auf die Verantwortung für die Ausführung des Lehrplans, nicht von einer nur geistreichen Unterhaltung gesprochen werden könne, daß, vor dem Hintergrund der rein geistigen Zielsetzung jedoch, gegenüber der Beratung im Wirtschaftskampf, eine um so intensivere Wirkung der gegenseitigen Widersprüche zu erzielen sei. Die in den "Arbeitsgemeinschaften" geführten Auseinandersetzungen sah er als Vorkursus für die Ausbilder, die es mehrtägig, bisweilen mehrwöchig, anzusetzen galt. Wobei er mit Blick auf die damit verbundenen Kosten vorschlug, entsprechende Vorkurse zumindest teilweise vor kleineren oder größeren Zeugenkreisen, als Angebote der Volkshochschule, stattfinden zu lassen, um damit vor allem auch die Möglichkeit der Rückwirkung zu bieten.

Eugen Rosenstock-Huessy sah durchaus die seinen Vorschlägen innewohnende Problematik, die sich im, bei unbequemen Dingen, typischerweise einsetzenden Zeitmangel aller Beteiligten zeigte, die sich daneben aber auch infolge der gegenseitigen Autoritätslosigkeit ergab, die in der Respektlosigkeit gegenüber der alten Fakultätsgliederung sowie den Fachetiketten der fertigen Akademiker zum Ausdruck kam. Für ihn galt es jedoch, das "Wesen des Förderlichen und Richtigen" im Auge habend, dafür zu sorgen, "daß überall und jederzeit nach ihm muß gegriffen werden können."[18]

Erste Ansätze zur Vorbereitung der Ausbildung des Volksbildners, die in die "Neue Richtung" wiesen, wurden deutlich im Rahmen von Reisen, die etwa Robert von Erdberg oder Werner Picht unternahmen. Wobei die damit verbundenen Zusammenkünfte geprägt waren durch ein, eine gemeinsame Aufgabe verfolgendes, Arbeiten, bei dem die Vortragenden sich auf gleicher Stufe mit den Zuhörern stehend verstanden. Daneben wurde von Vertretern der "Neuen Richtung" auch immer massiver die Schaffung eines Pädagogiums gefordert, in dem die zukünftigen Volksbildner mehrere Wochen, ja sogar Monate, beherbergt werden sollten, um ihnen die Möglichkeit zu bieten, in der "Arbeitsgemeinschaft" die Auseinandersetzung zu suchen.

Obgleich es nicht zu einer Gründung kam, zeigten die Forderungen doch, daß eine Ausbildung des Volksbildners als notwendig erkannt worden war.

Ausgehend von den angesprochenen wesentlichen Aspekten einer "Neuen Richtung" der Erwachsenenbildung im Sinne einer Volksbildung, gilt es nunmehr den Faden zu knüpfen zur Erwachsenenbildung auf betrieblicher Ebene.

4.2 Erwachsenenbildung auf betrieblicher Ebene im Sinne von "Lebensbildung"

4.2.1 Erwachsenenbildung als "Lebensbildung"

In der Diskussion um die "Neue Richtung" kam der "Lebensbildung" ein besonderer Stellenwert zu, der bei Eugen Rosenstock-Huessy vor allem in seinem Aufsatz "Das Dreigestirn der Bildung" eine Verdeutlichung erfuhr. Die gesellschaftliche Entwicklung vor Augen wies er den Weg von der geistlichen über die akademische Bildung hin zur "Lebensbildung". Wobei er letztere bestimmt sah durch die Notsituation, die sich infolge des verlorenen Ersten Weltkrieges eingestellt hatte.[19]

Die geistliche Bildung, so Eugen Rosenstock-Huessy, stand für die Bekehrung des ein-

---

[18] Rosenstock, Eugen. "Die Ausbildung des Volksbildners". AaO.. 150-167 (165).
[19] Rosenstock, Eugen. "Das Dreigestirn der Bildung". AaO.. 61-87.

zelnen beziehungsweise des Volkes. Wobei die Bildung letztlich dazu diente, den Weg zu bereiten vom natürlichen, durch die Natur bestimmten Leben, hin zum geistlichen, um ihn dann entsprechend weiter zu beschreiten. Bildung wurde mithin den Klerikern zuteil, die sich von der Natur abwandten, um ihr Leben dem Geistlichen zu widmen. Die wiederum ihrerseits den "Christen" "Seelenbildung" zukommen ließen, sobald sie sich bereit fanden, vom Weltlichen Abstand zu nehmen. Das oberste Gut der Bildung, die Theologie, blieb jedoch die Domäne des Klerus.

Als Vertreter der geistlichen Bildung sah Eugen Rosenstock-Huessy konkret die in ihrem Glauben vereinten katholischen Geistlichen, deren Glaube durch Christus, dem Haupt alles geistigen Lebens, bestimmt wurde, der jedem Christen, als Glied des geistigen Leibes, zuströmt. Ihn erschlossen sie sich durch das Lesen von Schriften und Legenden, aber auch durch all die anderen sich ihnen offenbarenden heiligen Glieder, die ihr Brevier zierten; in dem sich jeden Tag das Bild eines anderen Adamssohns findet, der zum Christen geworden, in die Gemeinschaft der Heiligen aufgenommen worden war.[20]

Die sich wiederholende Bildung, die erhaben schien über alle Zeit- sowie Ortsveränderungen, wurde dadurch modifiziert, daß sie dem unverbrauchten Verstand jedes neu eintretenden die Möglichkeit eigener Betätigung auf dem Gebiet der Apologetik sowie der Exegese geistlicher Schriften eröffnete. "Diese Arbeit der Scholastik (so Eugen Rosenstock-Huessy) will aus zahllosen Sätzen und Untersätzen die Offenbarungswelt in einer zweiten verstandsmäßigen Ordnung als logisches zeitentrücktes Kunstwerk nachbilden."[21]

Die aus der Gemeinschaft des Glaubens resultierende Bildung, aus der sich für die Geistlichen die Notwendigkeit ergab, die Heiden zum Christentum zu bekehren, in deren Rahmen sie ihnen die unsterbliche Seele in einer vergänglichen Welt offenbarten, bedeutete gleichzeitig die Übernahme der Verantwortung für die Erziehung des einzelnen beziehungsweise des Volkes im weltlichen Leben. Der Jurisprudenz, der Medizin oder auch der Naturforschung an sich, als weltlichen Geistesgebieten, nahmen sich unter dem Dach der Kirche die Mönche an.

Aus dem Bannkreis der geistlichen Bildung trat die weltliche Bildung erst heraus, als sich im Rahmen eines gesellschaftlichen Wandels, der geprägt war durch die Entdek-

---

[20] Dazu ausführlicher bei Rosenstock, Eugen. "Das Dreigestirn der Bildung". AaO.. 63 f..
[21] Rosenstock, Eugen. "Das Dreigestirn der Bildung". AaO.. 64.

kungen der Naturforschung sowie das Entstehen neuer Staatengebilde, "Machiavellischer Art", das Bewußtsein der Selbständigkeit des weltlichen Geistes vor dem Hintergrund der zu bewältigenden geistigen Auseinandersetzungen einstellte. Die weltliche Bildung, die sich unter dem Dach der Philosophie konstituierte, entwickelte sich mehr und mehr zum gewichtigen Gegenpart der Theologie. Dabei zeigten die weltlichen Machthaber ihr Wohlwollen vor allem auch dadurch, daß sie durch die massive Unterstützung bei der Gründung von Akademien ein Forum zur Agitation schufen. Eugen Rosenstock-Huessy verwies in diesem Zusammenhang auf die Akademie im Sinne von Plato, die durch seine Ideenlehre bestimmt, die Begründung des Idealismus hervorbrachte. In der die wahre Welt als Welt der Ideen galt, die als solche vernünftig und wirklich war, in der sich wahrnehmbare Dinge als Abbilder der Ideen zeigten. In diesem Sinne wurde Platos Staatsideal beherrscht von der Erziehungsidee, in deren Rahmen er den Philosophen aktiv werden, mithin als Beherrscher des Staates sah. Die akademische Bildung wurde dabei ihrem Wesen nach geprägt durch ein stürmisches Verlangen nach Wissen, das sich im leidenschaftlichen Versenken in eine unbekannte Welt des Geistes, die es erst noch zu entdecken galt, widerspiegelte.

Für Eugen Rosenstock-Huessy waren die geistliche und die akademische Bildung vom Grundsatz her gleich angelegt; hatte der Geistliche, dessen Ziel es war, die Laienwelt im Sinne der Kirche zu erziehen, neben sich den Mönch, der sich den weltlichen Geistesgebieten unter dem Dach der Kirche widmete, wurde der Akademiker ergänzt durch den Offizier, der sich im Staat, soweit erforderlich, der Nicht-Akademiker annahm, wobei daneben die geistliche Bildung, durchaus im Sinne des Staates, ihren Platz fand.[22]

Mit dem verlorenen Ersten Weltkrieg ergab sich für Eugen Rosenstock-Huessy die Situation, die er folgendermaßen beschrieb: "Wie einst die Fahnenflucht des Bettelmönchs zurück in die Welt (Luther) das Monopol der geistlichen Bildung zerstört hat, so zerfällt heute das akademische Monopol durch das Aufhören des Offiziers! Mit dem Wegbrechen des Offizierskorps fehlt die zweite Säule des Staates, dessen andere 'Leibgarde' die Universität war".[23] Mit der verlorenen Machtposition des Offiziers sah er den Weg bereitet für eine neue Volksbildung, die in ihrem Ansatz bereits in der zweiten Hälfte des 19. Jahrhunderts, dann verstärkt zu Beginn des 20. Jahrhunderts, zur Diskussion stand. Danach sollte ein Volk und mit ihm das Individuum gebildet werden, das

---

[22] Rosenstock, Eugen. "Das Dreigestirn der Bildung". AaO.. 66 ff..
[23] Rosenstock, Eugen. "Das Dreigestirn der Bildung". AaO.. 72.

den Glauben an die Regierenden beziehungsweise an die sie Erziehenden verloren hatte. Die Entwicklung hin zum Zusammenbruch vor Augen, verwies Eugen Rosenstock-Huessy in seinem Aufsatz "Das Dreigestirn der Bildung" darauf:
"Die geistliche Bildung trägt die Verantwortung für die unsterbliche Seele und übernimmt damit die Erziehung des Volkes im Glauben. Die akademische Bildung trägt die Verantwortung für den ewigen Geist und übernimmt deshalb die Aufklärung des Volkes zum Wissen. Heute geht es um Dasein und Leben des Volkes schlechthin, um den Zusammenhang seiner kleinsten Einheit."[24]
Eugen Rosenstock-Huessy sprach von einer neuen Verantwortung, nicht für den Geist, als etwas starr Ewigem, sondern für das Leben, als etwas täglich neu zu Gestaltendem, das der Gesellschaft innewohnt, durch das sie ihre Bestimmung erfährt. Entsprechend galt ihm das "Leben" der Erwachsenen im Alltag der Arbeit sowie in der dauernden Auseinandersetzung als Ansatzpunkt für eine neue Bildung. Diese "Lebensbildung" sah er dabei insofern auch als gesellschaftliche Bildung, als sie der Bewältigung der Notsituation des Zusammenbruchs diente. Sie war damit im weiteren Sinne eine politische Bildung.

Demgemäß schrieb Eugen Rosenstock-Huessy: "Ein äußerlich erschlagenes und entehrtes Volk lebt trotzdem fort. In dem Zusammenbruch aller äußeren Bildung ist ein Maßstab gegeben für alles wahrhaft Bildende. Denn nur was trotz ... des Unterganges seinen Sinn und Wert behauptet, taugt in die neue Arbeitsgemeinschaft der zu gemeinsamem Dasein verketteten Geister."[25] "Lebensbildung" bedeutete mithin für ihn, den Interessen der Teilnehmer von Bildungsveranstaltungen, die sich ihm als von den Naturwissenschaften hin zu sozialen Fragen verschoben darstellten, entgegenzukommen. Das menschliche Zusammenleben wurde für ihn bestimmend im Rahmen der zu verfolgenden Bildung. Wobei die politische Absicht zum Ausdruck kam, "die Einführung und zugleich Einfügung des Volksgenossen in den Lebenslauf seiner Gemeinschaft"[26] anzustreben. "Lebensbildung" im Sinne von Eugen Rosenstock-Huessy bedeutete letztlich, sich neben dem individuellen Lebenslauf in seiner Subjektivität, des Lebenslaufs der Gemeinschaft anzunehmen. Er sprach von der "Lebenskunde des einzelnen Menschen, (in der) nicht von dem allgemein berechenbaren Gesetz der Arbeit die Rede ist, sondern

---

[24] Rosenstock, Eugen. "Das Dreigestirn der Bildung". AaO.. 76.
[25] Rosenstock, Eugen. "Das Dreigestirn der Bildung". AaO.. 79.
[26] Rosenstock, Eugen. "Das Dreigestirn der Bildung". AaO.. 82.

von der gewaltigen Kraft, die den einzelnen bindet und löst ...". Dabei machte Eugen Rosenstock-Huessy vor allem auch deutlich, daß mit der "Lebensbildung" nicht die geistliche und die akademische Bildung ersetzt werden solle, daß sie vielmehr daneben trete. Diene sie doch dazu, zwischen beiden zu vermitteln, aber auch sich neu stellenden Anforderungen gerecht zu werden. Letztlich, so Eugen Rosenstock-Huessy, lieferten das Reich der Offenbarung und das der wissenschaftlichen Forschung erst die Fülle von Lebensmöglichkeiten, deren die "Lebensbildung", mit der Intention, zu verantwortlichen Entscheidungen hinzuführen, in jedem Augenblick bedarf.[27]

Zur Verdeutlichung der Überlegungen von Eugen Rosenstock-Huessy sollen im folgenden noch kurz einige wesentliche, in den Diskussionsbeiträgen zur "Lebensbildung" zum Ausdruck kommende, Aspekte angesprochen werden.

Der These von Hermann Herrigel[28] kam dabei ein besonderer Stellenwert zu, war sie es doch, die Eugen Rosenstock-Huessy zu einer ausführlichen Stellungnahme bewog, die durch sein oben angesprochenes Verständnis von "Lebensbildung" geprägt wurde.

Hermann Herrigel's Kritik entzündete sich vor allem am Anspruch der in den Vordergrund drängenden Volkshochschulbewegung, durch Bildungsbemühungen die Kluft zwischen "Gebildeten" und "Ungebildeten" überwinden zu können sowie durch die Schaffung einer kulturellen Gemeinsamkeit die Einheit des sozial zerrissenen deutschen Volkes wieder herzustellen. Er vertrat die Auffassung, daß die von der Volkshochschulbewegung angestrebte "formale" Bildung individualisierend wirke, die geistige Struktur des Volkes jedoch, bestimmt durch das Merkmal der Naivität, einen Eigenwert gegenüber dieser Bildung besitze. Diese Naivität erfahre durch die Arbeit der Volksbildungsbewegung eine Auflösung, in deren Rahmen die Abstraktion des Lebens ein wesentliches Symptom für die Kulturkrise darstelle; die Bildung als solche jedoch daraus keinen Ausweg zu bieten vermag.

Der Begriff Bildung stand dabei, im Sinne von Hermann Herrigel, für eine Entwicklung des geistigen Lebens, das zunehmend formalisiert, vom Inhaltlichen mehr und mehr abgelöst, den Zusammenhang mit dem Konkreten verloren hatte. Hermann Herrigel sah darin eine Flucht des Denkens vor der "Bestimmtheit ins Unendliche".[29] Das zum Ausdruck kommende, auf rationalbegriffliche Analyse drängende formale Denken bildete

---

[27] Rosenstock, Eugen. "Das Dreigestirn der Bildung". AaO.. 86.
[28] Herrigel, Hermann. "Erlebnis und Naivität und das Problem der Volksbildung". Die neue Rundschau 30 Bd. 2 (1919): 1303-1316.
[29] Herrigel, Hermann. "Erlebnis und Naivität und das Problem der Volksbildung". AaO.. 1303-1316.

seines Erachtens die Grundlage der modernen intellektuellen Bildung. Das Erleben des Menschen verknüpft mit dieser Denkhaltung, so Hermann Herrigel, löst Zusammenhänge auf und wirkt individualisierend, in dem "an Stelle der Weltordnung, in der die Dinge stehen, ein theoretisches Funktionssystem ... (gesetzt wird), das die Dinge ... (erklärt)".[30] Dem stehe der Mensch in seiner Naivität gegenüber, der den Sinn der Dinge als durch eine über ihm herrschende Ordnung des Seins bestimmt sieht. Das formale Denken, als Analyse, die den Sinn der Dinge in ihnen selbst sucht, führe hier zur Auflösung der Ordnung, zerstöre mithin die naive Gewißheit und Geborgenheit des naiven Menschen und rufe eine weitere Aufsplittung des Volkes in nebeneinander lebende Individuen hervor. Entsprechend unterschied Hermann Herrigel das "geistige" Leben der Gebildeten vom "schlichten" Leben des Volkes. Beide sah er als beziehungslos nebeneinander stehend. (Volks-)Bildung könne hier zwar, so Hermann Herrigel, durch die Einführung in die Struktur der geistigen Welt, die Methodik sowie die Problematik wissenschaftlichen Denkens, zur Auflösung der naiven Einstellung beitragen, erreiche damit die Stufe der "formalen" Bildung, unterläge entsprechend deren individualisierender Wirkung, würde so jedoch letztlich die soziale Zerrissenheit des Volkes verstärken.

An dieser Stelle soll nicht näher darauf eingegangen werden, ob der Zuordnung von Naivität sowie dem Zurückführen von Intellektualismus und Individualismus auf das dauernde Differenzieren des Denkens im Sinne von Hermann Herrigel zugestimmt werden kann. Erwähnt sei jedoch die Polemik, mit der Hermann Herrigel in seiner Ablehnung, dem Anspruch, durch pädagogisches Bemühen, im Sinne einer Vermittlung "formaler" Bildung, der vorherrschenden sozialen Zerrissenheit innerhalb des Volkes entgegenzuwirken, begegnete. Forderte sie doch die Entwicklung einer neuen Bildungskonzeption heraus, wenn nicht, wie von Hermann Herrigel verlangt, der genannte Anspruch grundsätzlich aufgegeben würde.[31]
Hermann Herrigel lehnte in einer Stellungnahme zu Eugen Rosenstock-Huessy's "Lebensbildung", diese entschieden als einen Versuch ab, eine neue Bildung allein vom Eingehen auf eine konkrete Notsituation her zu begründen. Dabei verwies er darauf, daß er insbesondere vermisse, "was die Bildung in eine andere Sphäre über den Menschen stellt", "(denn) das ist gerade der Sinn ihrer Beschränkung auf das Notwendige,

---

[30] Herrigel, Hermann. "Zur Kritik der idealistischen Volksbildung". Volksbildungsarchiv 8 (1921): 237-267 (240).
[31] So auch Jung, Ulrich. Eugen Rosenstock's Beitrag zur deutschen Erwachsenenbildung der Weimarer Zeit. Wiesbaden: Koehler & Hennemann, 1970. 36.

denn nur dadurch verliert sie die Funktion sozial zu differenzieren ...". "Damit wird zwar die Bildung zu einer Sache aller, die in derselben Lebensnotwendigkeit stehen, aber sie büßt damit zugleich auch ihren Bildungscharakter ein."[32] Hermann Herrigel warf Eugen Rosenstock-Huessy vor, die soziale Funktion der Bildung zu verabsolutieren, indem er den politischen Aspekt in den Mittelpunkt stelle.

Für ihn selbst ergab sich die Frage nach dem Verhältnis von Bildung und Politik zueinander überhaupt nicht sah er doch in dem gesteigerten Individualismus den Grund für die Zerrissenheit des Volkes. Eine, infolge des verlorenen Ersten Weltkrieges, sehr gängige Formel, die auch in der heutigen Zeit verstärkt Zustimmung erfährt. Darauf wird an anderer Stelle noch näher einzugehen sein.

Erwähnenswert erscheint in diesem Zusammenhang vor allem auch die Auseinandersetzung zwischen Wilhelm Flitner und Hermann Herrigel, aus der letztlich Flitner's Entwurf der "Laienbildung" hervorging. Wurde in ihm doch, im Gegensatz zur "Lebensbildung" im Sinne von Eugen Rosenstock-Huessy, der die Gemeinschaft auf der Grundlage von Naivität als nicht mehr gegeben beziehungsweise nicht wieder herstellbar ansah, die Forderung nach Überwindung der "formalen" Bildung durch die Wiederherstellung des naiven Erlebens gestellt. Wilhelm Flitner verband mit Volksbildung eine neue Lebensweise, in der er die Harmonie zweier Gegensätze zum Ausdruck kommen sah. Er sprach vom "Enthaltensein eines geistigen Lebens in dem werktätigen und gemeinen drin"[33].

Mit Hilfe seiner Laienbildung sah Wilhelm Flitner die Möglichkeit gegeben, durch die Synthese zwischen einer wissenschaftlich vermittelten "Lebensbildung" und der Gestaltung des Lebens durch angewandte, die Lebenslage einbeziehende sowie die Gemeinschaft fördernde Kunst, eine neue Einheit zu schaffen. Dabei galten ihm als Medium der Laienbildung die Gemeinschafts- und Gestaltungsformen der Jugendbewegung, jene "angewandte Kunst", wie er sie nannte, die geprägt war durch ihre unzerstörbare, zeitlose Naivität und ihre unmittelbare Gemeinschaftsbezogenheit.

Wilhelm Flitner ging bei seinen Überlegungen ebenso wie Eugen Rosenstock-Huessy von einer kulturkritischen Einstellung aus. Dabei wandten sich beide grundsätzlich auch nicht gegen einen wissenschaftlichen Rationalismus. Im Mittelpunkt ihrer Überlegungen stand eine neue Form der Bildung, eine die die konkrete Lebenssituation einbezog und dabei auf die Überwindung sozialer Gegensätze hin ausgerichtet war. Sie sahen

---

[32] Herrigel, Hermann. "Zur Kritik der idealistischen Volksbildung". AaO.. 254.
[33] Flitner, Wilhelm. Laienbildung. Langensalza: Beltz, 1921. 7.

die neue Bildung bestimmt durch einen sich vollziehenden Wandel bei den Gebildeten. Der wesentliche Unterschied in den Überlegungen der beiden zeigte sich insbesondere darin, wie die konkrete Lebenssituation jeweils analysiert wurde. Galt bei Wilhelm Flitner die "pädagogische Gemeinschaft"[34] als Hort, in dem mit Hilfe der angewandten Kunst Lebenslagen geschaffen wurden, die dem Laien die Entfaltung von Geistigkeit ermöglichten, der er Modellcharakter für die zukünftige Gesellschaft beimaß, wählte Eugen Rosenstock-Huessy im Sinne seiner "Lebensbildung" den umgekehrten Weg, indem er neue "politische Institutionen" zum Modell pädagogischen Vorgehens erklärte. Waren für Wilhelm Flitner harmonische pädagogische Gemeinschaften Ausgangspunkt für eine neue politische Gemeinschaft, bildete für Eugen Rosenstock-Huessy die Politik sowohl den Ausgangspunkt als auch den Inhalt für die neue Gesellschaft. "Sie ist getragen von der Stimme der Zeit und des Tages .... Sie entspringt nicht aus den Herzen junger Leute, nicht den Köpfen gelehrter Forscher, sie zielt wie alles politische Leben auf die Wirklichkeit des ganzen Menschen", so Eugen Rosenstock-Huessy.[35]

Eberhard Dieterich[36], der den Begriff Leben, wie er von diversen Vertretern der Volksbildung verwandt wurde, genauer hinterfragt hatte, machte als Ergebnis seiner Untersuchung auf einige sehr wesentlich erscheinende Aspekte aufmerksam, die nicht zuletzt das Verständnis von "Lebensbildung" im Sinne von Eugen Rosenstock-Huessy zu verdeutlichen vermochten.

Als von grundsätzlicher Bedeutung galt Eberhard Dieterich dabei die Feststellung, daß "Lebensbildung" eindeutig in Verbindung mit Erwachsenen gesehen wurde, also mit Menschen, die sich mitten im Leben befinden und nicht solchen, die auf das Leben vorbereitet werden sollen. Bezugnehmend auf die Aussagen von Eugen Rosenstock-Huessy: "Echte Bildung ist nichts Höheres als das Leben selbst"[37] und von Wilhelm Flitner, der die "Einheit von Bildung und Leben"[38] propagierte, verwies er darauf, daß der "gesellschaftspolitisch orientierte Lebensbegriff", "mit innerem Zwang die Volkshochschulbewegung über die Humanitätsidee hinaus (führt)"[39]. Die Idee der "Lebensbildung" im

---

[34] Flitner, Wilhelm. Laienbildung. AaO.. 18.
[35] Rosenstock, Eugen. "Laienbildung oder Volksbildung ?". Volksbildungsarchiv 8 (1921): 318-388 (388).
[36] Dieterich, Eberhard. Das Bildungsproblem der Volkshochschule. Dissertation Leipzig, 1929.
[37] Rosenstock, Eugen. "Laienbildung oder Volksbildung ?" AaO.. 384.
[38] Flitner, Wilhelm. Die Abendvolkshochschule. Entwurf ihrer Theorie. Berlin: Volks und Geist, 1924. Heft 4. 16 ff.
[39] Dieterich, Eberhard. Das Bildungsproblem der Volkshochschule. AaO.. 53.

Sinne von Eugen Rosenstock-Huessy verkörperte seines Erachtens ein politisches Bildungsideal. "Es geht ihr um die Bildung des Menschentyps, der die Sinngehalte, die sich in den wirtschaftlichen und gesellschaftlichen Wandlungen der Zeit herausarbeiten, dermaßen in sein Wollen und Wesen aufnimmt, daß er zur personhaften Verkörperung des Ringens um eine neue Gesellschaftsordnung wird." "Diese Auffassung der 'Lebensbildung' ist getragen von der Überzeugung, daß der Sinn unserer Zeit, daß die uns Heutigen gestellte, geschichtliche Aufgabe gipfelt in der Gestaltung der gesellschaftlichen Beziehungen selbst. Als 'Leben' gilt ihr der Bezirk, in den das Schicksal der Zeit zusammengedrängt erscheint."[40]

Eberhard Dieterich machte hier in Bezug auf den Begriff "Leben" im Sinne von Eugen Rosenstock-Huessy auf dessen soziale Dimension aufmerksam, wohingegen die individuelle für ihn in den Hintergrund trat. Entsprechend sah er die "Lebensbildung" nicht allein begründet durch eine zu bewältigende Notsituation, sondern auch durch die mit sozialen Gebilden verbundenen "Sinngehalte, denen der Mensch begegnet in den praktischen Lebensbeziehungen, in die ihn seine gesellschaftliche Welt hineinstellt"[41].

Im Sinne von Eugen Rosenstock-Huessy unterlagen diese Sinngehalte den "natürlichen" Gesetzen des Volkslebens, die es durch die "Lebensbildung" zu erkennen sowie zu realisieren galt.

Eberhard Dieterich kritisierte in diesem Zusammenhang vor allem den von Eugen Rosenstock-Huessy erhobenen Anspruch der Allgemeingültigkeit dieser Deutung sowie die hierauf beruhenden Bildungsinhalte. Denn, so Eberhard Dieterich, obgleich sich Eugen Rosenstock-Huessy bemühte, bei seinen Überlegungen die Weltanschauung außen vor zu lassen, war seine politische Bildungskonzeption doch geprägt durch das Gesellschaftsideal des "Industrievolkes".

Davon unabhängig zeigte sich jedoch auch bei Eberhard Dieterich die grundsätzliche Tendenz, "Lebensbildung" ganz bewußt, als von den politischen sowie den sozialen Gegebenheiten ausgehend zu verstehen und darauf aufbauend, die Bildung für Erwachsene zu entwickeln.

In diesem Kontext stand auch die "existentielle Bildung" im Sinne von Emil Blum. Kam er doch im Rahmen seiner Arbeit, die Entwicklung der deutschen "Erwachsenenbildung" in der Weimarer Republik vor Augen, zu dem Ergebnis, daß den diversen Bil-

---

[40] Dieterich, Eberhard. Das Bildungsproblem der Volkshochschule. AaO.. 59.
[41] Dieterich, Eberhard. Das Bildungsproblem der Volkshochschule. AaO.. 61.

dungsentwürfen die "auf Rettung der totalen Existenz gerichtete Intention" gemeinsam sei. In seinen Ausführungen wurde dabei vor allem auch sein Bezug zu Eugen Rosenstock-Huessy's, durch die erlebte Notsituation geprägte, Bildungskonzeption deutlich. Verwies er doch darauf: "(Die) existentielle Bildung geht aus von der Bedrohtheit menschlichen Daseins und sucht es zu bewältigen."[42] Der Begriff der "Existenz", der bei Emil Blum für die Leiblichkeit, die geschichtliche Bedingtheit und die Verantwortlichkeit des Menschen stand, kann dabei durchaus als mit dem Begriff Leben im Rahmen der angesprochenen "Lebensbildung" vergleichbar angesehen werden. Die "Lebenstiefe", die bei Emil Blum, aus seinem religiösen Verständnis heraus, im Rahmen seiner "existentiellen Bildung" zum Ausdruck kam, fand sich zwar so nicht allgemein bei den Vertretern der "Lebensbildung", beider Bezug offenbarte sich jedoch eindeutig in der zugrunde liegenden Motivation, die etwa bei Eugen Rosenstock-Huessy durch die Begriffe "Volkspolitik" und "Volkswissenschaft" sowie bei Emil Blum als "realer Humanismus" ihre Ausprägung erfuhren. In diesem Zusammenhang sprach Emil Blum "in Erkenntnis der vorliegenden Notlage ..."[43], von "Lebensmeisterung". Dabei galt ihm die Arbeiterbildung im Sinne einer "existentiellen Bildung" als Inbegriff der Bildungsarbeit für Erwachsene.

Demgegenüber verwies Eugen Rosenstock-Huessy darauf, daß die Bildungsarbeit alle Erwachsenen einbeziehen müsse, habe der Krieg doch alle Teile der Bevölkerung in eine (Not-)Situation gebracht, aus der es sie herauszuführen gilt.

Vor dem Hintergrund dieser Forderung kam dann auch wieder die Besonderheit der Eugen Rosenstock-Huessy'schen Bildungskonzeption zum Ausdruck, die von ihm als Antwort auf die Herausforderung des gesamten Volkes verstanden wurde, dem im Leben stehenden Erwachsenen zu Bildung zu verhelfen. Die unter dem Oberbegriff der neuen Bildung von Eugen Rosenstock-Huessy, im Verlauf seiner Beschäftigung mit der Thematik, gebrauchten Begriffe der "Lebensbildung", der Volksbildung sowie der Erwachsenenbildung standen dabei letztlich für eine Entwicklung, die er ausgehend von der Volksbildung, als eine Bildung für das "ungebildete Volk", hin zur Erwachsenenbildung, im Sinne einer alle Schichten betreffenden Aufgabe, unter dem Gesichtspunkt der "Lebensbildung" verstand.

An dieser Stelle sei auch auf den Hinweis von Erich Weniger aufmerksam gemacht, der

---

[42] Blum, Emil. "Arbeiterbildung als existenzielle Bildung". AaO.. 7.
[43] Blum, Emil. "Arbeiterbildung als existenzielle Bildung". AaO.. 9.

mit Blick auf die genannte Entwicklung auf die daraus resultierende Erkenntnis verwies, "daß dem Erwachsenen auf Grund seiner Lebenserfahrung noch eine besondere Art von Bildsamkeit geschenkt wird, wie sie vorher in der Jugend noch nicht vorhanden war"[44].

4.2.2 "Betrieb" und "Betriebspolitik"

Die bisherigen Ausführungen zur "Lebensbildung" zielten vor allem darauf, die unterschiedlichen mit dem Begriff "Lebensbildung" verbundenen Intentionen aufzuzeigen, und damit gleichzeitig Eugen Rosenstock-Huessy's Verständnis von "Lebensbildung" zu verdeutlichen.

Davon ausgehend, daß das Leben des Menschen vor allem durch seine Arbeit bestimmt wird, wandte sich Eugen Rosenstock-Huessy der betrieblichen Ebene zu, um der sich infolge des Ersten Weltkrieges einstellenden gesellschafts- sowie wirtschaftspolitischen "Notsituation", die in ihren Auswirkungen den Menschen unmittelbar bei seiner Arbeit im "Betrieb" traf, zu begegnen. Dabei sah er vor allem die "Betriebspolitik" gefordert. Dies mit Blick darauf, es dem arbeitenden Menschen zu ermöglichen, die ihm innewohnenden Fähigkeiten und Bedürfnisse zu erkennen und ihnen gerecht zu werden; mithin die Voraussetzungen zu schaffen, "Lebensbildung" zu erfahren.

Deutlich kam das in seinem Vortrag "Erwachsenenbildung und Betriebspolitik" zum Ausdruck, den er als Vertreter der "Deutschen Schule für Volksforschung und Erwachsenenbildung" im Rahmen eines Symposiums des Forschungsinstituts für Sozialwissenschaften an der Universität in Köln hielt.[45]

Ausgangspunkt seines Vortrags war dabei die Frage nach neuen Querverbindungen innerhalb des gesellschaftlichen Ganzen, die er dadurch gegeben sah, daß "die alte Einstellung: hier der Akademiker, dort das Militär, hier das Heer und der Staat und dort die Bildung und die Wissenschaft ...", nicht mehr vorlag, daß auch vom "Gegensatz: hier Fabrik, Unternehmer, Kapital, dort Arbeiter, Arbeiterbewegung, Klassenkampf" nicht mehr im ursprünglichen Sinne gesprochen werden konnte. Vielmehr, so Eugen Rosenstock-Huessy, zeige sich eine neue Querverbindung zwischen dem "Erwachsenen ... in unserem gesellschaftlichen Ganzen (einerseits) und dem Betrieb andererseits und ihrem

---

[44] Weniger, Erich. "Volksbildung im Lichte der Soziologie und Pädagogik". Bücherei und Bildung 8 (1955): 413-420 (415).
[45] Rosenstock, Eugen. "Erwachsenenbildung und Betriebspolitik". AaO.. 135-150.

Verhältnis zueinander".[46]

Vor diesem Hintergrund bildete die Beschäftigung mit dem "Betrieb" beziehungsweise der "Betriebspolitik" einen Schwerpunkt seines Vortrags, in dessen Rahmen er als wesentlich erkannte betriebliche Aspekte ansprach, die sich auch heute in der Diskussion um eine als notwendig erachtete "Bildung des Erwachsenen" wiederfinden.

Den Ansatzpunkt seiner Überlegungen bildete dabei Paragraph 78 Betriebsrätegesetz, in dem sich die Richtlinien fanden, "daß bei der Einstellung in den Betrieb die Rücksicht auf die Konfession, die Zugehörigkeit zum Kriegsverein, die politische Seite, die Zugehörigkeit zu einem der beiden Geschlechter keine Rolle spielen darf". Es galt mithin als Ideal, im Sinne der am Arbeitsprozeß beteiligten Parteien, den "Betrieb" von den genannten Überbauten, Mächten und Kräften freizuhalten. Die "ungeheure Abstinenz", wie Eugen Rosenstock-Huessy sie nannte, die "von jedem Menschen um seiner eigenen Würde willen gefordert werden muß"[47], bildete dabei die Grundlage für den seines Erachtens dem "Betrieb", aber auch der Arbeitswelt insgesamt, zukommenden Stellenwert, vor allem im Hinblick auf den ihnen innewohnenden Bildungsbedarf.

Seine Ausführungen zum "Betrieb", vor allem auch zu seinem Stellenwert innerhalb des Unternehmens, gewinnen dabei, mit Blick auf eine Erhöhung der Effektivität, aber auch der Qualität menschlicher Arbeitskraft, unter Einbeziehung bildungspolitischer Maßnahmen, heute (wieder) eine besondere Bedeutung; sieht sich doch die an einer florierenden Wirtschaft orientierte Gesellschaft einem massiven Strukturwandel unterworfen, dem es Rechnung zu tragen gilt. Eugen Rosenstock-Huessy machte deutlich, daß der "Betrieb", als Ort des Arbeitsprozesses, der Arbeitskraft, den Zielen des Unternehmens untergeordnet sei, als solcher aufgebaut, verlegt, geschlossen werden könne; mithin "ausschließlich Mittel zum Zweck (sei)". Dies vor allem im Hinblick darauf, daß sich das Unternehmen, gemäß dem Wesen der Wirtschaft, am Markt, behaupten muß.

Unter Zuhilfenahme der beiden heute wieder aktuellen Begriffe "Unternehmenspolitik" und "Betriebspolitik" läßt sich das auch folgendermaßen formulieren: "Der 'Unternehmenspolitik', als Reaktion auf die Anforderungen des Marktes, wohnt inne, durch eine entsprechende 'Betriebspolitik' die Voraussetzungen für die Existenzberechtigung der 'Betriebe', mithin die Arbeitsstätten vor Ort, zu schaffen."

Vor diesem Hintergrund sprach Eugen Rosenstock-Huessy neben der noch fehlenden, für betriebliche Veränderungen erforderliche, Elastizität der Betriebswirtschaft, vor al-

---

[46] Rosenstock, Eugen. "Erwachsenenbildung und Betriebspolitik". AaO.. 137 f..
[47] Rosenstock, Eugen. "Erwachsenenbildung und Betriebspolitik". AaO.. 141.

lem die mangelnde Wandlungs- und Anpassungsfähigkeit der "Betriebe", hinsichtlich neu sich stellender Aufgaben, an. Diese Erkenntnisse vor Augen gewann für Eugen Rosenstock-Huessy die "Betriebspolitik" eine besondere Bedeutung; sah er doch durch sie die Möglichkeit geboten, den Bedürfnissen der arbeitenden Menschen gerecht zu werden und damit gleichzeitig den Anforderungen an die "Betriebe" zu genügen.

Eugen Rosenstock-Huessy's Begriff der "Betriebspolitik" lag die Annahme zugrunde, daß der "Betrieb", als Platz an dem der Mensch arbeitet, der "Flüchtigkeit und der Vergänglichkeit" unterliege. Als wesentliche Aufgabe des "Betriebes" galt es ihm entsprechend, dem Menschen "die Hingabe an die Arbeit, an diesen Platz (zu) ermöglichen, obwohl die Arbeit sich wandelt und obwohl der Platz vergänglich ist".[48] Dabei kam seines Erachtens dem Erhalt sowie der Festigung des Vertrauens beim Menschen im "Betrieb" ein besonderer Stellenwert zu, sah er doch dadurch die Voraussetzung dafür gegeben, daß der einzelne sich bereit findet, bei seiner Arbeit vor Ort, nicht nur das Äußerste zu geben, sondern auch flexibel zu reagieren. Der vom "Betrieb" zu schaffenden beziehungsweise aufrechtzuerhaltenden "rückwertigen Verbindung", wie er sie nannte, maß er in diesem Zusammenhang eine besondere Bedeutung bei. Sie sollte den Bezug zu einer Welt des Menschen schaffen, die geprägt durch Vertrauen und Beständigkeit ein Rückzugsgebiet darstellt, aus dem heraus die Bereitschaft erwächst, für den "Betrieb" in seiner Unbeständigkeit das Äußerste zu geben.

"Betriebspolitik", die sowohl den Belangen des Erwachsenen als auch denen des "Betriebes" Rechnung trägt, sah Eugen Rosenstock-Huessy als Forderung der Zeit. Entsprechend galt es ihm als vorrangig zu verfolgendes Ziel der "Betriebspolitik", den im Betrieb Tätigen die Möglichkeit einer Einbindung in den "Betrieb" zu bieten, dabei eine Welt des Vertrauens zu schaffen, die dem einzelnen das Gefühl vermittelt, sich seiner Lebensbedürfnisse gemäß verstanden zu wissen. Um dieses Ziel zu erreichen, erschien es ihm als unabdingbar, dem Erwachsenen einen dauerhaften geistigen Raum zu belassen beziehungsweise zu eröffnen, indem durch Bildung Bezüge zueinander aufgebaut wurden sowie Anforderungen des "Betriebes" Berücksichtigung fanden. Die Bildung Erwachsener auf geistiger Ebene wurde von ihm zur vorrangigen Aufgabe der "Betriebspolitik" erklärt.

Indem Eugen Rosenstock-Huessy die Notwendigkeit einer Querverbindung zwischen Erwachsenenbildung einerseits und "Betriebspolitik" andererseits im konkreten Zusam-

---

[48] Rosenstock, Eugen. "Erwachsenenbildung und Betriebspolitik". AaO.. 142.

menhang mit den gesellschaftlichen sowie wirtschaftlichen Gegebenheiten zu verdeutlichen suchte, nahm er sich eines Problems an, das heute im Rahmen der Frage "nach den im Betrieb benötigten Arbeitskräften" in verstärktem Maße zur Diskussion steht. Seine Ausführungen beziehungsweise Überlegungen zur Thematik erscheinen dabei um so interessanter, als sie, ausgehend von den von ihm erkannten Ursachen, Lösungsansätze bieten sowie markante Gesichtspunkte ins Blickfeld rücken.

Eugen Rosenstock-Huessy nahm sich im Rahmen seiner Überlegungen des "Betriebes" an, wie er sich ihm, vor dem Hintergrund der konkreten gesellschaftlichen beziehungsweise wirtschaftlichen Gegebenheiten darstellte, nämlich einerseits als Teil des Unternehmens, andererseits als Arbeitsstätte des Menschen, die sich, durch unterschiedliche Interessen bestimmt, gegenüberstanden. Sie waren es, denen er mit Hilfe seiner "Betriebspolitik" Rechnung zu tragen suchte. Den "Betrieb", als Teil des Unternehmens, sah er als Mittel zum Zweck, nämlich der Erzielung von Gewinn. Damit unterlag der "Betrieb" zwangsläufig der steten Gefahr, aufgelöst beziehungsweise umgestaltet zu werden. Er war abhängig von der ökonomischen Entwicklung, die sich am Markt abzeichnete beziehungsweise von der Reaktion der Unternehmerseite. Dem im "Betrieb" arbeitenden Menschen, so Eugen Rosenstock-Huessy, kam vor diesem Hintergrund die Funktion eines "bloßen" Sachbearbeiters zu, dessen Arbeitseinsatz, sowohl hinsichtlich des Einsatzortes als auch der geforderten (Neu- sowie Weiter-) Qualifikation, den angesprochenen Unternehmensinteressen unterlag. Dadurch sah er den Arbeitenden vor Ort der Beständigkeit und des Vertrauens in seine Arbeit beraubt; mit dem in den "Betrieben" erkennbaren Ergebnis, daß die Bereitschaft des Menschen, seine optimale Arbeitsleistung im beziehungsweise für den "Betrieb" zu erbringen, gegen Null tendierte. Eugen Rosenstock-Huessy sprach in diesem Zusammenhang vom verlorengegangenen "Gesetz der Nachfolge". Mit diesem Begriff verband sich für ihn der "Betrieb" als altes Haus, in dem "jeder einen bestimmten Menschen an seinem Platz ablöste und einem bestimmten Menschen seine Arbeit wieder übergab; infolgedessen er die Möglichkeit hatte, mit diesen beiden Menschen zusammenzuwachsen und zu ihnen in die persönliche Beziehung zu treten ..."[49]. Der "Betrieb", der dies, aufgrund seiner durch Unternehmensinteressen bestimmten Flexibilität, nicht mehr zu gewährleisten vermochte, ließ mithin eine Gemeinschaft der Menschen, in ihrem Arbeitsleben, in der Verfolgung ihres Arbeitszieles nicht mehr zu.

---

[49] Rosenstock, Eugen. "Erwachsenenbildung und Betriebspolitik". AaO.. 145.

Konkretisiert auf die Nachfolge im Beruf verwies Eugen Rosenstock-Huessy darauf, daß der Beruf, wie er ursprünglich verstanden wurde, nämlich bestimmt zum einen dadurch, daß der einzelne eine Funktion inne hat, zum anderen, daß er sie übernehmen und weitergeben kann, im durch Wandlungsfähigkeit bestimmten "Betrieb", keinen Bestand mehr hat. Die Anerkennung seiner Tätigkeit, die der einzelne in der Gemeinschaft mit seinem Vorgänger beziehungsweise Nachfolger vor Ort erfuhr, die sein Verhalten, seine Leistungsbereitschaft bestimmte, ging verloren. Hier, so Eugen Rosenstock-Huessy, vermag nur der "Auftrag aus der Gruppe der Verschiedenartigen" bei der Arbeit vor Ort, durch die dem einzelnen eine Funktion zugewiesen wird, diesem Anerkennung zu verschaffen. Er verwies darauf, daß "dieses Hervorgehen aus einer Gruppe und dieser Auftrag zum Werk, zu der Einzelaufgabe, (das zu sein scheint,) was zur einzelnen Tätigkeit im Betrieb hinzukommen muß, um den Menschen zu befrieden ..."[50]. Für Eugen Rosenstock-Huessy ergab sich daraus die Notwendigkeit einer "Betriebspolitik", die die Voraussetzungen schafft, um die Gruppe der Arbeitenden im "Betrieb" mit Blick auf den einzelnen zu fördern, und damit gleichzeitig deren optimale Leistungsbereitschaft zu gewährleisten.

Eugen Rosenstock-Huessy machte einmal mehr deutlich, daß der Mensch als Individuum für ihn im Mittelpunkt stand. Entsprechend bedeutete für ihn ein Eingehen auf den Menschen und auf seine ihm innewohnenden Bedürfnisse und Interessen, den Boden zu bereiten für dessen Bereitschaft zur Leistung, zur Flexibilität bei seiner Arbeit auf betrieblicher Ebene. Dies nicht zuletzt vor dem Hintergrund der Anforderungen, die von Seiten der "Marktes" an das Unternehmen gestellt wurden beziehungsweise der die nationale Volkswirtschaft auf internationaler Ebene unterlagen.

Die Beschäftigung mit dem den Menschen bestimmenden Bedürfnis nach Anerkennung, galt ihm dabei als vorrangig zu verfolgendes Ziel. Anerkennung, die er erfuhr aus, dem ihm zugestandenen selbständigen beziehungsweise eigenverantwortlichen Arbeiten, den Funktionen, die ihm von Seiten der Kollegen oder aus der Gruppe heraus übertragen wurden. Hier sah er die "Betriebspolitik" gefordert, die entsprechenden Voraussetzungen zu schaffen.

Das bedeutete für Eugen Rosenstock-Huessy konkret, "Lebensbildung" auf betrieblicher Ebene zu ermöglichen. Das hieß für ihn, den Boden für eine geistige Auseinandersetzung, vor dem Hintergrund der konkreten Situation, zu bereiten, um soziale Gegen-

---

[50] Rosenstock, Eugen. "Erwachsenenbildung und Betriebspolitik". AaO.. 147.

sätze im "Betrieb" zu überwinden.

Der Gruppe kam dabei seines Erachtens die besondere Bedeutung zu, für die verschiedenen in den "Betrieben" Arbeitenden zu einem Ort ihres Vertrauens zu werden. Als solche galten ihm innerhalb der "Betriebe" Arbeitsgruppen, denen die Möglichkeit geboten wurde, eigenverantwortlich zu arbeiten,[51] außerhalb der "Betriebe" (Arbeits-) Gruppen, die sich in Freizeiten, Begegnungen, Arbeitslagern zusammenfanden.[52]

Dabei sah Eugen Rosenstock-Huessy die Aufgabe sowie das Ziel der Gruppen vor allem darin, daß sie den einzelnen in seinem Wesen stärkt, daraus resultierend, "dem einzelnen direkt oder indirekt den Auftrag zuteilt: Jetzt bist du reif, auf dieser Stufe zu wirken".

Als von besonderer Bedeutung sprach er den vom "Betrieb" zu leistenden Beitrag an, nämlich, "die Kraft zum Wechsel von seinen Leuten zu verlangen", indem er ihnen die Gelegenheit bietet, sich auf ihrer Altersstufe die Fähigkeiten anzueignen, einen ihnen besser zusagenden Auftrag zu übernehmen. Entsprechend, so Eugen Rosenstock-Huessy, "muß er sie freigeben, für eine Zeit, in der sie wieder ... ihres Lebenslaufes Herr werden können".[53]

Die Politik, zu der Eugen Rosenstock-Huessy die "Betriebe" berufen sah, stellte sich mithin als "Betriebliche Erwachsenenbildung" im Sinne von "Lebensbildung" dar, durch die es den erkannten Bedürfnissen der arbeitenden Menschen vor Ort, aber auch den Erfordernissen der "Betriebe" gerecht zu werden galt.

Im folgenden soll nunmehr auf die von Eugen Rosenstock-Huessy in diesem Zusammenhang angestellten Überlegungen sowie seine Ansätze zur Verwirklichung einer "Betrieblichen Erwachsenenbildung" in der Praxis vor Ort eingegangen werden, um in diesem Zusammenhang den Bezug aufzuzeigen zu heute wieder aktuellen Ansätzen.

---

[51] Darauf wird im folgenden im Rahmen der Erörterung der Voraussetzungen und Merkmale einer "Betrieblichen Erwachsenenbildung" näher einzugehen sein.
[52] Auf sie wird im folgenden noch näher einzugehen sein.
[53] Rosenstock, Eugen. "Erwachsenenbildung und Betriebspolitik". AaO.. 147.

4.3 Ansätze und Perspektiven "Betrieblicher Erwachsenenbildung" in der Praxis vor Ort

Eugen Rosenstock-Huessy's Überlegungen hinsichtlich einer "Betrieblichen Erwachsenenbildung" wurden bestimmt durch seine Beobachtung, daß die "moderne Industrie" dem Arbeiter am Arbeitsplatz kaum noch Lebensraum beläßt, daß der Arbeitsraum für den Menschen als Raum zur Selbstverwirklichung immer mehr verloren geht. Er verwies auf die "moderne" Arbeitsordnung, als einem "in sich selbständigen Gefüge von räumlichen Anordnungen und zeitlichen Abfolgen"[54]; in der eine versachlichte Arbeit zum Ausdruck kam, die sich, als herausgetrennt aus der übrigen Zeit sowie dem übrigen Raum, als objektiviert und unpersönlich darstellte. Im Gegensatz zu den vorindustriellen Zeiten, sah er die Sphäre der Arbeit einem persönlichen "Ichraum" entrückt, mithin das "Ich" gezwungen, sich einen anderen Bereich der Entfaltung zu suchen.

Wenngleich Eugen Rosenstock-Huessy als entsprechende Bereiche die Freizeit und die Muse benannte, maß er in seinen Überlegungen der Neuorientierung bei der Arbeit, die er vor allem im Raum-Zeit-System der Arbeitsordnung zum Ausdruck kommen sah, eine gewichtige Rolle bei. Verwies er doch darauf, "gesucht werden ... diejenigen Zeit- und Raumeinheiten für die Arbeit, die geeignet sind, die eigentümlich menschlichen Qualitäten der Wirtschaftsmenschen, nämlich ihr Verantwortungsgefühl, aufs höchste zu steigern"[55]. Die Erfüllung der Arbeit mit persönlichem Wert wurde zum bestimmenden Faktor in seinen Überlegungen.

Welche Bedeutung Eugen Rosenstock-Huessy der Freizeit und der Arbeit, jeweils als Ort der Entfaltung beziehungsweise der Selbstverwirklichung des Menschen, beimaß, wurde in Äußerungen deutlich, wie: "Weil wir arbeiten, um zu leben, deshalb haben wir unser 'eigentliches' Leben, unser 'eigenes' Leben hinter der Arbeit und außerhalb der Arbeit in unserer Freizeit .... Dort blüht uns dann ein zweites menschenwürdiges Leben auf..., ein Leben, welches uns der Arbeitsraum vorenthält"[56]. Entsprechend stellte sich ihm der Mensch außerhalb der Arbeitswelt als frei, in seiner Rolle als Konsument, dar, konnte er doch selbständig Entscheidungen treffen. Neben dieser "Verbraucherhälfte", wie Eugen Rosenstock-Huessy sie nannte, verwies er aber auch auf die "Sklavenhälfte" des Menschen, die sich bei seiner Arbeit vor Ort offenbare. Ihre Befreiung sah er, über

---

[54] Rosenstock, Eugen. "Die seelischen Wirkungen der modernen Arbeitsordnung". AaO.. 26.
[55] Rosenstock, Eugen. "Werkstattkommandite". AaO.. 615.
[56] Rosenstock, Eugen. "Werkstattaussiedlung". AaO.. 6.

den Weg der "Individualisierung der Arbeit", wie er es nannte, geboten. Dies mit dem Hinweis darauf, daß "der Geist des Menschen ... nicht nachts oder nach Feierabend, ...(sondern) allein bei seiner Arbeit (schöpferisch tätig ist)"[57]. Die persönlichen Werte der Arbeit im Auge, suchte Eugen Rosenstock-Huessy diesen, sowohl in der theoretischen Auseinandersetzung als auch in der Praxis vor Ort, gerecht zu werden. Dabei vermögen vor allem seine Überlegungen zur Notwendigkeit der "Schaffung einer veränderten Betriebsstruktur", in seiner Publikation "Werkstattaussiedlung", seine Vorstellungen zur "Ausbildung des 'Ausbilders'" sowie die Art und Weise der "Nutzung von Kommunikationsmitteln auf betrieblicher Ebene" einen Eindruck von der Herangehensweise an die erkannte Problematik zu vermitteln. Dies nicht zuletzt vor dem Hintergrund, daß in Eugen Rosenstock-Huessy's Denken und Handeln die Voraussetzungen sowie die Merkmale einer "Betrieblichen Erwachsenenbildung" angelegt waren beziehungsweise durch die die Grundlage geschaffen wurde für eine praktische Umsetzung von Erwachsenenbildung im Betrieb, der nicht zuletzt in der heutigen Zeit eine neue Qualität zukommt.

4.3.1 Schaffung einer veränderten Betriebsstruktur

Mit Blick auf die Überlegungen von Eugen Rosenstock-Huessy zur "Möglichkeit des Wandels in der Betriebsstruktur", soll nunmehr näher auf seine Beschäftigung mit dem Menschen sowie dessen Arbeit, vor Ort in der Gruppe, eingegangen werden. Eugen Rosenstock-Huessy sprach in diesem Zusammenhang von einer Fortsetzung der Untersuchung über den Lebensraum des Industriearbeiters, durch dessen Betrachtung dem Arbeitenden vor Ort die gegenwärtige Lage in Fabrik und Betrieb dienstbar gemacht wurde. Daraus ergaben sich seines Erachtens drei Ansprüche, denen es Rechnung zu tragen galt. Er nannte, neben "Zeit und Raum, ... der menschlichen Arbeit, die der Erfassung und Regelung bedürfen"; "das Leben des einzelnen Arbeiters, das einen sinngemäßen Aufbau verlangt"; sowie "den Nachwuchs, die Nachfolge in den Arbeitsplatz, die eine dauerhafte, für mehr als ein Menschenalter Ordnung verheißende Regelung fordert".[58] Diese von Eugen Rosenstock-Huessy formulierten Ansprüche bildeten letztlich die Grundlage für seine Konzeption der "Werkstattaussiedlung", die vor allem durch eine Veränderung der Betriebsstruktur bestimmt waren. In seiner Auseinandersetzung mit

---

[57] Rosenstock, Eugen. "Werkstattaussiedlung". AaO.. 240.
[58] Rosenstock, Eugen. "Werkstattaussiedlung". AaO.. 154.

dieser Thematik sprach er fortan von der "Raumfrage", der "Lebensfrage" und der "Vererbungsfrage", die es zu lösen galt. Indem Eugen Rosenstock-Huessy näher auf die vor Ort anzutreffenden Formen des industriellen Kleinbetriebs, des Großbetriebs sowie der Genossenschaft einging, machte er deutlich, daß bezogen auf die angesprochenen Fragen, jede dieser Formen zumindest eine teilweise Lösung ermöglicht. Entsprechend verwies er darauf, daß die Frage des Lebensraumes sich an kleineren Standorten der Industrie, typischerweise im ländlichen Bereich, als in gewissem Rahmen befriedigend gelöst darstellt. Bot doch das Umfeld, das er geprägt sah durch ein "individuelles Leben auf dem Lande", dem Arbeitenden, zumindest außerhalb der Arbeit die Möglichkeit, zu sich selbst zu finden. Wohingegen er die zu lösenden Aufgaben während der Arbeit als durchaus der nur mechanischen des Großbetriebs entsprechend ansah, die den Bedürfnissen beziehungsweise dem Leistungsinteresse des Arbeitenden zuwiderläuft.

Auf einen eindeutigen Vorzug der Großbetriebe machte er mit Blick auf deren Einrichtung und Bereithaltung von Werkschulen und Werkstätten, aufmerksam. Boten sie doch die Möglichkeit, den Nachwuchs den erforderlichen Anforderungen gemäß zu qualifizieren, und somit letztlich die Regelung der Nachfolge am Arbeitsplatz zu gewährleisten.

Die zentrale Frage jedoch sah Eugen Rosenstock-Huessy in der, seit Mitte des 19. bis Anfang des 20. Jahrhunderts, verstärkt geführten Diskussion über die Gründung von Genossenschaften angesprochen. Wobei er insbesondere die Form der Produktivgenossenschaft im Auge hatte. Die, hervorgegangen aus der sich seit Mitte des 19. Jahrhunderts verstärkt fortsetzenden Industrialisierung, als Möglichkeit propagiert wurde, um der auf die Lohnabhängigkeit zurückgeführten Verelendung der Arbeiter entgegenzuwirken.

Dabei standen vor allem die der Produktivgenossenschaft zugeschriebenen Möglichkeiten beziehungsweise die durch sie zu übernehmenden Aufgaben für das im Sinne von Eugen Rosenstock-Huessy zu verfolgende Ziel, den Menschen als solchen zu akzeptieren. Wohnte doch der Produktivgenossenschaft die Intention inne, dem Arbeiter, seinen Bedürfnissen und Fähigkeiten entsprechend, Selbsthilfe, verbunden mit Selbstverantwortung und Selbstverwaltung sowie Eigeninitiative zuzugestehen und ihn bei seinem aktiven Einsatz zu unterstützen beziehungsweise entsprechende Aktivitäten zu fördern.

Eugen Rosenstock-Huessy sprach von dem Bestreben, "dem Arbeiter eine Lebensaufgabe zu stellen, aus ihm einen selbständigen Mann und Lebenskämpfer zu machen und

ihm damit das wiederzugeben, was ihm der Fabriksaal zu rauben droht"[59].
Die Produktivgenossenschaft als Unternehmensform bot, im Sinne ihrer Befürworter, letztlich die Möglichkeit für den Arbeiter, als eigener Herr aufzutreten, damit weder ausgebeutet noch beherrscht zu werden.[60]
Eugen Rosenstock-Huessy versäumte in diesem Zusammenhang nicht, darauf hinzuweisen, daß er die Produktivgenossenschaft, unabhängig von den durch die verschiedenen politischen Richtungen geprägten Varianten, in der Praxis eines Wirtschaftssystems nicht für "überlebensfähig" hielt, wobei er insbesondere auf die ihr innewohnende Führungslosigkeit aufmerksam machte.[61]
Sein Interesse ging vor diesem Hintergrund dahin, die im Zusammenhang mit der Unternehmensform der Produktivgenossenschaft geführte Diskussion aufzunehmen, um seine Überlegungen beziehungsweise seine Überzeugung vom durch Fähigkeiten und Bedürfnissen bestimmten Menschen, durch die er die Auseinandersetzung um die Produktivgenossenschaft bestimmt sah, zu fördern. Dies nicht zuletzt mit Blick auf die Beantwortung der Frage, "wie kann das Arbeiten vor Ort, sowohl durch den Menschen in seinem, als auch im Sinne des Unternehmens optimiert werden, welcher Maßnahmen bedarf es hierfür".
Damit wandte sich Eugen Rosenstock-Huessy einer Frage zu, deren Beantwortung heute, insbesondere unter dem Begriff der Produktivitätssteigerung, diskutiert wird. Dies vor allem mit Blick darauf, die Wettbewerbsfähigkeit der Unternehmen sowohl auf dem nationalen als auch auf dem internationalen Markt zu gewährleisten beziehungsweise zu sichern.
Eugen Rosenstock-Huessy's Hinweise, daß "der technische Ehrgeiz, die wirtschaftliche Höchstleistung, ohne die aller industrielle Neubau gerade heute ein Verbrechen ist, (fehlt)"; daß die Gefahr technischer Verlotterung oder doch Stagnation, begünstigt durch geringen Überblick und beschränkte Bewegungsfähigkeit besteht; daß Bürokratisierung in einem erschreckenden Maß vorliegt, die zu einer Belastung der Unternehmen führt; daß dem Drang sowie dem Zwang zur räumlichen Konzentration, die Schaffung von gemeinsamen einheitlichen Zentralen in Großunternehmen innewohnt; schließlich

---

[59] Rosenstock, Eugen. "Werkstattaussiedlung". AaO.. 156.
[60] Zur Unternehmensform der Produktivgenossenschaft und der ihr von Vertretern der unterschiedlichen politischen Couleur beigemessenen Bedeutung: Manz, Werner Justus. "Die Erwachsenenbildung und ihr Verhältnis zur 'Selbstverwalteten Arbeit' in der Weimarer Republik". (Masch.-schr.) Diplomarbeit. Oldenburg, 1988. 26-34.
[61] Rosenstock, Eugen. "Werkstattaussiedlung". AaO.. 156 f..

daß die Kosten durch den Verschleiß der Maschinen vor Ort aufgrund unsachgemäßen Ausnutzens und Behandelns sowie durch das Verschleudern von Betriebsstoffen und das Entwenden von Werkzeugen enorm steigen,[62] lassen dabei deutlich den Bezug erkennen, zu heute (wieder) aktuellen Problemen, die es zu lösen gilt.

Vor diesem Hintergrund gewinnt Eugen Rosenstock-Huessy's Ansatz, die Betriebsstruktur zu ändern, nicht nur im Hinblick auf die damit verbundenen Überlegungen Bedeutung, sondern bietet mit Blick auf die heute in diesem Zusammenhang stattfindende Diskussion sowie die praktische Umsetzung vor Ort die Möglichkeit, nicht nur Übereinstimmungen in den Überlegungen festzustellen sondern auch interessant erscheinende Gedanken von Eugen Rosenstock-Huessy aufzunehmen beziehungsweise sie mit Blick auf die Bewältigung aktueller Probleme zu nutzen.

Im Rahmen seiner Überlegungen zur Änderung der Betriebsstruktur gewann für Eugen Rosenstock-Huessy der Gedanke der "Dezentralisierung" eine besondere Bedeutung. Wobei er unter "Dezentralisierung" die Schaffung von Arbeitsbereichen verstand, die den arbeitenden Menschen die Möglichkeit eröffnen sollte, ihre "edelsten Arbeitsenergien" zu entfalten.

In diesem Zusammenhang wurde vor allem die kritische Auseinandersetzung von Gustav Frenz mit dem "Taylor-System", bestimmend für seine Überlegungen.[63] Zeigte Gustav Frenz doch die Grenzen auf, der die von Frederick Winslow Taylor propagierte Steigerung der Produktivität menschlicher Arbeit unterliegt. So verwies er, die Wirtschaftlichkeit, als angestrebtes Ziel eines jeden Wirtschaftsbetriebs im Auge, darauf, daß zwar durch die mit Hilfe von Zeit- und Bewegungsstudien erkennbar gemachte Arbeit, die Möglichkeit eröffnet wird, sie mit geringstem Aufwand an Kraft und Zeit auszuführen, dabei, dem Bedarf entsprechend, die benötigten "Werkzeuge" zu entwickeln und sie zur Verfügung zu stellen, daß jedoch die Reduzierung von Kosten im Großbetrieb vor allem durch die Aufteilung in kleinere Einheiten von Arbeitern zu erreichen ist. Als mit der Praxis vor Ort vertraut, schrieb Gustav Frenz entsprechend: "Man begegnet nun oft der Ansicht, ... daß die Anfertigung solcher Massenteile in großen Werken rationeller und billiger erfolgt als in kleinen Fabriken. Diese Ansicht ist jedoch durchaus irrig ... Selbst wenn ein großes Werk sich technisch besser einrichten kann als ein kleines, so werden die Kosten für die Zentralverwaltung doch größer sein als die in der

---

[62] Dazu ausführlich: Rosenstock, Eugen. "Werkstattaussiedlung". AaO.. 152 ff. (157).
[63] Frenz, Gustav. Kritik des Taylor-Systems. Berlin, 1920.

Werkstatt erzielten Ersparnisse ...."[64]
Wenngleich Eugen Rosenstock-Huessy das Kostenargument insbesondere für den Techniker als durchaus verlockend ansah, um den Großbetrieb in Filialen mit einigen hundert Arbeitern zu zerlegen und sie durch einen Leiter selbst verantwortlich führen zu lassen, verwies er darauf, daß daneben noch etwas entscheidendes hinzukommen müsse. Er nannte es "die Stoßkraft eines inneren Entwicklungstriebes, der aus dem Zustand des Großbetriebs selbst heraus kommt ..., weil die Lebenstendenzen eines Körpers, der heilungsbedürftig erscheint, in ihm selbst schlummern müssen."[65]
Konkret bedeutete das für ihn, daß die aus Verwaltungs- beziehungsweise Kostengründen notwendig erscheinende Änderung, letztlich den "Verwaltungsakt Mensch" mit seiner überschüssigen Kraft betrifft. Eugen Rosenstock-Huessy machte in diesem Zusammenhang auf einen Passus in den Ausführungen von Gustav Frenz aufmerksam, der genau in die Richtung seiner Überlegungen zielte. Schrieb er doch: "Hätten wir nur Massenfabrikationsartikel zu fertigen, so würde ich zur Einführung des Höchstleistungs- oder Prämienverfahrens einen anderen Weg vorschlagen, nämlich den, daß der Arbeiter von dem Unternehmer die Maschine und den Arbeitsplatz pachtet. Das Material wird ihm heran gebracht, die fertige Arbeit abgeholt. Der für die Ausübung der Arbeit zu bewilligende Preis kommt aufgrund gegenseitiger Verhandlungen als Offerte und Zuschlag zustande. Nun kann der Arbeiter mit der Arbeit auf seiner Maschine anfangen, was er will. Er bekommt einen festen Preis, somit kann er nach Belieben einen Tag in der Woche arbeiten oder auch sechs. Er zahlt pro Tag einen festen Pachtpreis. Reparaturen an der Maschine bezahlt er selbst beziehungsweise werden ihm von dem Unternehmer gegen Berechung ausgeführt. Dadurch würde verhütet, daß die erreichte Höchstleistung auf Kosten der Maschine oder des Werkzeugs geht."[66]
Damit, so Eugen Rosenstock-Huessy, wird dem Arbeiter Verantwortung zuteil, er arbeitet selbstbestimmt, sein Arbeitsplatz hat für ihn die Qualität eines eigenen, durch ihn (mit)bestimmten Bereich. Der einzelne kann sich, da ihm das Recht einen bestimmten Platz zuweist, ihn aussondert, als "Eigentümer" beziehungsweise als Persönlichkeit unter vielen fühlen. Die damit einhergehende Machtabspaltung auf betrieblicher Ebene, innerhalb von Großunternehmen, sah er als ein Gegengewicht zu der auf ökonomischer Ebene fortschreitenden Unternehmenskonzentration und der ihr innewohnenden Gefahr

---

[64] Frenz, Gustav. Kritik des Taylor-Systems. AaO.. 9.
[65] Rosenstock, Eugen. "Werkstattaussiedlung". AaO.. 162.
[66] Frenz, Gustav. Kritik des Taylor-Systems. AaO.. 43 f.

des seelenlosen Despotismus.

Eugen Rosenstock-Huessy's Ansatz bei seinen Überlegungen waren die zusammengehörenden, eine Einheit bildenden Arbeitsgruppen innerhalb des Unternehmens. Die von ihnen genutzten betrieblichen Arbeitsräume einschließlich deren Ausstattung galten ihm dabei als Grundlage für ein mit der Unternehmensleitung abzuschließendes Pachtverhältnis, das, mit Blick auf die zu leistende Arbeit, den Freiraum für die Gruppe der Arbeiter bot.

Als funktionale Abgrenzungskriterien boten sich seines Erachtens, neben der "örtlichzeitlichen Einschaltung des Transports", die "technisch-geistige Einschaltung der Kontrolle" im Unternehmen an. Vorgänge mithin, die in den ablaufenden Produktions- beziehungsweise Arbeitsprozessen bereits angelegt waren. Die Anzahl der in der Gruppe vereinten Arbeiter sah Eugen Rosenstock-Huessy vor diesem Hintergrund abhängig von der jeweiligen konkreten Arbeitseinheit, dementsprechend Schwankungen unterliegend. Er verwies dabei jedoch darauf, daß unverkennbar die meisten Arbeiten nur selten von mehr als zehn bis zwölf Arbeitern erledigt würden.[67]

Der Begriff der "Arbeitspacht", der bei Eugen Rosenstock-Huessy stellvertretend für das bisher Gesagte, mithin für den sich der Arbeitsgruppe eröffnenden Freiraum, stand, wurde als wesentliche Voraussetzung bestimmt für seine Überlegungen zur betrieblichen (Neu-)Gliederung. Eröffnete doch der Freiraum der Gruppe die Möglichkeit, selbständig und eigenverantwortlich tätig zu werden, damit eine Abspaltung von Macht innerhalb eines Unternehmens zu erreichen, was gleichzeitig auch in der Arbeitsgruppe eine neue Konstellation des Miteinanders involvierte.

Vor diesem Hintergrund machte Eugen Rosenstock-Huessy vor allem darauf aufmerksam, daß es nicht zuletzt im Interesse der Unternehmensleitung liegen müßte, "nach unten nicht nur ... ausführende Organe zu haben, sondern die Teile ihrer Macht abzuspalten, die sie heute nur belasten ... und ihre eigentliche Leistung mit dem Bleigewicht einer Fabrikbureaukratie behängen". Dabei galt ihm die Lohnarbeit als wesentliches Hindernis. Entsprechend schrieb er, "die Menschen, Arbeiter und Beamten, versagen durch sie, jene als Lohnknechte in ihrer Arbeitsleistung, diese als Reglementsknechte in ihrer Initiative. Da ist alles Organisieren vergebens. Nur das Gegenteil von Organisieren kann helfen: nämlich Machtabspaltung an eigene Gewaltenträger. Diese sind durch ihre Interessen zu voller Selbstverwaltung aufgerufen und leisten dadurch viel frischere, un-

---

[67] Rosenstock, Eugen. "Werkstattaussiedlung". AaO.. 165.

befangenere, energischere Arbeit als irgend eine Organisation."[68]

Diese Ausführungen Eugen-Rosenstock-Huessy's weisen deutlich in die Richtung des heute aktuell diskutierten "Lean-Management". Beispielhaft sei in diesem Zusammenhang auf ein, im Rahmen des Symposiums ANALYTIK 1996[69], von Willfried Mayer[70] gehaltenen Vortrag verwiesen, der unter der Überschrift "Das Ziel: Selbststeuerung - Der Weg Kompetenzverlagerung" prägnant den Bezug aufzuzeigen vermochte. Formulierte er doch unter anderem: "Wo Selbststeuerung funktioniert, da liefert sie gleichzeitig das Bindeglied zwischen dem Interesse des Ganzen und den Interessen der einzelnen. Sie erlaubt es dem Unternehmen, nicht nur die schiere Arbeitsenergie seiner Beschäftigten anzuzapfen; ... Selbststeuerung setzt darüberhinaus noch entscheidende Ressourcen frei: Die Kreativität, die Verantwortungsbereitschaft, die Gestaltungskraft der Menschen. Hier warten gewaltige Potentiale auf ihre Realisierung." "Wo dieser schwierige Prozeß gelingt, befriedigt er zudem ein menschliches Grundbedürfnis; Selbstverwirklichung im gemeinsamen Einsatz für Ziele, die als sinnvoll akzeptiert werden. Und ein solcher geglückter Einsatz gibt gleichzeitig dem Leben des einzelnen einen Sinn. ... Der Weg zu diesem Idealziel heißt, ... Kompetenzverlagerung. Genauer: Verlagerung von Entscheidungs- und Gestaltungskompetenzen dorthin, wo sie hingehören. Dorthin, wo der Sachverstand am dichtesten gesät ist und wo auch die Folgen der Entscheidungen am direktesten spürbar sind. Und das heißt in der Regel: mindestens eine Ebene tiefer als bisher. Sowohl der skizzierte Weg als auch sein Ziel leuchten dem gesunden Menschenverstand ein, behaupte ich. Weg und Ziel stehen im Einklang mit der Lebenserfahrung."

Dem von Willfried Mayer angestrebten Ziel, ein Funktionieren der Selbststeuerung zu erreichen wohnt, genau das inne, was Eugen Rosenstock-Huessy als das Nutzen der Fä-

---

[68] Rosenstock, Eugen. "Werkstattaussiedlung". AaO.. 164.
[69] Bei den Symposien ANALYTIK handelt es sich um renommierte mehrtägige Veranstaltungen, die seit 13 Jahren von der CONSULECTRA Unternehmensberatung GmbH im Congress-Centrum Hamburg ausgerichtet werden. In ihrem Rahmen treten Führungskräfte der Wirtschaft auf, um konkrete aktuelle Fragen anzusprechen beziehungsweise Stellung zu beziehen.
Die Symposien richten sich an Unternehmer, Geschäftsführer, Führungskräfte und Mitarbeiter aus den Bereichen Personalwesen, Arbeits- und Personalwirtschaft, Organisations- und Personalentwicklung, Personalgrundsatzfragen, Fertigungsplanung sowie Mitglieder vom Betriebsrat.
Sie verstehen sich als Veranstaltungen "Aus der Praxis - für die Praxis".
Entsprechend stand das 13. Symposium ANALYTIK '96 unter dem Oberbegriff "Innovatives Personalmanagement".
[70] Willfried Meyer ist Mitglied der Unternehmensleitung der Vorwerk-Gruppe, Wuppertal.

higkeiten und der Bedürfnisse des arbeitenden Menschen versteht, um damit, den Interessen des einzelnen sowie den Interessen des Unternehmens, als "Nebenprodukt", gerecht zu werden. Die Kompetenzverlagerung zielt dabei, als notwendige Voraussetzung, genau in die Richtung der von Eugen Rosenstock-Huessy verfolgten "Arbeitspacht", nämlich die Entscheidungs- sowie die Gestaltungskompetenz auf selbständig und eigenverantwortlich arbeitende Einheiten zu übertragen.

Als wesentlich erscheint in diesem Zusammenhang jedoch der unterschiedliche Ansatz. Steht für Eugen Rosenstock-Huessy der Mensch im Mittelpunkt, dessen Bedürfnisse und Fähigkeiten es anzuerkennen beziehungsweise denen es Raum zur Entfaltung zu geben gilt; verfolgt Willfred Mayer, hier als Befürworter des "Lean-Management", primär die Interessen des Unternehmens, indem er die Bedürfnisse sowie die Fähigkeiten des Menschen für das Unternehmen zu nutzen sucht.

Vor diesem Hintergrund, nämlich der Anerkennung des Menschen als einem durch Bedürfnisse und Fähigkeiten geprägten Wesen sowie dem durch Schaffung von Einheiten, in denen Gruppen von Menschen selbständig und eigenverantwortlich arbeiten, angestrebten Ziel, soll nunmehr näher auf die Überlegungen Eugen Rosenstock-Huessy's zur entsprechenden Umsetzung vor Ort eingegangen werden. Dies umsomehr, als die daraus resultierenden Aktivitäten ihn heute als "Wegbereiter" für das wirtschaftliche Überleben von Unternehmen am Markt erscheinen lassen.

Eugen Rosenstock-Huessy verwies im Rahmen seiner Analyse der Situation vor Ort darauf, daß in den Fabriken, innerhalb der Produktions- beziehungsweise Arbeitsprozesse, bedingt durch die technische Entwicklung sowie die damit einhergehende Fortbildung, mehr und mehr eine Arbeitsteilung, aber auch eine Arbeitsvereinigung, angelegt sei. Er nannte die Gruppe von Arbeitern, die gezwungen sei, mit anderen Gruppen zusammenzuarbeiten oder aber mit ihnen zu kommunizieren. Sie sah er sich als Gruppe der Kontrolle unterwerfen, die sie zwang, sich zu konstituieren und als Arbeitseinheit im Rahmen des Arbeitsprozesses aktiv zu werden. Die technisch übersehbare, allen Beteiligten klare Verbindung, nahm dabei eine Art rechtliche Beziehung zu den anderen Gruppen auf. Dies vor Augen, erschien es ihm im Sinne der einzelnen Gruppe sowie dem einzelnen in ihr, aber auch des Unternehmens, naheliegend, ja geboten, der Gruppe die Möglichkeit zu eröffnen, sich als Arbeitseinheit innerhalb des Produktionsprozesses zu verselbständigen. Dies mit der Konsequenz des Zugeständnisses, eine selbständig und eigenverantwortlich erbrachte Arbeitsleistung in den Gesamtprozeß einzubringen.

In diesem Zusammenhang machte Eugen Rosenstock-Huessy, mit Blick auf die Umsetzung der von ihm ins Auge gefaßten "Arbeitspacht", darauf aufmerksam, daß neben der Möglichkeit beziehungsweise der Fähigkeit, vor allem die Bereitschaft sowohl der Unternehmer- als auch der Arbeitnehmerseite bestehen müsse, entsprechend mitzuwirken. Eugen Rosenstock-Huessy nannte als von besonderer Bedeutung die ununterbrochene Energieversorgung, die die Fabrik den Gruppen und den Arbeitern in ihr zu gewährleisten hatte. Bot sich doch nur durch sie die Möglichkeit, die zu bewältigende Arbeit unabhängig von vorgegebenen Zeiten, selbständig sowie eigenverantwortlich zu organisieren und zu erledigen. Daneben erschien ihm die Möglichkeit beziehungsweise die Bereitschaft der Gruppen, in Konkurrenz zueinander zu treten, als unabdingbar. Beide Voraussetzungen sah Eugen Rosenstock-Huessy jedoch, aufgrund der Gegebenheiten vor Ort, wenn überhaupt, nur in sehr beschränktem Maße zu verwirklichen.

Dabei galt ihm eine ununterbrochene Energieversorgung unter technischen Gesichtspunkten als durchaus realisierbar, wohingegen ihm die Bereitschaft der Arbeitsgruppen vor Ort miteinander zu konkurrieren nur ausnahmsweise als gegeben erschien. Er verwies auf die ablehnende Haltung der Arbeiter, die er in ihrer Furcht zum Ausdruck kommen sah, durch die Aufteilung in "Arbeitseinheiten" die Zerstörung ihrer Organisation in Kauf zu nehmen, entsprechend die bestehende Solidarität auf's Spiel zu setzen, und damit die Durchsetzung ihrer Interessen zu gefährden.

Die von Eugen Rosenstock-Huessy vorgeschlagene "Arbeitspacht", das mit ihr verfolgte Ziel sowie die als notwendig erachteten Voraussetzungen, die es in der Fabrik, dem Unternehmen zu schaffen galt, finden sich vom Grundsatz her heute nicht mehr nur in der Diskussion sondern erfahren ihre Umsetzung in der Praxis vor Ort. Es handelt sich um Einrichtungen wie "Cost-Center" oder "Profit-Center", die im Rahmen der Aufbauorganisation eines Unternehmens, weitgehend autonome Einheiten bilden. Die als Funktionsbereiche innerhalb der Produktion des Gesamtbetriebes eigenverantwortlich geführt werden, und sich dabei letztlich ihre Existenzberechtigung über die Kosten, die sie verursachen, sichern oder die sich als verselbständigte Teilbereiche innerhalb des Gesamtbetriebes den gewinnbeeinflussenden Faktoren stellen und dabei selbstverantwortlich agieren, um den Gewinnanforderungen zu genügen.

Als Formen der Zusammenarbeit innerhalb der Einheiten stehen im Vordergrund, die Beteiligung der Mitarbeiter an Entscheidungen und an Problemlösungen, der Abbau des Hierarchie- sowie des Abteilungsdenkens, ein vorurteilsfreier Umgang miteinander, eine vertrauensvolle Zusammenarbeit sowie die Konzentrierung von Planung und Ausführung in einer Hand, daraus resultierend die Möglichkeit, Fehler zu machen und daraus zu lernen.

Der Umstand, daß Eugen Rosenstock-Huessy, aufgrund der angesprochenen Problematik, die "Arbeitspacht" innerhalb der Fabrik großen Widerständen ausgesetzt sah, er entsprechend der Schaffung von nebeneinander bestehenden "Arbeitseinheiten" einen großen Erfolg beimaß, bedeutete für ihn die Konsequenz, in seinen Überlegungen einen Schritt weiter zu gehen und sich mit der "Arbeitspacht" als Abgliederung, im Sinne einer "Verlegung des Arbeitsplatzes hinaus aus der Fabrik"[71], zu beschäftigen. Wobei er in seiner Erörterung zur "Aussiedlung der Werkstatt" die Verlagerung weg vom Standort der Fabrik einschloß. Eugen Rosenstock-Huessy bot in diesem Zusammenhang mit seiner Thematisierung diverser im Rahmen der "Aussiedlung" sich stellender Fragen nicht nur ein Bild der Problematik, der sich die Unternehmen sowie die in verselbständigten Werkstätten Arbeitenden gegenübersahen, er zeigte auch auf, welche Bereitschaft und welche Fähigkeiten den beiden Seiten abverlangt wurden, um im beiderseitigen Interesse zu einer "Optimierung der Aussiedlung" zu gelangen.

Damit wies Eugen Rosenstock-Huessy in eine Richtung, die hinführte zu einer weiteren heute (wieder) aktuellen Fragestellung, die im Rahmen von "Outsourcing"[72] nicht nur diskutiert, sondern als solches in der Praxis vor Ort umgesetzt wird.

Wenngleich "Outsourcing" im heute verstandenen Sinne die "Auslagerung" betrieblicher Funktionen auf externe Dritte bedeutet, während Eugen Rosenstock-Huessy bei seinen Überlegungen die "Aussiedlung" von Betriebsteilen innerhalb des Unternehmens im Auge hatte, wird beider Übereinstimmung in der Intention deutlich, nämlich durch die "Auslagerung" beziehungsweise die "Aussiedlung", die betreffenden Funktionen für das Unternehmen selbständig und eigenverantwortlich erbringen zu lassen.

Dabei offenbart sich meines Erachtens der wesentliche Unterschied zwischen "Outsourcing" und "Aussiedlung" im jeweils primär propagierten Ziel. Ist ersteres darauf gerichtet, dem Kostendruck, dem das Unternehmen im Wettbewerb unterliegt, Rechnung zu tragen, hatte Eugen Rosenstock-Huessy das "Wohlbefinden" des Menschen bei der Arbeit im Betrieb (vor Ort) im Auge. Dabei wiesen jedoch die von Eugen Rosenstock-Huessy angestellten Überlegungen auch deutlich in Richtung der mit dem "Outsourcing" verfolgten Ziele, ja, lassen einen unmittelbaren Zusammenhang erkennen. Vor diesem

---

[71] Rosenstock, Eugen. "Werkstattaussiedlung". AaO.. 167.
[72] Der Begriff "Outsourcing", der als Synthese aus den Worten "Outside Resource Using" hervorging, stammt aus dem amerikanischen Wirtschaftsleben.

Hintergrund erscheint es mit Blick auf die Brisanz heute naheliegend, wesentliche Gesichtspunkte seiner Ausführungen zur "Werkstattaussiedlung" und der damit in unmittelbarem Zusammenhang stehenden "Arbeitspacht" anzusprechen beziehungsweise genauer zu hinterfragen.
Hier gilt es sich meines Erachtens, die von Eugen Rosenstock-Huessy genannten unternehmensspezifischen Gefahren, wie die Angst, sich mit der Aussiedlung der Werkstätten Konkurrenz heranzuziehen sowie sich mit den Mehrkosten für den Transport (der Rohstoffe, Materialien, Fertigprodukte) zu belasten, nicht verkennend, vor allem der Beantwortung der weitaus komplexeren Frage zu widmen: "(Ob) es unter den Arbeitenden vor Ort überhaupt Interessenten (gibt), die willig und fähig sind, das Risiko einer 'Werkstattaussiedlung', die damit verbundene Selbständigkeit und Verantwortung, zu übernehmen, sich der unterdrückten eigentlichen Anlagen und Neigungen zu besinnen?"[73]
Obgleich von Eugen Rosenstock-Huessy als im Menschen angelegt verstanden, verkannte er nicht, daß die Masse, er sprach von "zwei Drittel der Arbeiterschaft, 'heute' ... vor jedem Risiko und jeder Selbständigkeit zurück scheut". Das bedeutete für ihn, daß aktuell ein Drittel als für die "Arbeitspacht" geeignet gelten konnte, während er es für die restlichen zwei Drittel als geboten ansah, den entsprechenden Boden zu bereiten.
Vor diesem Hintergrund vermögen vor allem das von ihm angesprochene Verhalten der Menschen sowie die Situation der sie sich vor Ort gegenüber sahen und denen es gerecht zu werden galt, einen Eindruck davon zu vermitteln, welche besondere Bedeutung der Beschäftigung Eugen Rosenstock-Huessy's mit den Gegebenheiten vor Ort innewohnte, die letztlich für die von ihm vorgeschlagene "Betriebs-Gliederung" bestimmend wurde.
Aufgrund der gewonnenen Erkenntnisse sowie der gesammelten Erfahrungen war Eugen Rosenstock-Huessy davon überzeugt, daß der Mensch als Arbeiter in der Fabrik nicht entsprechend seinen Bedürfnissen sowie Fähigkeiten zum Einsatz kam. Dies mit der Folge, daß er "gewaltsam" seine eigentlichen Anlagen und Neigungen unterdrücken mußte, um als Massenwesen in den Genuß von Brot zu kommen.[74] Dabei verwies er auf die Bandbreite der Umgehensweise der Arbeiter mit der Situation, in der sie sich befanden. Sie reichte seines Erachtens vom, aufgrund "fehlender Freiheit", Verzweifelten, bis zum sich die Situation nicht bewußt machenden Arbeiter. Dies vor Augen, sah es Eugen

---

[73] Rosenstock, Eugen. "Werkstattaussiedlung". AaO.. 169.
[74] Rosenstock, Eugen. "Werkstattaussiedlung". AaO.. 169.

Rosenstock-Huessy als ein vorrangig zu verfolgendes Ziel an, darauf hinzuwirken, die Situation zu ändern, in der sich der Mensch bei der Arbeit vor Ort befand, die geprägt war durch eine betriebliche Ordnung beziehungsweise Organisation, die den selbständigen und verantwortungsfreudigen Arbeiter nicht zuließ.

Die Arbeitsgruppe, als selbständig und verantwortlich arbeitende Einheit, galt ihm hier als beste Voraussetzung, um den Bedürfnissen des einzelnen gerecht zu werden. Sah er sie doch, im Rahmen einer entsprechenden betrieblichen Organisation, "sich in dem Gestaltungsprozeß der Fabrik automatisch aus dem Ganzen herausschrauben, sich nach den technischen Bedingungen des anfangs zentralisierten Betriebes, als eigenes Glied allmählich abschnüren, (wobei jedoch) ihre Abhängigkeit vom Unternehmer und vom technisch sowie volkswirtschaftlich bereits erprobten Großbetrieb die Grundtatsache ihres Daseins bleibt"[75].

Eugen Rosenstock-Huessy nahm hier eine deutliche Abgrenzung zur als Arbeitsgruppe verstandenen Produktivgenossenschaft vor, die in ihrer Neuorganisation weder eine autoritäre Struktur noch eine Beziehung zum Unternehmertum und zum Markt zuließ. Die Arbeitsgruppe bedeutete in seinem Sinne mithin die Aussiedelung einer Werkstatt, als funktionaler Einheit, aus dem Gesamtbetrieb an einen anderen Ort, wobei ihm die entsprechende Zustimmung der in ihr Tätigen als unabdingbar galt. Er nannte es die "Ausgestaltung der bloßen technischen Arbeitsgruppe zu einer abgeschichteten 'Werkstattgemeinschaft', die als Träger von Gruppenrechten innerhalb der Betriebseinheit der ganzen Firma aufgefaßt werden muß"[76].

Seine Ausführungen zur Gruppe beziehungsweise zu den in ihnen Tätigen offenbarten nicht zuletzt sein Verständnis von Demokratie, das er vor dem Hintergrund freier Zustimmung, durch eine stete Veränderung der Machtverhältnisse bestimmt sah, der die Bereitschaft zur Änderung von Gesetzen innewohnt. Dabei erschien es ihm nur dadurch möglich, einen dauernd lebendigen Arbeitsprozeß zu gewährleisten, daß die Rechtsbereitschaft der Beteiligten eine "gemeinschaftliche" Absicherung erfährt.

Bevor auf die von Eugen Rosenstock-Huessy vorgeschlagene Absicherung eingegangen werden soll, gilt es meines Erachtens noch auf eine von ihm angesprochene, den Arbeitenden in der Gruppen abzuverlangende Befähigung einzugehen.

Wie bereits an anderer Stelle angesprochen, war sich Eugen Rosenstock-Huessy be-

---

[75] Rosenstock, Eugen. "Werkstattaussiedlung". AaO.. 170.
[76] Rosenstock, Eugen. "Werkstattaussiedlung". AaO.. 170.

wußt, daß die Mehrzahl der Arbeiter vor Ort sich scheuen würde, ja, nicht in der Lage wäre, in einer ausgesonderten Gruppe selbstverantwortlich zu arbeiten, was gleichzeitig aber auch bedeutete, daß sich eine nicht unbeträchliche Anzahl von Arbeitern bereit finden würde. Dies vor Augen, sah er es als unabdingbar an, daß diese Gruppe darüberhinaus, wie er es nannte, "die Schule der Fabrik, des (Groß-)Betriebes durchlaufen haben müsse".

Im Sinne von Eugen Rosenstock-Huessy bedeutete das, sich die notwendigen beruflichen Kenntnisse angeeignet zu haben, die der rationell arbeitende (Groß-)Betrieb mit seinen technischen Einrichtungen erforderte. Nur dadurch, daß der vor Ort Arbeitende die "scharfe rationelle Schulung, wie sie die Fabrik auferlegt und die selbstverantwortliche Entfaltung, wie sie die einzelne Werkstatt zuwege bringt", erfährt, sah er es zu gewährleisten, daß der einzelne und mit ihm die Gruppe die Voraussetzungen dafür erbringt, eigenverantwortlich vor Ort aktiv zu werden.

Eugen Rosenstock-Huessy schloß daraus zwar nicht, daß das grundsätzlich bedeute, daß der (Groß-)Betrieb in lauter "Arbeitspachten" aufgeteilt werden könne, verwies aber darauf, daß für die Arbeiter, die durch ihn hindurchgegangen sind, die Grundlage geschaffen werde, in ausgesiedelten Werkstätten höchstrationelle und dennoch eigenwillige Leistungen zu erbringen.[77] In diesem Zusammenhang sprach Eugen Rosenstock-Huessy von der "Werkstattaussiedlung" auch als einer "Sache der Älteren und einer Sache für die Älteren"; und weiter: "Dem älteren Arbeiter fehlen geistige Pflichten. Nur Pflichten geben Rechte! Dem Arbeiter Pflichten zu geben, heißt ihn entproletarisieren ... Menschwerdung vollzieht sich nur über die Verleihung von Pflichten! Die "Aussiedlung" gibt sie ihm und gibt damit dem Arbeitsleben einen Sinn."[78]

Eugen Rosenstock-Huessy's Überlegungen beziehungsweise seine Vorschläge, die darauf zielten, den "Älteren" in ausgegliederten Werkstätten ein selbstverantwortliches Arbeiten zu ermöglichen, waren letztlich das Ergebnis seiner Ansprüche, denen er gerecht zu werden suchte. Nämlich einerseits, die Rationalität in der Wirtschaft als solche, als unentbehrliche Lebenstatsache anzuerkennen, andererseits, die bisher unterdrückten, dieser Rationalität nicht entsprechenden Bedürfnisse, des menschlichen Lebens als genauso dringlich einzufordern.

Eugen Rosenstock-Huessy wies damit, trotz seines grundsätzlichen Festhaltens an den gegebenen industriellen Modalitäten, mit der Forderung der "Aussiedlung im Alter" den

---

[77] Rosenstock, Eugen. "Werkstattaussiedlung". AaO.. 171 f..
[78] Rosenstock, Eugen. "Werkstattkommandite". AaO.. 615 ff..

Weg in eine neue Richtung. Wobei er den Begriff "Alter" im Sinne von Erfahrung vor Ort und nicht zwangsläufig als Lebensalter verstanden wissen wollte. In der "Aussiedlung" sah er für den Arbeiter und damit für die Gruppe die Möglichkeit, durch selbstverantwortliches Arbeiten, den persönlichen Wert der Arbeit (wieder) zu erfahren. Eugen Rosenstock-Huessy schrieb in diesem Zusammenhang: "Aller Arbeit ist etwas Gleichgültiges; meine und deine Arbeit sind etwas Bestimmtes. Und schon dies, daß wir sie an einem bestimmten Lebenstage in einem bestimmten Augenblicke unseres Lebens leisten, gibt unserer Arbeit - bei aller Monotonie - einen einzigartigen Wert. Diesen Wert zu retten ist das ganze Problem ..., der Arbeitspersönlichkeit, der Werkstattbelebung ...".[79]

Dabei kam in den Überlegungen von Eugen Rosenstock-Huessy letztlich eine grundlegende Veränderung der Arbeitsbedingungen zum Ausdruck. Zwar suchte er stets den vorgegebenen Betriebszweck zu akzeptieren sowie den technologischen Erfordernissen gerecht zu werden, doch forderte er vor allem, der Eigengesetzlichkeit menschlichen Lebens gerecht zu werden. Sein Hinweis, nicht die Menschen zu den Maschinen ... sondern umgekehrt diese zu den Menschen zu bringen[80], vermag hier prägnant seine Überzeugung vom Menschen als etwas besonderes, im Mittelpunkt stehendes, zu verdeutlichen.

Mit Blick auf die Absicherung der im Rahmen der Aussiedlung Beteiligten soll nunmehr noch auf den von Eugen Rosenstock-Huessy vorgestellten Entwurf eines Vertrages zur Werkstattaussiedlung eingegangen werden. Dies insbesondere auch deshalb, weil er nicht nur für eine weitere Verdeutlichung seiner Überlegungen zur Aussiedlung von Betrieben stand, sondern daneben einen Ansatz für die praktische Umsetzung vor Ort bot. Dabei suchte Eugen Rosenstock-Huessy mit seinem Entwurf, ansetzend bei der "Aussiedlung der Werkstatt", über die Arbeitsweise, einschließlich der Lösung auftretender Konflikte, das Verhältnis zwischen dem Gesamtbetrieb und der verselbständigten Werkstatt zu berücksichtigen und damit letztlich den Rahmen für ein gemeinsames Miteinander, unter Einbeziehung der Bedürfnisse und Fähigkeiten des einzelnen, aufzuzeigen.

Entsprechend machte Eugen Rosenstock-Huessy deutlich, daß die Werkstatt, als Arbeits- beziehungsweise Produktionseinheit, mit der Aussiedlung gleichberechtigt neben

---

[79] Rosenstock, Eugen. "Werkstattkommandite". AaO.. 616.
[80] Rosenstock, Eugen. "Werkstattaussiedlung". AaO.. 168.

den Gesamtbetrieb tritt, dies mit der Aufgabenstellung, (vorrangig) Arbeiten für den Gesamtbetrieb auszuführen. Den Gesamtbetrieb sah er vor diesem Hintergrund verpflichtet, den von der "Werkstatt-Gruppe" vorgelegten Ausstattungsplan zu erfüllen, mithin die erforderlichen Anlagen, Maschinen, Werkzeuge sowie die benötigten Betriebsstoffe und -materialien zur Verfügung zu stellen. Wobei die vom Gesamtbetrieb erbrachten Leistungen als Kosten zu Lasten der Werkstatt gingen. Sie galt es, durch rechtliche Vereinbarungen abzusichern, in deren Rahmen er einer adäquaten Verzinsung sowie der Möglichkeit, die zur Verfügung gestellte Ausstattung erwerben zu können, einen besonderen Stellenwert beimaß. Daneben sah Eugen Rosenstock-Huessy den Gesamtbetrieb gefordert, die Voraussetzungen für Anschubfinanzierungen zu schaffen, mithin die Werkstätten durch einen Betriebsvorschuß zu befähigen, Aufträge überhaupt annehmen zu können.

Die im Entwurf von Eugen Rosenstock-Huessy zum Ausdruck kommende Arbeitsweise offenbarte dann vor allem auch die grundsätzliche Richtung seines Denkens. Verwies er doch darauf: "... die Verbindung[81] arbeitet selbständig auf eigene Rechnung". Dabei sah er die Gruppe arbeitender Menschen vor Ort sich ihren "Geschäftsführer" selbst bestimmen. Eine Einschränkung erfuhr die propagierte Selbständigkeit dann jedoch dadurch, daß Eugen Rosenstock-Huessy die Bestätigung der Ernennung des Geschäftsführers dem Gesamtbetrieb zuwies, und er außerdem die Werkstatt in die Verpflichtung einband, in erster Linie Aufträge des Gesamtbetriebes auszuführen, sowie vor Annahme eines jeden Auftrags beim Gesamtbetrieb eine Vorkalkulation einzureichen.

Dadurch, daß Eugen Rosenstock-Huessy im Rahmen seines Entwurfs, den in der Werkstatt Tätigen gleiche Anteile an der Werkstatt zuwies, schuf er vor allem die Voraussetzungen für eine gleichberechtigte Integration in die Arbeitseinheit, was letztlich die entsprechende Teilhabe am Gewinn involvierte. In diesem Zusammenhang machte er aber auch darauf aufmerksam, daß die Zahl der in der Arbeitseinheit Tätigen flexibel gehalten werden müsse. Was ihm insbesondere mit Blick darauf, dem Geschäftsgang Rechnung zu tragen, Unverträglichkeiten oder auch sich ergebenden dringenden Gründen begegnen zu können, geboten erschien.

In seinem Entwurf brachte Eugen Rosenstock-Huessy auch zum Ausdruck, daß grundsätzlich jeder Teilhaber an der Werkstatt selbst mitarbeiten müsse; wovon er lediglich

---

[81] Der Begriff "Verbindung" stand bei Eugen Rosenstock-Huessy in diesem Zusammenhang für die Gruppe der arbeitenden Menschen in einer Arbeitseinheit.

den Gesamtbetrieb ausnahm. Deutlich machte er dies nicht zuletzt unter dem Gesichtspunkt der "Vererbung", indem er darauf verwies, daß der Sohn selbst den Arbeitsplatz des Vaters in der Werkstatt einnehmen müsse. Nur für den Fall, daß eine entsprechende "Vererbung" nicht möglich sein sollte, sah er den Anteil als Darlehen entstehen, das von den übrigen Teilhabern abgelöst werden könne, ansonsten jedoch zu verzinsen sei. Wobei es bei Eugen Rosenstock-Huessy unklar blieb, wie der Arbeitsplatz kapitalisiert werden kann beziehungsweise soll.

Daneben gestand Eugen Rosenstock-Huessy dem Gesamtbetrieb, dessen Interessen im Auge, nicht zuletzt auch vor dem Hintergrund dessen "Teilhabe" an der Werkstatt, die Rechte zu, Einsicht zu nehmen in die Bücher der Werkstatt, Einspruch zu erheben gegen ihm nicht genehme Vorkalkulationen, dabei entsprechend den Geschäftsführer zur Stellungnahme vorladen zu können und, solange sich das vom Gesamtbetrieb eingesetzte Kapital nicht amortisiert hat, Widerspruch bei Veräußerungen oder Belastungen von materiellen und immateriellen Werten der Werkstatt zu erheben.

An dieser Stelle sei auch auf die im Entwurf von Eugen Rosenstock-Huessy angesprochene Regelung von Streitigkeiten aufmerksam gemacht. Dies vor allem mit Blick darauf, daß er sie den in der Praxis anzutreffenden Institutionen, nämlich dem Gesamtbetriebsrat unter Hinzuziehung von Vertretern des Arbeitgeberverbandes und der Gewerkschaft, zuwies beziehungsweise sie ersatzweise einem, von beiden Parteien bestimmten, Einzelrichter, mit je einem Vertreter des Arbeitgeberverbandes sowie der Gewerkschaft, zugestand.[82] Wobei die Kompetenz der genannten Institutionen für ihn außer Frage stand, er entsprechend die Stärkung ihrer Position als vorrangig zu verfolgendes Ziel erachtete.

In seinen Erläuterungen zum Entwurf eines Werkstattaussiedlungsvertrages machte Eugen Rosenstock-Huessy dann letztlich deutlich, was im bisher Gesagten bereits anklang, nämlich, daß seine Überlegungen nicht dahin gingen, die gegebenen Formen der Kapitalgesellschaften als solche zu verändern, sondern mit der betrieblichen Ausgliederung lediglich eine organisatorische Umgestaltung, zur Beteiligung der Arbeiter am Berieb, anzustreben.

Basierend auf den arbeitsrechtlichen Gegebenheiten, wonach die Arbeiterschaft gewerkschaftlich organisiert ist und in einem Arbeitsverhältnis steht, bedeutete das für

---

[82] Rosenstock Eugen. "Entwurf eines Werkstattaussiedlungsvertrages". Werkstattaussiedlung. AaO.. 174-183.

ihn, daß "die Arbeiterschaft ihr Arbeitsverhältnis und ihre vermögensrechtliche Beziehung zu ihrem Unternehmen durch einen Zusatzvertrag umgestaltet". Er resultierte seines Erachtens daraus, daß die Arbeiterschaft in sich Arbeitsgruppen ausgliedert, die innerhalb des Unternehmens Arbeitseinheiten bilden, dabei jedoch weder nach Art der kapitalistischen Schachtelgesellschaften angeordnet, noch als Angliederung von reinen Arbeiterproduktivgenossenschaften zu verstehen seien. Eugen Rosenstock-Huessy sprach von einer "neuartigen Weise", in der die Betriebsabteilungen des Unternehmens zu beschränkt selbständigen Gliedbetrieben werden, deren vermögensrechtlicher, arbeitsrechtlicher und personenrechtlicher Aufbau einerseits in sich intern sowie andererseits entsprechend der Einknüpfung in das Gesamtunternehmen zu regeln ist, wobei er auf die im Rahmen seines Entwurfs angesprochene "Aussiedlung der Werkstatt" verwies.[83]

Obgleich Eugen Rosenstock-Huessy seinem Entwurf keine rechtsförmliche Bedeutung beimaß, fanden sich in seinen Erläuterungen doch entsprechende richtungsweisende Ansätze. So verstand er den Gliedbetrieb als Rechtsträger für die Besitzverhältnisse der Werkstatt nach außen. Wobei er die Vereinigung von Arbeitern in Arbeitsgruppen jedoch weder dem reinen Gesellschafts- noch Körperschaftsrecht unterliegen sah, sie vielmehr als eine "körperschaftliche Organisation mit vertretbaren Mitgliedsstellen" verstand, die die angestrebte Freizügigkeit zu gewährleisten vermochte. Womit letztlich auch dem ihm wichtig erscheinenden Bedürfnis nach einer geregelten Nachfolge entsprochen worden war. Daneben verwies er, die den ausgesiedelten Werkstätten gewährten Leistungen vor Augen, darauf, daß es sich hierbei nicht um Einlagen oder Beteiligungen im Sinne von Kapitalbeteiligungen handelt, die eine entsprechende Rechtsform implizieren, sondern, daß die Leistungen als (bloße) Grundlage, mithin als buchmäßige Unterlage, etwa zur Ermittlung der Rentabilität der Gliedbetriebe dienen würden beziehungsweise entsprechend zu behandeln seien.

Die Ausführungen von Eugen Rosenstock-Huessy zeigen vor dem Hintergrund rechtlicher Einordnung einmal mehr, daß er die Werkstattaussiedlung und die damit verfolgte Verselbständigung von Arbeitseinheiten, als einen Akt der Um- beziehungsweise Neu-Organisation innerhalb eines Unternehmens verstand. Entsprechend gingen seine Überlegungen nicht dahin, einer "neuen Unternehmensform" das Wort zu reden. Um selbständig und eigenverantwortlich arbeiten zu können, galt es seines Erachtens, Arbeits-

---

[83] Rosenstock, Eugen. "Werkstattaussiedlung". AaO.. 176.

einheiten in verselbständigte Betriebseinheiten umzuwandeln. Ihnen sah er konsequenterweise innewohnen, für die Voraussetzungen zur Ermittlung des Betriebsergebnisses zu sorgen.
Zusammengefaßt lassen sich die Überlegungen Eugen Rosenstock-Huessy's zur Schaffung einer veränderten Betriebsstruktur wie folgt darstellen.
Den Menschen, geprägt durch Bedürfnisse und Fähigkeiten, vor Augen, richtete sich das Denken Eugen Rosenstock-Huessy's darauf, die Voraussetzungen für den "Menschen" bei der Arbeit vor Ort zu schaffen. Dabei stand für ihn im Vordergrund, dem in der Praxis vorgefundenen Produktionsprozeß "menschliche Züge" zu verleihen. Das bedeutete für ihn, der sich als Einheit innerhalb des Produktionsprozesses darstellenden Arbeitsgruppe eigene Kompetenzen, mit Blick auf die zu erledigende Aufgabe, zuzugestehen, damit eine Machtabspaltung innerhalb des Unternehmens zuzulassen, mithin in aktuellen Worten, eine "Selbststeuerung durch Kompetenzverlagerung" zu ermöglichen. Wobei er sich die zugestandene Kompetenz aus der Einbringung selbständiger sowie eigenverantwortlicher Arbeitsleistungen der Gruppe und der in ihr Tätigen in den Gesamtprozeß ergeben sah. Mit der Propagierung "verselbständigter" Einheiten innerhalb des Unternehmens, beispielhaft verdeutlicht im Rahmen seiner "Werkstattaussiedlung", wies Eugen Rosenstock-Huessy mithin den Weg in die heute aktuell in den Unternehmen geführte Diskussion um "Lean-Management", "Profit-Center" sowie "Outsourcing".
Eugen Rosenstock-Huessy's "Projekt der Werkstattaussiedlung" war vor dem Hintergrund seines oben angesprochenen "volkswissenschaftlichen Ansatzes", in dessen Rahmen der Biographie des einzelnen ein besonderer Stellenwert zukam, eine konsequente Fortführung seiner Überlegungen auf betrieblicher Ebene. Durch Veränderung der Betriebsstruktur sollte der Aufspaltung des Individuums in unvermittelte Rollenfunktionen entgegengewirkt werden. Um, wie er es nannte, eine "gesunde Form" im Verhältnis von Arbeit und Leben zu schaffen, letztlich die Ansprüche von Individuum und Gruppe, von technisch begründeter Arbeitsteilung und persönlicher Tätigkeit in Einklang zu bringen.
Durch die veränderte Betriebsstruktur schuf Eugen Rosenstock-Huessy nicht zuletzt die Voraussetzungen für die betriebliche Bildung Erwachsener. Resultierte Bildung seines Erachtens doch aus dem gegenseitigen Lernen voneinander und dem Arbeiten miteinander. Dies vor dem Hintergrund, ein bestimmtes gemeinsames Ziel zu verfolgen, das er sowohl auf persönliche als auch auf wirtschaftliche Leistungen hin ausgerichtet sah.

Die Diskrepanz erkennend, die sich zwischen seinen Überlegungen zu einer veränderten Betriebsstruktur und dem sich aus der politischen und wirtschaftliche Situation nach dem Ende des Ersten Weltkrieg's geprägten Umfeld ergab, daß ein Verständnis sowohl auf Seiten der Arbeiter, für "eigene, durch die menschliche Natur bestimmte Bedürfnisse und Fähigkeiten" als auch auf Seiten der Unternehmen, sie im "eigenen Interesse" zu fördern beziehungsweise zu nutzen, vermissen ließ, bewog Eugen Rosenstock-Huessy letztlich, sich verstärkt der Aufgabe zuzuwenden, im Vorfeld der von ihm propagierten Um- beziehungsweise Neu-Organisation auf betrieblicher Ebene, "Überzeugungsarbeit" durch "Erwachsenenbildung" zu leisten, um so letztlich für die Umsetzung der seines Erachtens "ureigensten" Interessen sowohl des Arbeiters als auch des Unternehmens den Boden zu bereiten.

Auf die in diesem Zusammenhang prägnant erscheinenden Ansätze Eugen Rosenstock-Huessy's soll im folgenden noch näher eingegangen werden. Sie fanden als die "Ausbildung der 'Ausbilder'" und die "Schaffung von Kommunikationsmitteln" Eingang in die Literatur, wurden daneben aber auch für Eugen Rosenstock-Huessy zu einem seine praktische Arbeit bestimmenden Faktor.

4.3.2 "Ausbildung des 'Ausbilders'"

Im Rahmen der bisherigen Ausführungen zur "Betrieblichen Erwachsenenbildung" wurde bereits deutlich, daß Freiräume zu gewährleisten waren, durch die die Voraussetzungen geschaffen wurden, um "Erwachsenenbildung" erfahren zu können. Eugen Rosenstock-Huessy propagierte in diesem Zusammenhang sowohl innerbetriebliche (etwa die angesprochene betriebliche Umstrukturierung) als auch außerbetriebliche Möglichkeiten (Veranstaltungen von Tagungen oder auch "Arbeitslagern"). Damit beantwortete sich jedoch noch nicht die Frage, wer in den geschaffenen Freiräumen deren Nutzung zu gewährleisten hilft. Hier setzte Eugen Rosenstock-Huessy mit seinen Überlegungen zur "Ausbildung des 'Ausbilders'" an. Tatsächlich sprach er von der "Ausbildung des Volksbildners". Wobei der von ihm benutzte Begriff "Volksbildner" jedoch letztlich daraus resultierte, daß er sich, die "Betriebliche Erwachsenenbildung" nur als Teilbereich betrachtend, der Bildung des Volkes als Ganzes zuwandte, mithin die Behandlung der Thematik auf die gesamtgesellschaftliche Ebene hob.[84]

Die "Betriebliche Erwachsenenbildung" vor Augen, soll im folgenden von der "Ausbil-

---

[84] Rosenstock, Eugen. "Die Ausbildung des Volksbildners". AaO.. 150-167.

dung des 'Ausbilders'" gesprochen werden.
Dabei standen für ihn zwei wesentliche Aspekte im Vordergrund, nämlich zum einen, die Voraussetzung, die von einem potentiellen "Ausbilder" zu fordern sei, zum anderen die Gestaltung der Ausbildung des "Ausgewählten", vor dem Hintergrund des im Rahmen der "Betrieblichen Erwachsenenbildung" verfolgten Zieles. Wenngleich die geforderte Voraussetzung nach Vorliegen eines Fachberufes, vor allem auf betrieblicher Ebene, als Regelfall gelten kann, soll kurz auf das ihr innewohnende Verständnis eingegangen werden.

Eugen Rosenstock-Huessy sprach in diesem Zusammenhang vom "bewußten Beherrschen eines Berufes" als einer wesentlichen Voraussetzung von Bildung innerhalb einer modernen Industriegesellschaft.[85]

Dabei zeigte er vor allem in seinem Vergleich mit dem Beruf des Lehrers, welche Qualität seines Erachtens dem Beruf im Rahmen der "Betrieblichen Erwachsenenbildung" zukam. Verwies er doch darauf, daß der "Beruf des Lehrers" hier nicht ausreicht, um als Fachmann gleichberechtigt neben den "ausgebildeten" Arbeiter, Ingenieur oder Arzt zu treten, daß vielmehr eine Spezialisierung auf einem Stoffgebiet des Lehrplans hinzukommen müsse. Darüber hinaus galt es ihm als unabdingbar, daß der "Ausbilder" neben dem theoretisch erlernten Beruf praktische Erfahrungen gesammelt hatte. Die Werkstatt sowie die tägliche Praxis in ihr galten ihm mithin als notwendiges Rüstzeug, nicht nur um die Situation der Arbeitenden vor Ort kennen zu lernen, sondern um daneben als gleichberechtigter Partner auftreten zu können, aber auch als solcher anerkannt zu werden.

Mit Blick auf die zu Bildenden, bedeutete es vor allem auch, mit Erwachsenen zusammenzutreffen, die im Berufsleben standen, die, anders als Schüler oder Studenten, bereits Zwängen unterlagen, die dem Berufs- und Wirtschaftsleben innewohnten.

Basierend auf der "bewußten Meisterung eines Berufes innerhalb der Gesellschaft", gewann für Eugen Rosenstock-Huessy die eigentliche Ausbildung eines "Ausbilders" ihren besonderen Stellenwert. Sie sah er hervorgehen aus dem den "Ausbildern" zu gewährleistenden regelmäßigen Zusammentreffen. Dies mit Blick darauf, dem einzelnen, als geprägt durch das eigene Leben und den eigenen Beruf, die Möglichkeit zu bieten, durch Gespräche in der Gemeinschaft Zusammenhänge, Abhängigkeiten sowie Widersprüche zu erkennen, und damit gesellschaftliche beziehungsweise betriebliche Abläufe

---

[85] Rosenstock, Eugen. "Die Ausbildung des Volksbildners". AaO., 159.

zu verstehen, um daraus sich ergebenden Fragestellungen, nicht zuletzt Schwierigkeiten, Rechnung tragen zu können.
Die geistige Auseinandersetzung zwischen "Gleichberechtigten", in der, auf gleicher "sprachlicher Ebene", der einzelne nicht nur lehrt sondern lernt, indem er zuhört, dann aber auch sein Wissen einbringt, galt Eugen Rosenstock-Huessy als das die "Ausbildung des 'Ausbilders'" Bestimmende.
Die Gefahr, daß sich Stammtisch- oder Fachgespräche entwickeln könnten, sah er gebannt vor dem Hintergrund der Verschiedenheit der Menschen, die sich zusammenfanden. Wobei sich seines Erachtens diese Verschiedenheit der einzelnen in einer höheren Einheit auflöst, die aus der Tatsache des Zusammenfindens, um einer "gemeinsamen Not" zu begegnen, resultiert. Dabei sah er dieses Empfinden nicht aus dem privaten Antrieb des einzelnen hervorgehen, sondern sich durch den Austausch von (Er-) Kenntnissen aus der Gemeinschaft, der Gruppe heraus, entwickeln. Was in den verschiedenen Lebensbereichen des Menschen zu neuen Ansätzen führt; sei es auf gesellschaftlicher, wirtschaftlicher oder betrieblicher Ebene.
Das Zusammenfinden der "Ausbilder" zur Auseinandersetzung miteinander, stellt sich letztlich dar als ein Miteinander-Sprechen, indem jeder einzelne unausgesetzt einem Rollentausch unterliegend als Laie, Fachmann oder Vermittler im Gespräch auftritt.
Dem Gespräch wohnt seines Erachtens, neben dem Denken jedes einzelnen, die geistige Aufgabe inne, vor dem Hintergrund einer zu bewältigenden Notsituation, die Trennung durch Fachsprachen sowie Weltanschauungen zu überwinden.
Die Gefahr, daß sich eine bloße geistreiche Unterhaltung einstellt, galt ihm dabei als gebannt vor dem Hintergrund der Verantwortung, als "Ausbilder" bei seiner Arbeit vor Ort gefordert zu sein. Sah Eugen Rosenstock-Huessy den "Ausbilder" in seiner Arbeit doch dadurch bestimmt, mit Blick auf die zu bewältigende Situation, sich mit verschiedenen Menschen, deren Berufe und den damit verbundenen unterschiedlichen "Sprachen" auseinanderzusetzen, um zur Verständigung zu gelangen.
Seine Arbeit auf betrieblicher Ebene war geprägt durch die rein geistige Zielsetzung, das äußerlich Verschiedene näher zusammenzubringen. Sprich: In den unterschiedlichen Berufen der Menschen, das Gemeinsame, "die Übersetzung ein und derselben unsichtbaren Kraft des Geistes in die Lebensäußerungen der verschiedenen Berufe", wie Eugen Rosenstock-Huessy es nannte, zu vermitteln.[86]

---

[86] Rosenstock, Eugen. "Die Ausbildung des Volksbildners". AaO.. 164.

Obgleich die Zeit der Not, die sich infolge des Ersten Weltkrieges einstellte, seines Erachtens gute Voraussetzungen für die Arbeit der "Ausbilder" vor Ort schuf, fanden sich doch Menschen, die nach dem Zusammenbruch, auf der Suche nach einem neuen Anfang, bereit waren, ihr spezifisches Fachwissen der höheren Notwendigkeit, die konkrete Situation geistig zu bewältigen, unterzuordnen, verkannte er nicht die Schwierigkeiten, die es zu überwinden galt. Er verwies auf das Verhaftetsein in alten Strukturen, dabei nicht zuletzt den "Respekt vor der alten Fakultätsgliederung und den Fachetiketten, der den fertigen Akademiker an einer mutigen Durchforschung des ... Wissens hinderte"[87]; darüberhinaus auf die durchaus menschliche Reaktion, unbequemen Dingen, wie sich die geistige Auseinandersetzung ohne Rückzugsmöglichkeit auf das rein fachliche Wissen häufig darstellte, aus dem Weg zu gehen. Die "Ausbildung des 'Ausbilders'" in der "Arbeitsgemeinschaft" als einer Gemeinschaft von Fachleuten, die in Gesprächen auf einer die Fächer übergreifenden geistigen Ebene der gemeinsamen Not Rechnung zu tragen suchten, bildete hier die Möglichkeit, so Eugen Rosenstock-Huessy, der "Neuen Richtung" Rechnung zu tragen, mithin die "Ausbilder" in ihrer Arbeit vor Ort entsprechend zu festigen beziehungsweise zu unterstützen.

Eugen Rosenstock-Huessy machte dabei deutlich, daß die "Ausbildung" zu einer Institution werden müsse, die, den "Ausbildern" als Rückgrat dienend, zumindest im Rahmen von regelmäßigen Veranstaltungen oder Treffen, ein entsprechendes Umfeld beziehungsweise die Voraussetzungen für ein "freies Sprechen" miteinander schaffe, um damit zum geistigen Miteinanderarbeiten zu gelangen.

Eugen Rosenstock-Huessy verkannte in diesem Zusammenhang nicht, daß es im Rahmen der "Ausbildung des 'Ausbilders'" als Attribute neben den Lehrern auch entsprechender Schüler bedarf.

Erstere sah er aus der Gruppe der Vertreter der "Neuen Richtung" hervorgehen, die auf ihren Reisen durch ihre Vorträge den Boden bereiteten, auf dem ihre Hörer, mithin ihre Schüler, den Weg in die "Arbeitsgemeinschaft" finden sollten. Dabei kritisierte er massiv, daß die Vortragenden in der Regel dadurch, daß sie sich über ihre Hörer stellten, dem geistigen Miteinanderarbeiten, dem sie das Wort redeten, einen schlechten Dienst erwiesen.

Davon überzeugt, daß den gesellschaftlichen, wirtschaftlichen und auch betrieblichen Anforderungen an den Menschen nur in der Auseinandersetzung in der "Arbeitsge-

---

[87] Rosenstock, Eugen. "Die Ausbildung des Volksbildners". AaO.. 165.

meinschaft" gerecht zu werden sei, sah Eugen Rosenstock-Huessy es als eine Frage der Zeit, bis das geistige Miteinanderarbeiten zur Selbstverständlichkeit würde. Die entsprechende Institution, im Sinne Eugen Rosenstock-Huessy's die "Ausbildung des 'Ausbilders'", zu gewährleisten, galt ihm dabei als unabdingbar dafür, dem Menschen die Auseinandersetzung zu ermöglichen sowie die dauernde Hilfestellung, der er bedarf, zu bieten.
Konkretisiert auf die betriebliche Ebene bedeutete das letztlich, dem Mitarbeiter vor Ort, als "Ausbilder", durch die Freistellung von Seiten des Unternehmens, eine entsprechende Ausbildung zu ermöglichen, um so im Betrieb vor Ort in der Gruppe eine Umsetzung des Gedankens der "Arbeitsgemeinschaft" zu ermöglichen.

Obgleich die Situation nach dem Ersten Weltkrieg nicht mit der heutigen vergleichbar erscheint, so finden wir uns doch wieder in einer "Notsituation", die vor allem in einer problematischen wirtschaftlichen Lage sowohl auf gesellschafts- als auch auf betriebspolitischer Ebene zum Ausdruck kommt. Problematisch nicht zuletzt deshalb, weil die bisherigen Steuerungsmechanismen in der Wirtschaft nicht mehr greifen. Dementsprechend sind neue Ideen gefragt sowie die Auseinandersetzung mit ihnen gefordert.

Eugen Rosenstock-Huessy's Ansatz, dem Menschen zuzugestehen, fähig zu sein, "Notsituationen" bewältigen zu können, mithin die entsprechenden Bedürfnisse und die dafür erforderlichen Fähigkeiten als ihm innewohnend anzuerkennen, erscheint heute zumindest als für bestimmte "Menschen" akzeptiert. Wie sonst ließe es sich erklären, daß sich etwa auf volkswirtschaftlicher Ebene Vertreter der Politik sowie der Wirtschaft zu einem "Bündnis für Arbeit" zusammenfanden oder auf betriebswirtschaftlicher Ebene Arbeitnehmer die Übernahme "ihres" Unternehmens in Angriff nehmen konnten.
Die "Menschen", die sich hier trafen, verfügten über das, was Eugen Rosenstock-Huessy letztlich durch die Ausbildung der "Ausbilder" für den "Menschen" zu erreichen suchte, nämlich ihn dahin zu führen, seine Bedürfnisse und Fähigkeiten zu erkennen und sie zu nutzen.

Die Voraussetzungen, um den Boden für eine entsprechende Ausbildung zu bereiten, lassen sich, im Sinne von Eugen Rosenstock-Huessy, folgendermaßen zusammenfassen. Die Grundlage bildete für ihn die Ermöglichung von Foren, die eine geistige Auseinandersetzung zwischen Gleichberechtigten zulassen. Wobei sich die Gleichberechtigung der Teilnehmer seines Erachtens daraus ergab, daß sie einen Beruf bewußt beherrschten, über tägliche praktische Erfahrungen verfügten und gewillt waren, vor dem Hintergrund regelmäßiger Zusammentreffen, Verständnis füreinander zu zeigen. Das Sprechen miteinander, das ständig durch den Tausch der Rollen bestimmt war, fand sich der einzelne doch als Fachmann, Laie oder Vermittler bei der Beschäftigung mit unterschiedlichen Fragestellungen wieder, galt ihm dabei als wesentlich, um auf gesellschaftlicher, wirtschaftlicher und betrieblicher Ebene bereit und fähig zu sein, Entscheidungen zu treffen. Bezogen auf die betriebliche Ebene bedeutete das für Eugen Rosenstock-Huessy, daß der "Ausbilder", externe Fähigkeiten und Kenntnisse zu vermitteln vermochte, die intern dazu beitrugen, anstehende Probleme zu lösen.

Vor diesem Hintergrund erachtete es Eugen Rosenstock-Huessy nicht zuletzt als unabdingbar, die Ausbildung zu institutionalisieren, um durch regelmäßige Veranstaltungen oder Treffen das Rückgrat der "Ausbilder" zu stärken.

Während sich Eugen Rosenstock-Huessy in seinen Überlegungen zur "Ausbildung des 'Ausbilders'" mit mehr oder weniger indirekt wirkenden Institutionen im Rahmen "Betrieblicher Erwachsenenbildung" beschäftigte, soll im folgenden noch näher auf seinen direkten Ansatz, nämlich die entsprechende Nutzung von Werkzeitungen, als Kommunikationsmittel im Unternehmen vor Ort, eingegangen werden.

4.3.3 Nutzung von Kommunikationsmitteln auf betrieblicher Ebene; die "DAIMLER WERKZEITUNG"

Mit der Schaffung der "DAIMLER WERKZEITUNG", als einem Teil eines neuen sozialen Konzepts auf betrieblicher Ebene der Daimler-Motoren-Gesellschaft, fand sich in der Praxis der Versuch, sich der infolge des Endes des Ersten Weltkrieges einstellenden "Notsituation" zu stellen. Dabei offenbarten die vom Vorstand der Daimler-Motoren-Gesellschaft in die Wege geleiteten Aktivitäten deutlich Ansätze der bisher vorgestellten Eugen Rosenstock-Huessy'schen Überlegungen. Zwar fand sich in der Literatur kein Hinweis darüber, durch welchen Umstand Eugen Rosenstock-Huessy von der in diesem Zusammenhang zu besetzenden Position eines Redakteurs erfuhr,[88] zweifellos bedeutete es jedoch für ihn die Chance, über das Kommunikationsmittel Werkzeitung seinen

---

[88] In den von ihm veröffentlichten autobiographischen Fragmenten verwies Eugen Rosenstock-Huessy darauf, daß ihm neben der angesprochenen Wahl drei weitere Möglichkeiten geboten wurden, nämlich, als Unterstaatssekretär die Weimarer Verfassung aufzuzeichnen, an der katholischen Zeitschrift Hochland mitzuarbeiten oder eine Professur an der Universität Leipzig anzunehmen. Rosenstock-Huessy, Eugen. Ja und Nein. AaO. 76.

Überlegungen zur "Betrieblichen Erwachsenenbildung" sowohl in der Praxis Gestalt zu verleihen als auch sich den einer Umsetzung vor Ort innewohnenden, als notwendig erkannten, Auseinandersetzungen zu stellen.

Bevor näher auf die Gestaltung der "DAIMLER WERKZEITUNG" sowie die mit ihr verfolgten Ziele einzugehen sein wird soll im folgenden kurz die (Not-)Situation dargestellt werden, der sich die Daimler-Motoren-Gesellschaft gegenübersah.

Infolge der mit Ende des Ersten Weltkrieges einsetzenden gesellschafts- sowie wirtschaftspolitischen Veränderungen war es im Untertürkheimer Werk der Daimler-Motoren-Gesellschaft nach einem Mißtrauensvotum, Ende Januar 1919, zur Wahl eines neuen Arbeiterausschusses gekommen. Aus ihr gingen der als linksradikal eingestufte Spartakusbund und die Unabhängige Sozialdemokratische Partei Deutschland (USPD) als stärkste Gruppierung hervor, deren vorrangig verfolgtes Ziel in der Enteignung des Werkes gipfelte.

Diese von der Geschäftsleitung nicht vorhergesehene Entwicklung führte zur Verunsicherung vor allem auch deshalb, weil bereits im Vorfeld auf betrieblicher Ebene die Umsetzung eines "neuen Konzepts" in die Wege geleitet worden war. Das bedeutete für die Geschäftsleitung nunmehr, eine grundsätzliche Entscheidung treffen zu müssen.

Das "neue Konzept" stand dabei dafür, vor dem Hintergrund der zwischen der Gewerkschaftsleitung sowie den Führungsspitzen der Industrie getroffenen Vereinbarung, als gleichberechtigte Gesprächspartner in einen Prozeß der Verständigung, des Interessenausgleichs einzutreten. In der Praxis der Daimler-Motoren-Gesellschaft hieß das, für die Schaffung von "Arbeitsgemeinschaften", die dem Arbeiter im Rahmen der Gruppenfabrikation die Möglichkeit boten, sein Tätigkeitsfeld zu überblicken, geistig zu verarbeiten und zu vermeiden, daß er infolge mangelnden Überblicks die geistige Fühlungnahme mit seiner Arbeit verliert.[89]

Die Entscheidung der Mehrheit des Vorstandes, das "neue Konzept" weiter zu verfolgen, bedeutete mithin die Favorisierung des Dialogs zwischen der Geschäftsleitung und der Belegschaft. Durch die Gruppenfabrikation wurde der Arbeiter in die Verantwortung der Gruppe für den konkret zu fertigenden Gegenstand einbezogen, was eine Verantwortung auch gegenüber der Produktion als solcher bedeutete, mithin die Interessen beider "Sozialpartner" ansprach, damit letztlich zum Dialog herausforderte.

---

[89] Lang, Richard. "Gruppenfabrikation". Daimler Werkzeitung 1919/ 20. Gesamtausgabe. Hg. Daimler Benz AG, Stuttgart. Moers: Brendow, 1992. DWZ. 1.Jahrgang. Nr. 1. 4-5.

Willy Hellpach sprach in diesem Zusammhang von der Gruppenfabrikation als einem Mittel zur Überwindung der sachlichen und menschlichen Atomisierung des arbeitenden Fabriklers.[90]

Vor diesem Hintergrund gewann der Gedanke des Vorstandsmitgliedes Paul Riebensahm, eine Werkzeitung zu gründen, eine besondere Qualität. Ging er doch aus seiner Überzeugung hervor, daß die Zeitumstände den Interessenausgleich zwischen Arbeit und Kapital forderten. Hier bot seines Erachtens die Werkzeitung eine geeignete Plattform, um den durch politische Agitation aufgeworfenen Graben der Entfremdung zwischen den Sozialpartnern zuschütten zu helfen.

Indem Paul Riebensahm bereits kurz nach den Arbeiterausschußwahlen im Januar 1919 Anweisung gab, die notwendigen technischen sowie organisatorischen Voraussetzungen zu schaffen, bereitete er den Weg für die erste Ausgabe der "DAIMLER WERKZEITUNG".

Paul Riebensahm hatte dabei bereits eine konkrete Konzeption der Zeitung vor Augen. So machte er deutlich, daß sie über den Rahmen eines Mitteilungsblattes weit hinausreichen müsse, dabei zunächst nur der "wirtschaftlichen Aufklärung" dienen solle, was seines Erachtens jedoch die "sozialpolitische Aufklärung" zwangsläufig nach sich ziehen werde. Wichtig erschien ihm besonders die Konsultierung des Arbeiterausschusses und der Fachleute bei der Auswahl sowie der Gestaltung der Themen. Dabei legte er Wert darauf, auch die Frauen der Arbeiter zu interessieren.

Als konkrete Themenbereiche nannte er: "Taylor-System; Interne Arbeiterpolitik; Allgemeine Sozialpolitik; Arbeiterbildung und Erziehung; Sozial-Hygiene und Wohlfahrt."[91]

Der stete Druck des vom Spartakusbund und der USPD bestimmten Arbeiterausschusses und die damit einhergehenden radikaler werdenden, den Interessen der Unternehmensleitung zuwiderlaufenden Aktivitäten, hatte mehr und mehr zu einer schwierigen Situation auf betrieblicher Ebene geführt. Ein Miteinander im Sinne einer "Arbeitsgemeinschaft" wurde stetig schwieriger. Die Werkzeitung gewann vor diesem Hintergrund die Qualität eines Mediums, das im Sinne der "Arbeitsgemeinschaft" den besonnenen

---

[90] Lang, Richard, und Hellpach, Willy. "Gruppenfabrikation". Sozialpsychologische Forschungen 1 (1922): 51.
[91] Laut Besprechung Direktor Dr.Riebensahm-Muff. 6.2.1919. Mercedes-Benz Archiv. Daimler-Motoren-Gesellschaft 167.

Kräften unter der Belegschaft als Plattform zur Kommunikation dienen sollte, um so eventuell auch den einen oder anderen der Radikalen zu erreichen, vielleicht zu gewinnen.

Im Rahmen eines (Bewerbungs-)Gesprächs mit Paul Riebensahm, in dem Eugen Rosenstock-Huessy seine Vorstellungen zur Integration der Zeitung ins Unternehmen sowie zu ihrer Gestaltung äußerte, zeigte sich sehr schnell beider grundsätzliche Übereinstimmung. Eugen Rosenstock-Huessy brachte deutlich zum Ausdruck, daß der für die Zeitung Verantwortliche zu nichts anderem da sein müsse, als, als Sprecher der Werkeinheit Daimler, "die Übersetzung der Parteien ineinander, die gemeinsame Werksprache zu sprechen, ...". "Er maskiert sich weder als Arbeiter noch als Beamter. Er saniert die geistige Einheit des Werks, indem er anfängt, aus ihr heraus zu sprechen."[92]
Entsprechend sah Eugen Rosenstock-Huessy in der Unabhängigkeit des Redakteurs vom Unternehmen eine unabdingbare Voraussetzung für eine erfolgreiche Arbeit. Mit der Konsequenz, das wirtschaftliche Risiko seiner Arbeit tragen zu müssen, mithin nicht als Angestellter, sondern von Tag zu Tag für Einzelleistungen bezahlt zu werden. Eugen Rosenstock-Huessy schrieb konkret: "Das Werk, Direktion und Betriebsrat, entlaste mich nur von dem Risiko für das Zeitungsunternehmen, nicht für meine persönliche Existenz".[93]
Die von Eugen Rosenstock-Huessy geforderte Unabhängigkeit, die in die Hierarchie des Unternehmens nicht paßte, hatte zur Folge, daß Paul Riebensahm, seine Möglichkeit als Vorstandsmitglied nutzend, Eugen Rosenstock-Huessy als persona grata in seiner unmittelbaren Umgebung im Werk unterbrachte. Tatsächlich wußte anfangs niemand von dem Arrangement der Beiden. Das "Projekt der Werkzeitung" wurde offiziell von dem Direktions-Sekretär Friedrich Muff betreut, der angewiesen durch Paul Riebensahm, dessen Konzept umsetzen sollte. Erst nachdem die Werkzeitung mehrmals erschienen war und bereits Erfolge erzielt hatte, unterrichtete Paul Riebensahm seinen Privatsekretär von Eugen Rosenstock-Huessy's Arbeit. Dies mit der Folge, daß Eugen Rosenstock-Huessy nunmehr offiziell die Betreuung der "DAIMLER WERKZEITUNG" übernahm und zum Chefredakteur avancierte.

---

[92] Nübel, Otto. "Paul Riebensahm, Eugen Rosenstock-Huessy und die Daimler-Motoren-Gesellschaft 1919-1920". Daimler-Werkzeitung 1919/20. AaO.. Seite XIX.
[93] Nübel, Otto. "Paul Riebensahm, Eugen Rosenstock-Huessy und die Deutsche Motoren-Gesellschaft 1919-1920". Daimler-Werkzeitung 1919/1920. AaO. Seite XIX.

Im Rahmen der Umsetzung der "Konzeption Werkzeitung" offenbarten sich dann doch Differenzen zwischen Paul Riebensahm und Eugen Rosenstock-Huessy, denen es im Sinne des verfolgten Zieles Rechnung zu tragen galt. Dies mit der Folge, daß einzelne Vorstellungen, etwa von Eugen Rosenstock-Huessy, das "Werkblatt" mehrmals wöchentlich erscheinen zu lassen, es dabei sowohl teuer als auch in kleinem Umfang anzubieten, oder von Paul Riebensahm, den Inhalt auf wirtschaftliche Aufgaben zu beschränken, im Rahmen eines Übereinkommens nicht weiterverfolgt wurden.
Bezüglich des Erscheinens kam es zur Einigung auf eine lose, etwa vierzehntägige Erscheinungsweise. Diese aus gegenseitigen Zugeständnissen hervorgegangenen Entscheidungen hatten letztlich jedoch nur sekundäre Bedeutung im Vergleich zum grundsätzlich verfolgten Ziel, die Zeitung inhaltlich so interessant und spannend zu gestalten, daß sie von Mitarbeitern aller Ebenen des Unternehmens gekauft und abonniert wurden, mithin, so Paul Riebensahm, die Dinge so zu besprechen, daß "alle Arbeiter sich aufs heftigste (dafür) interessieren und (damit) beschäftigen".[94]
Vor allem die sich von Anfang an etablierenden Redaktionskonferenzen, denen neben Friedrich Muff einzelne Vorstandsmitglieder sowie die Sekretärin von Paul Riebensahm mit vollem Stimmrecht beiwohnten, forderten dabei vor allem von Eugen Rosenstock-Huessy eine stete, häufig massive Überzeugungsarbeit, um die Auswahl sowie die Gestaltung der Beiträge, entsprechend dem verfolgten Ziel, zu gewährleisten.

Mit dem, einen Tag vor Erscheinen der Werkzeitung am 06. Juni 1919, in den Werkstätten ausgehängten, von Friedrich Muff verfaßten, Merkblatt wurde den Werksangehörigen erstmals die mit der Zeitung verbundene Intention nahegebracht, die dann durch den einleitenden Artikel von Paul Riebensahm im ersten Heft der Werkzeitung seine Konkretisierung erfuhr. Während Friedrich Muff darauf verwies, daß die Werkzeitung "nicht durch besonders reichen Inhalt bestechen will", vielmehr beabsichtige, als "gemeinsame Arbeit aus dem Kreise des Werkes heraus", den Inhalt sich allmählich bilden zu lassen und damit zu beleben, stellte Paul Riebensahm offen die Frage, die er jeden mit dem Erscheinen der Werkzeitung verbinden sah, um dann das mit ihr verfolgte Ziel aufzuzeigen. Schrieb er doch: "Was will die Werksleitung bezwecken? Will sie versuchen, die Leser zu beeinflußen durch tendenziöse Darstellungen der Verhältnisse und Ereignisse? ... Glaubt sie etwa, mit solchen Mitteln die soziale Revolution und deren

---

[94] Hellpach, Willy. "Riebensahm an Hellpach, 16.8.1919". Badisches Generallandesarchiv Karlsruhe. Abt. N. 263.

Folgen aufzuhalten, die ihr unbequem und bedrohlich sein mögen?" Um dann darauf aufmerksam zu machen, daß durch das Ansprechen der Frage deutlich werde, "daß wir wissen, daß der Arbeiter heute klug genug ist, um sich durch solche Mittel nicht beeinflußen zu lassen." Die "unverhüllte Kampfansage des Proletariats an Kapitalismus und Bürgertum", die er als Tendenz der Zeit interpretierte, dürfe hier nicht das Gemeinsame zwischen Werksleitung und Werksarbeitern vergessen lassen. Vielmehr sei es an der Zeit, "sich wieder darauf (zu) besinnen, daß sie aufeinander angewiesen sind, daß engste Beziehungen zwischen ihnen bestehen, daß das Wohl und Wehe beider in die technische und wirtschaftliche Rechnung eingesetzt werden muß." Nur indem "Menschen miteinander sprechen, können sie sich verständigen", so Paul Riebensahm. Hierfür die Möglichkeit zu schaffen, sah er als den "Zweck der DAIMLER WERKZEITUNG"![95]

Dabei stimmten Paul Riebensahm und Eugen Rosenstock-Huessy darin überein, daß von der Thematik her nicht der tägliche Arbeitsstoff den Gegenstand bilden, mithin die tagsüber die Gedanken der Arbeitenden bestimmenden Themen nicht am Abend an anderer Stelle ihre Wiederholung finden sollten. Neben den Sachthemen maßen beide der Aufnahme von "Kunst und menschlichem Erleben" in die Werkzeitung besondere Bedeutung bei. Ihnen sahen sie innewohnen, sich "menschlich einander näher zu bringen und sich verstehen zu lehren"[96]. Damit letztlich die Möglichkeit zu eröffnen, das aufs höchste gesteigerte Mißtrauen aller gegen jeden zu überwinden, vielleicht sogar ein gewisses gegenseitiges Vertrauen wieder zu erlangen, um so die Grundlage für ein ruhiges vorurteilsfreies Zuhören und Nachdenken zu schaffen.

Nachdem sich in den ersten drei Heften der Werkzeitung noch mehr oder weniger die Suche nach dem richtigen Weg widerspiegelte, wurde mit dem vierten Heft die Konzeption deutlich, die nicht zuletzt von Eugen Rosenstock-Huessy als gelungen akzeptiert wurde. Dies mit der Konsequenz, daß fortan Buchbesprechungen, der Briefkasten für Zuschriften aus der Belegschaft sowie die Auseinandersetzung mit aktuellen politischen Themen unterblieben.

Die einzelnen Hefte der Werkzeitung zeichneten sich vor allem durch die ihr innewohnende abgerundete Gewichtung der verschiedenen Beiträge zueinander aus. Wobei sich in den Beiträgen eine Vielfalt an Wissen, die Orientierung an allerlei Interessengebieten

---

[95] Riebensahm, Paul. "In der Welt der Arbeit". Daimler Werkzeitung 1919/20. Nr. 1 (1919): 1-3 (1).
[96] Riebensahm, Paul. "In der Welt der Arbeit". AaO.. 1-3 (3).

der Belegschaft, fachkundige Darlegungen sowie neueste Forschungsergebnisse wiederfanden. Diese wurden ergänzt durch Erzählungen, Kunstbeilagen sowie Abbildungen von Arbeitsvorgängen sowie Anlagen, Projektions- und Perspektivzeichnungen. Beispielhaft sei an dieser Stelle Heft 6 der "DAIMLER WERKZEITUNG" vorgestellt, das folgende Themen zum Inhalt hatte: "'Volk, Staat, Eisenbahn', von Dr. E von Beckenrath. 'Die Enstehung eines Fahrplans', von Finanzrat G. Stainl. 'Zum Neubau des Stuttgarter Hauptbahnhofs', von Prof.P. Bonatz. Georg Stephenson, aus Max Maria von Weber: 'Welt der Arbeit'. 'Ruf der Fabriken', von K. Bröger. 'Berufstragik', aus Max Eyth: 'Hinter Pflug und Schraubstock'. Abbildungen: Georg Stephensons Preislokomotive Rakete. Die schwerste Lokomotive in Europa (Maffai München). Bonatz und Scholer, Neuer Stuttgarter Bahnhof."[97]

Neben den aufgenommenen Beiträgen vermögen vor allem auch die Begründungen für die Ablehnung von eingesandten Manuskripten zu verdeutlichen, welche Ziele mit der "DAIMLER WERKZEITUNG" verfolgt wurden. Als bezeichnend kann hierfür die Begründung der Ablehnung eines Beitrages von Dr. Simonis, dem die Pflege der Verbindung zum Berliner Werk der Daimler Motoren Gesellschaft in Marienfelde oblag, angesehen werden. Hintergrund der Absage an Dr. Simonis war dessen Manuskript, das er, resultierend aus seiner Absicht, auch im Berliner Werk einer Werkzeitung einzuführen, an Eugen Rosenstock-Huessy gesandt hatte. Dieser machte in seiner Ablehnung deutlich: "Nicht darum kann es gehen, den Arbeitern zu schmeicheln oder ihnen völlig außerhalb ihrer Mitarbeit in der Fabrik liegende Bildungswerte zu schenken, sondern wir versuchen eine Sprache zu sprechen, die alle Werksangehörigen vom Direktor bis zum Laufburschen um ihrer Arbeit und der Fabrik willen verbindet und gleich nah angeht." Dr. Simonis warf er konkret vor; "heute einfach an die Stelle der unhaltbar gewordenen Wohltätigkeit von oben die bedingungslose Kapitulation vor dem Arbeiter" zu setzen. Eugen Rosenstock-Huessy ging noch einen Schritt weiter, indem er den Direktor des Berliner Werkes vor den Plänen von Dr. Simonis warnte, indem er ihm schrieb: "Man darf mit diesen Dingen heute nicht spielen, und es liegt eine ungeheure Verantwortung in der Beschäftigung damit. Es kann mit den ersten Schritten alles gewonnen aber auch alles verloren werden".[98]

---

[97] "Daimler Werkzeitung. Nummer 6". <u>Daimler Werkzeitung 1919/20</u>. AaO.. 93-112.
[98] Zum gesamten Komplex der Auseinandersetzung: Nübel, Otto. "Paul Riebensahm, Eugen Rosenstock und die Daimler-Motoren-Gesellschaft 1919-1920".<u>Daimler Werkzeitung 1919/20</u>. AaO.. XIII-XXXI (XX-XXI).

Zwar setzte sich Eugen Rosenstock-Huessy mit seiner ablehnenden Haltung durch, der Beitrag wurde nicht gedruckt, auch war von der Einführung einer Werkzeitung in Berlin fortan keine Rede mehr, das darf jedoch nicht darüber hinwegtäuschen, daß sich die Positionen von Eugen Rosenstock-Huessy und Paul Riebensahm im Hause Daimler nicht uneingeschränkter Unterstützung gewiß sein konnten, herrschten doch, vor allem in bezug auf die Bildung beziehungsweise Förderung von "Arbeitsgemeinschaften", konträre Standpunkte vor.

In der Praxis erzielte die "DAIMLER WERKZEITUNG" bereits recht früh einen Teilerfolg im Sinne von Eugen Rosenstock-Huessy. Trug sie doch wesentlich dazu bei, nur knapp sechs Monate nach ihrer Gründung, die Diskussion auf betriebsspezifischer Ebene zwischen Werkleitung und Belegschaft zu entfachen.

Den Anlaß bot die kritische Betrachtung eines Modellschreiners, der anfänglich unter dem Pseudonym 'Z', "... das von ihm so bezeichnete System 'Völliger', die Gewohnheit nämlich, bei der Herstellung von Gußstücken generell wenigstens einen Millimeter stärkeres Material stehen zu lassen, um spätere Nachbesserungen zu ermöglichen", monierte. Er verwies darauf, daß beispielsweise bei der Zylinderproduktion "die Mantelwand von 3 auf 4 verstärkt (werde), jeder Flansch, jede Rippe,... müsse 'völliger' sein als vorgeschrieben, eine 'wilde Selbsthilfe' der Modellschreiner, die nicht nur zur Materialverschwendung, sondern auch zu ganz unerwartetem Gewicht der Motoren führte."
Als wesentlich mitverantwortlich dafür nannte er die Praxisferne der Techniker, denen er "einen Bummeltag zu geben" vorschlug, um ihnen zu ermöglichen, "in den Werkstätten den Arbeitsgang beobachten zu können"[99].

Die umfangreichen schriftlichen Reaktionen, die die Redaktion erreichten, offenbarten deutlich, daß der Beitrag von 'Z', die Meinung wohl jeden Modellschreiners widerspiegelte und dabei in ihrer Kritik der Forderung nach Konsequenzen deutlich Ausdruck verliehen.

Paul Riebensahm, überrascht, einenteils, daß der genannte Mißstand nicht bereits von den Konstrukteuren behoben worden war, andernteils durch die an den Tag gelegte Offenheit der Arbeiter vor Ort, befand sich plötzlich unter Zugzwang. Letztlich wurde das Problem "Völliger" zum Prüfstein nicht nur der Werksleitung sondern auch für das "Projekt Werkzeitung" im Sinne von Eugen Rosenstock-Huessy.

---

[99] "'Völliger'. Eine kritische Betrachtung von Modellschreiner Z.". Daimler Werkzeitung 1919/20. AaO.. Heft 9. 153.

Dabei war für Paul Riebensahm zweifellos von Anfang an klar, daß es entscheidend auf die Art der Lösung des Falles ankam, die, neben dem sachlichen Nutzen für das Werk, "allen Beteiligten die Genugtuung ... einer wirklichen Klärung bringen"[100] sollte. Tatsächlich leitete Paul Riebensahm umgehend Gegenmaßnahmen ein, die in der Einführung der Angabe von Genauigkeitsgraden auf den Zeichnungen, der Prüfung dieser Zeichnungen vor ihrer Freigabe sowie laufenden Querschnitts- und Gewichtskontrollen der Abgüsse, zum Ausdruck kam.

In Heft 14 der "DAIMLER WERKZEITUNG" nahm Paul Riebensahm dann ausführlich Stellung zur Kritik sowie zur Reaktion der Werksleitung. Dabei unterließ er es, Schuldige des "Mißstandes" zu benennen, zeigte vielmehr die einzelnen Arbeitsfelder sowie die ihr innewohnenden Verantwortlichkeiten auf. Er machte deutlich, daß die Reaktion der Werksleitung "nicht das Besserwissen der Leitung darstelle", sondern vielmehr das Resultat "einer eingehenden Prüfung der Verhältnisse, die auf die Kritik des Arbeiters hin einsetzte" und verwies darauf, daß an der Prüfung alle beteiligten Arbeiter und Vorarbeiter, Meister und Ingenieure verschiedener Werkstätten, Konstrukteure und Werksleitung mitgewirkt hätten, mit dem Ergebnis, daß die Kritik des Arbeiters nicht unberechtigt war.

Er schloß diesen Beitrag ab mit den Worten: "Deshalb wird die Leitung des Werks und der Werkzeitung, die zu solcher Arbeit aufgerufen hat, festhalten an der offenen und ehrlichen Sprache, wie die Werkzeitung sie bisher gesprochen hat - oder doch zu sprechen versucht hat".[101]

Die "DAIMLER WERKZEITUNG", der bei Gründung sowohl von Seiten der Werkleitung als auch von Seiten der Belegschaft mit Skepsis begegnet worden war, hatte sich sehr bald als feste Institution im Untertürkheimer Werk etabliert. Während Teile der Werksleitung ihre Skepsis bewahrten, wurde sie von der Belegschaft als Kommunikationsmittel akzeptiert und als Diskussionsforum genutzt, was unter der Rubrik "Freie Rede" oder auch als "Stellungnahme" in den Heften der "DAIMLER WERKZEITUNG" immer wieder zum Ausdruck kam.

Die politische Situation, der die "DAIMLER WERKZEITUNG" letztlich ihre Entste-

---

[100] Nübel, Otto. "Paul Riebensahm, Eugen Rosenstock-Huessy und die Daimler-Motoren-Gesellschaft 1919-1920". Daimler Werkzeitung 1919/20. AaO.. IX-XXXI (XXIX).
[101] Riebensahm, Paul. "Werkzeichnung-Modell-Abguß". Daimler Werkzeitung 1919/20. AaO.. Heft Nr. 14. 224-230.

hung verdankte, führte dann auch wieder dazu, daß sie am 26. August 1920 zum letzten Mal erschien.

Während vor allem der verlorene Erste Weltkrieg und die damit entstandene politische und wirtschaftliche Situation wesentlich dazu beitrugen, daß die Gedanken über ein Miteinander im Unternehmen im Sinne einer "Arbeitsgemeinschaft" in der "DAIMLER WERKZEITUNG" eine konkrete Umsetzung erfuhren, die im von Eugen Rosenstock-Huessy mit der Zeitung gesteuerten Neutralitätskurs innerhalb des Unternehmens den gesetzten Zielen durchaus gerecht wurde, vermochte sie jedoch nicht die Voraussetzungen zu schaffen, um den durch die Betriebsratswahlen im März 1920 gestärkt hervorgegangenen linken Gruppen, denen eine eskalierende politische Auseinandersetzung innewohnte, die Grundlage zu entziehen beziehungsweise den sich zuspitzenden Konflikten zwischen Belegschaft und Werksleitung zu begegnen.

Dies mit der Konsequenz, daß die deutlich zu Tage tretende fehlende Arbeitsbereitschaft, aber auch die massive, teils offene, Gewalt von Seiten sowohl von Gruppen der Belegschaft als auch der Werkleitung, zur Schließung des Werkes führte.

Dem Bestreben Eugen Rosenstock-Huessy's, mittels der Werkzeitung "Verständigung anzubahnen, miteinander zu sprechen, zwischen den Parteien zu vermitteln, das Gespräch zwischen Werkleitung und Belegschaft, Kapital und Arbeit zu vermitteln ..."[102] war mithin kein Erfolg beschieden, gegenüber der auf Klassenkampf und Enteignung des Privateigentums eingeschworenen Arbeiterschaft, vertreten insbesondere durch den Spartakusbund und die USPD, die eine bessere wirtschaftliche Zukunft propagierten.

Unabhängig davon, daß die "DAIMLER WERKZEITUNG" nicht auf Dauer zu einer Institution im Hause Daimler wurde, zeigte Eugen Rosenstock-Huessy mit dem von ihm konzeptionell mitgetragenen und redaktionell betreuten Kommunikationsmittel die Möglichkeiten auf, "Betriebliche Erwachsenenbildung", im Sinne einer den Menschen in seinen Bedürfnissen und Fähigkeiten fördernden Art und Weise, zu betreiben. Diente die Werkzeitung ihm doch vor dem Hintergrund "gemeinsamer Arbeit" dazu, sich im "Sprechen miteinander" zu verständigen, sich dabei verstehen zu lernen und damit den Boden zu bereiten, sich als "Arbeitsgemeinschaft" zu erkennen beziehungsweise sich als solche zu verstehen.

---

[102] Nübel, Otto. "Paul Riebensahm, Eugen Rosenstock-Huessy und die Daimler Motoren Gesellschaft 1919-1920". Daimler Werkzeitung 1919/20. AaO.. XXX.

Insgesamt betrachtet, gewinnen die von Eugen Rosenstock-Huessy propagierten Ansätze zur "Betrieblichen Erwachsenenbildung", denen sein Verständnis vom durch Bedürfnisse und Fähigkeiten bestimmten Menschen zugrunde lag, heute vor allem dadurch ihre besondere Bedeutung, daß sich Unternehmen, vor dem Hintergrund wirtschaftlicher Probleme genötigt sehen, sich des Menschen im Sinne von Eugen Rosenstock-Huessy zu besinnen. Wobei sie jedoch nicht die "Selbstverwirklichung des Menschen" in dessen eigenem Sinne im Auge haben, sondern vielmehr die daraus resultierende Leistungsbereitschaft des Menschen für das Unternehmen zu nutzen suchen. Vor dem Hintergrund, die Frage der Differenzierung zwischen dem Eigeninteresse des Menschen und dem Interesse des Unternehmens bewußt nicht zu thematisieren, wohlwissend, welche Brisanz diesem Vorgehen innewohnt, bleibt doch die Frage der "Ausnutzung des Menschen" außen vor, läßt sich feststellen, daß das Gedankengut Eugen Rosenstock-Huessy's heute nicht mehr nur Eingang in die Diskussion der verschiedenen gesellschaftlichen Gruppen gefunden hat, sondern bereits verstärkt seine Umsetzung auf betrieblicher Ebene erfährt

Ein Vergleich der vorgestellten veränderten Betriebsstruktur im Sinne von Eugen Rosenstock-Huessy, die mit Blick auf das damalige gesellschaftliche Umfeld letztlich lediglich von einer kleinen Gruppe innerhalb der verfolgten "Neuen Richtung" propagiert wurde, mit deren Umsetzung in Theorie und Praxis heute, offenbart deutlich die Interessenverlagerung, die sich vor allem, in der von Seiten der Unternehmen ausgehenden Initiative hin zu verselbständigten Einheiten zeigt, aber auch in dem bei den Arbeitnehmern erkennbaren, weitverbreiteten Interesse zum Ausdruck kommt, selbstbestimmt und eigenverantwortlich tätig werden zu wollen.

Die in diesem Zusammenhang angesprochenen Varianten: "Lean Management", "Cost- oder Profit-Center" und "Outsourcing" stehen meines Erachtens genau für diese Interessenlage.

Durch die Schaffung eines "verselbständigten Raums" beziehungsweise eines "Freiraums", sollen für die Gruppe als Ganzes und mit ihr für den einzelnen die Voraussetzungen geschaffen werden, entsprechend den ihnen innewohnenden Bedürfnissen und Fähigkeiten arbeiten zu können, um damit insgesamt das Unternehmen zum Erfolg zu führen.

Erwachsenenbildung auf betrieblicher Ebene im Sinne von Eugen Rosenstock-Huessy resultiert mithin aus dem bereiteten Umfeld, dessen der "Mensch" bedarf, um seine Arbeitsenergien freisetzen zu können. Entsprechend, in der Gruppe mit den Kollegen bei der Arbeit zu kommunizieren, sich auszutauschen, eigene berufliche Kenntnisse und Erfahrungen in die Arbeit vor Ort einzubringen sowie in der Auseinandersetzung mit den Kollegen deren Kenntnisse und Erfahrungen aufzunehmen, von ihnen zu lernen, um damit die zu erbringende Arbeitsleistung als Selbstverwirklichung erfahren zu können.

In diesem Zusammenhang stellte sich die "Ausbildung des 'Ausbilders'" im Sinne von Eugen Rosenstock-Huessy als eine "Einrichtung" dar, die den Menschen bei seiner Arbeit im Betrieb vor Ort dabei unterstützen sollte, die betriebliche Umstrukturierung, die mit Blick auf seine Bedürfnisse und Fähigkeiten vorgenommen worden war, auch entsprechend zu nutzen.

Mit der Auswahl des durch "bewußte Meisterung eines Berufes" qualifizierten Arbeiters als Klientel der "Ausbildung" und dessen Freistellung von der Arbeit, eröffnete Eugen Rosenstock-Huessy dem mit den betrieblichen Gegebenheiten vor Ort vertrauten und kompetenten "Arbeiter" die Möglichkeit, vor dem Hintergrund seiner Kenntnisse und seines Wissens, in der "Arbeitsgemeinschaft" gleichberechtigt mit anderen "Fachleuten" Gespräche fächerübergreifender Art zu führen, letztlich in der Auseinandersetzung eine Lösung ins Auge gefaßter oder auch erkannter "Notsituationen", die sich etwa auf betriebs-, wirtschafts- oder gesellschaftspolitischer Ebene zeigten, suchend.

Aus der Auseinandersetzung mit Gleichberechtigten in Arbeitskreisen oder Gesprächsrunden im Sinne von "Arbeitsgemeinschaften", sah er den "Ausbilder" gestärkt und gefestigt hervorgehen, um im Betrieb vor Ort dem einzelnen in der Gruppe die Erfahrung, mithin eine Umsetzung des Gedankens der "Arbeitsgemeinschaft", zu vermitteln sowie ihn darin zu bestärken und ihm damit zu helfen, die zu bewältigende Arbeit im Sinne seiner ureigensten Bedürfnisse und Fähigkeiten anzugehen.

Im Vergleich zur "Ausbildung des 'Ausbilders'" bedeutete die Übernahme des Postens als Redakteur der "DAIMLER WERKZEITUNG" für Eugen Rosenstock-Huessy vor allem auch die Möglichkeit, "Betriebliche Erwachsenenbildung" nicht von außerhalb sondern direkt im Unternehmen zu betreiben.

Die Werkzeitung gewann für ihn die Qualität eines Mediums, das im Sinne der "Arbeitsgemeinschaft" sowohl den Arbeitern als auch der Geschäftsleitung als Forum zur Kommunikation dienen sollte. Dabei, vor dem Hintergrund der bei DAIMLER BENZ eingeführten Gruppenfabrikation, den Betrieb als "Arbeitsgemeinschaft" zu propagieren, in dessen Rahmen durch entsprechende Veröffentlichungen beziehungsweise Beiträge die Möglichkeit zu bieten, die Tätigkeitsfelder zu überblicken, sie geistig zu verarbeiten, mithin zu vermeiden, infolge mangelnden Überblicks die geistige Fühlungnahme mit der eigenen Arbeit zu verlieren. Vor allem die Verantwortung des einzelnen in der Gruppe sowie der Gruppe selbst für das zu fertigende Gut wurde aufgezeigt, um damit die Verantwortung gegenüber der gesamten Produktion deutlich zu machen und so das gemeinsame Interesse zwischen dem einzelnen vor Ort und der Unternehmensleitung zu offenbaren.

In unmittelbarem Zusammenhang dazu stand die Aufnahme von "Kunst und menschlichem Erleben" in die Werkzeitung, wohnte ihm doch im Sinne von Eugen Rosenstock-Huessy inne, sich "menschlich einander näher zu bringen und sich verstehen zu lernen", damit letztlich die Möglichkeit zu eröffnen, Mißtrauen untereinander abzubauen, vielleicht sogar gegenseitiges Vertrauen wieder zu erlangen, zumindest aber den Boden zu bereiten für ein vorurteilsfreies Zuhören und Nachdenken.

Die Ansätze Eugen Rosenstock-Huessy's zur "Betrieblichen Erwachsenenbildung" in der Praxis vor Ort bilden meines Erachtens eine konsequente Fortführung der Überlegungen zur "Lebensbildung" als eines die "Neue Richtung" prägenden Denkens, anknüpfend bei dem arbeitenden Menschen im Betrieb. Die "Neue Richtung" und mit ihr die "Lebensbildung", die letztlich aus einer sowohl gesellschafts- als auch wirtschaftspolitischen "Notsituation" heraus erwuchsen, mithin des Menschen, mit seinen Fähigkeiten und Bedürfnissen, gedachte, als gängige Strategien nicht mehr griffen, kommt heute wieder verstärkt zum Zuge. Dies nicht zuletzt vor dem Hintergrund der "Notsituation", in der sich vor allem auch die Wirtschaft und damit ein Großteil der Unternehmen heute (wieder) befindet.

5. Zusammenfassende Betrachtung und Bewertung Eugen Rosenstock-Huessy' schen Gedankenguts im Hinblick auf "Betriebliche Erwachsenenbildung"

Die Arbeit stellt sich prägnant zusammengefaßt dar als Auseinandersetzung mit dem von Eugen Rosenstock-Huessy, ausgehend vom beim Menschen erkannten Bedürfnis nach Bildung, konsequent beschrittenen Weg, hin zur Umsetzung der von ihm propagierten "Betrieblichen Erwachsenenbildung". Dabei, den Denkansatz verdeutlichend, das Umfeld der Entstehung und Entwicklung seiner Erwachsenenbildung aufzeigend, die wesentlichen Auseinandersetzungen einbeziehend sowie letztlich den Faden knüpfend zwischen seinen Ansätzen "Betrieblicher Erwachsenenbildung" in der Praxis und heute (wieder) entsprechend geführten Diskussionen sowie in Unternehmen vollzogenen Umsetzungen.

Eugen Rosenstock-Huessy schuf mit seiner "Neuen Grundlehre vom Sprechen" einen konkreten Ansatz für die Bildung von Erwachsenen. Er erfuhr nicht zuletzt dadurch, daß Eugen Rosenstock-Huessy den Bezug herstellte zu den Phasen seiner Biographie, eine gewisse Transparenz, wobei sich die besondere Bedeutung für die Erwachsenenbildung, innerhalb der "Vier-Phasen-Theorie", aus der "subjektiven Phase" ergab. Galt sie ihm doch als "Phase der Mitteilung", mithin als eine Ebene des Verstehens zwischen Mitteiler und Mitteilungsempfänger. Was für ihn letztlich bedeutete, das Miteinander-Sprechen der Menschen auf gleicher Ebene zu ermöglichen. Dies mit der Folge, die Sphäre des Akademikers zu verlassen, um auf der Ebene des Arbeiters ein gemeinsames gleichberechtigtes Miteinander-Sprechen zu gewährleisten und damit einem den Menschen bestimmenden Bedürfnis Rechnung zu tragen.

Nicht zuletzt in seinen Ausführungen zum Verhältnis des Sprechens zum Denken brachte Eugen Rosenstock-Huessy dann seine Überzeugung auf den Punkt, indem er darauf verwies, "... die Sprachen sind nicht die eigentlichen Mittel, die schon erkannten Wahrheiten darzustellen, sondern vielmehr die unbekannten zu entdecken"; daraus die Konsequenz ableitend, "... alles Lernen ist Vorbereitung, alles Denken Nachbereitung der Lagen, in denen laut und öffentlich gesprochen wird". Auf der Grundlage dieses Denkens, den "Menschen" vor Augen, ergab sich letztlich zwingend die besondere Bedeutung, die die Erwachsenenbildung für Eugen Rosenstock-Huessy gewinnen mußte.

Vor dem Hintergrund des Denkansatzes von Eugen Rosenstock-Huessy, war es im Rahmen dieser Arbeit dann folglich ein konsequent erscheinender Schritt, näher auf das gesellschaftliche Umfeld sowie auf die Entstehung, insbesondere aber auch auf die Möglichkeit der Umsetzung, von Erwachsenenbildung einzugehen.

Wenngleich im Rahmen der Beschäftigung mit der Erwachsenenbildung deutlich wurde, daß sie als besondere Bildungsaufgabe bereits seit dem 18. Jahrhundert immer wieder, infolge bestimmter politischer oder auch ökonomischer Notlagen, Aktualität gewann, zeigte sich doch sehr schnell, daß daraus nicht einfach der Schluß gezogen werden konnte, es handle sich bei der vor dem Hintergrund des verlorenen Ersten Weltkrieges verstärkt erhobenen Forderung nach Erwachsenenbildung lediglich um ein sich in Notsituationen eben zwangsläufig einstellendes Verhalten. Hätte das doch schlichtweg bedeutet, den durch das Gedankengut der Aufklärung eingeleiteten gesellschaftlichen Umbruch, der vor allem durch die industrielle Entwicklung eine besondere Ausprägung erfahren hatte, zu ignorieren. Mithin die daraus hervorgegangenen Überzeugungen, die nicht zuletzt in der "Neuen Richtung" zum Ausdruck kamen, zu leugnen.

Dies vor Augen, galt es, näher auf die Diskussion zum Verhältnis der Soziologie zur Pädagogik einzugehen, um auf dieser Grundlage den Faden zu knüpfen, über die unter dem Begriff der Industriepädagogik gehandelten Bildungsangebote, hin zum "volkswissenschaftlichen Denkansatz" von Eugen Rosenstock-Huessy als Ausgangspunkt der von ihm propagierten Erwachsenenbildung auf betrieblicher Ebene.

Im Rahmen der Beschäftigung mit der angesprochenen Thematik, wurde nicht zuletzt Eugen Rosenstock-Huessy's Verständnis von Bildung deutlich, dementsprechend er sie, als von einer konkreten (Not-)Situation ausgehend, über sie hinausreichend, verstand, die sich an der Situation des Menschen ausrichtete, aber auch gleichzeitig die Veränderung der Situation anstrebte. Im Sinne von Eugen Rosenstock-Huessy bedeutete das insgesamt betrachtet ein Ineinandergreifen pädagogischer sowie politisch-gesellschaftlicher Momente.

Der "volkswissenschaftliche Denkansatz" von Eugen Rosenstock-Huessy, der durch wesentliche Aspekte seiner "Neuen Grundlehre vom Sprechen" bestimmt war, stand in diesem Zusammenhang dafür, das Volk zwar als Schicksalsgemeinschaft innerhalb der geschichtlichen Entwicklung anzuerkennen, dabei jedoch dem einzelnen, seiner lebendigen Entwicklung, seiner Lebensgeschichte und seiner Lebenstotalität eine zumindest gleichrangige Bedeutung beizumessen. Dies mit der Konsequenz, sowohl das Volk als auch den einzelnen in seiner Dynamik zu akzeptieren und sie sich durch die ihr innewohnenden Gesetze neu gestalten zu lassen.

Die Untersuchungen Eugen Rosenstock-Huessy's über den Lebensraum des Industriearbeiters bedeuteten vor diesem Hintergrund letztlich, sich der Situation vor Ort zu stellen, mithin das Umfeld des arbeitenden Menschen mit dem durch Bedürfnisse und Fähigkeiten bestimmten Menschen zu vergleichen, um dann entsprechend seiner Überzeugung zu reagieren, damit insbesondere den Weg der Bildung von Erwachsenen zu beschreiten, dabei nicht die Qualitäten einer entsprechenden Betriebspolitik verkennend.

Anhand seiner Arbeiten offenbarte sich Eugen Rosenstock-Huessy damit nicht nur als ein wichtiger Vertreter der "Neuen Richtung", sondern auch als ein Streiter dafür, dem Gedankengut auf betrieblicher Ebene zum Durchbruch zu verhelfen. Dabei zeigte sich einmal mehr sein Interesse, den Menschen konkret am Ort der Arbeit aufzusuchen und anzusprechen, um ihm bei der Umsetzung der ihm innewohnenden Bedürfnisse und Fähigkeiten behilflich zu sein. Galt ihm doch das Leben des Menschen insbesondere durch die Arbeit bestimmt.

Mit der Gleichsetzung von Erwachsenenbildung und "Lebensbildung" machte er dann vor allem deutlich, daß neben dem individuellen Lebenslauf in seiner Subjektivität, der Lebenslauf der Gemeinschaft zu berücksichtigen ist. Dies mit der Konsequenz, sich dem Betrieb als dem Ort der Arbeit zuzuwenden und sich einer im Sinne des "Menschen" zu verfolgenden "Betriebspolitik" zu widmen.

Die vor diesem Hintergrund von Eugen Rosenstock-Huessy propagierten Ansätze "Betrieblicher Erwachsenenbildung", die zum einen auf die "Veränderung der Betriebsstruktur" hin ausgerichtet waren, zum anderen auf die Errichtung von "Bildungsinstitutionen" zielten, lassen einen deutlichen Bezug zu, heute nicht mehr nur diskutierten, sondern in der Praxis umgesetzten, "(Bildungs-) Aktivitäten" erkennen.

In diesem Zusammenhang sind insbesondere die Entwicklungen anzusprechen, die als "Lean Management", "Outsourcing", "Profit-Center" oder "Qualitätssicherung" die Arbeit des Menschen auf betrieblicher Ebene bestimmen.

"Lean Management" steht für ein Unternehmenskonzept, mit dem primär das Ziel verfolgt wird, Unternehmen zu helfen, wirtschaftliche Schwierigkeiten zu meistern beziehungsweise sie erst gar nicht entstehen zu lassen. Gespräche mit Unternehmern und Managern über das Unternehmenskonzept "Lean Management" zeigen jedoch sehr häufig, daß nur wenige wissen, wovon sie reden. Meines Erachtens wurde nur selten ein Konzept so oft mißverstanden. Dies offenbart sich vor allem in der mit ihm verbundenen Vorstellung, im Rahmen einer einmaligen Anstrengung, das Personal radikal abzubauen, mithin ein "schlankes Unternehmen" zu schaffen, und damit eine entscheidende Kostensenkung zu erreichen.

Wenngleich "Lean Management" zweifellos in einem unmittelbaren Bezug zu dem Bemühen steht, die Kosten im Unternehmen zu senken, so gewinnt es doch vor allem dadurch seine besondere Qualität, daß es den Menschen, der bestimmt ist, durch Bedürfnisse, Fähigkeiten und Interessen, anerkennt, um ihn dieser Erkenntnis entsprechend in den Arbeitsprozeß einzubeziehen. Mithin vor allem auch die Voraussetzungen zu schaffen, um ein "menschengerechtes Verhalten" zu ermöglichen. Dabei im Auge zu behalten, sich der steten Herausforderung stellen zu müssen, mit allen Ressourcen so sparsam und effektiv wie möglich umzugehen. In diesem Sinne steht "Lean Management" für eine die Firmenkultur prägende Unternehmensphilosophie. Ihr wohnt letztlich inne, allen im Unternehmen Tätigen, vom Arbeiter bis zum Vorstand, die Möglichkeit zu bieten, sich als einzelne, aber auch als Gemeinschaft, mit dem Unternehmen zu identifizieren.

Aktuell vermögen vor allem die Aussagen beziehungsweise die Ausführungen der beiden Amerikaner James P. Womack und Daniel T. Jones in ihren vielbeachteten Werken, "Die zweite Revolution in der Automobilindustrie"[1] sowie "Auf dem Weg zum perfekten Unternehmen"[2], die Zusammenhänge zu verdeutlichen.

Während beide in ihrem ersten umfassenden Werk die "Lean Produktion" in der Automobilindustrie, konkret bei Toyota, dem größten japanischen Automobilhersteller, thematisieren, dabei die "Lean Management-Philosophie" hinterfragen, und daraus resultierend propagieren, weisen sie in ihrem zweiten Werk, über die Verknüpfung von Theorie und Praxis, Fallbeispielen und Trends, für den Manager beziehungsweise den Unternehmer den Weg, mit Blick auf die eigenen Vorstellungen vom sinnvollen Funktionieren eines Unternehmens, die Unternehmensphilosophie des "Lean Management", zu überprüfen. Den Interessierten in die Pflicht nehmend, verweisen sie darauf, daß es sich beim "Lean-Management", als Unternehmensstrategie, um ein Humanisierungsprogramm handelt, dem innewohnt, dem einzelnen Mitarbeiter mehr Einfluß, Selbstbestimmung sowie Verantwortung am Arbeitsplatz zuzuweisen beziehungsweise zu sichern.

Diesen Überlegungen wohnt letztlich genau das inne, was die Gedankenwelt Eugen Rosenstock-Huessy's bestimmte, nämlich den arbeitenden Menschen gemäß seinen Bedürfnissen, seinen Fähigkeiten, seinen Interessen anzusprechen, ihn zu fordern beziehungsweise entsprechend zu fördern. Verwiesen sei hier vor allem auf seine Überlegungen zur Organisation der Arbeit, zur Gruppenarbeit und zum Sprechen miteinander auf betrieblicher Ebene.

---

[1] Womack, James P. und Jones, Daniel T.. Die zweite Revolution in der Autoindustrie: Konsequenzen aus der weltweiten Studie aus dem Massachusetts Institut of Technology. 7. Auflage. Frankfurt/ Main, New York: Campus 1992.

[2] Womack, James P. und Jones, Daniel T. Auf dem Weg zum perfekten Unternehmen. Hg. von Eberhard C. Stotko, Frankfurt/ Main, New York: Campus 1997.

Obgleich außer Frage steht, daß Eugen Rosenstock-Huessy beim Versuch, seine Gedanken auf betrieblicher Ebene umzusetzen, aufgrund des zu überzeugenden Klientels, dessen Verständnis für die eigenen Belange, im Rahmen des Produktions- beziehungsweise Arbeitsprozesses, vor allem "intellektuell unterentwickelt" war, auf weit größere Widerstände stieß, offenbaren sich doch im Rahmen der Ausführungen von James P. Womack und Daniel T. Jones deutlich die Bezüge, die in der Problematik der auszuräumenden Widerstände sowohl auf Seiten des "gemeinen Arbeitnehmers", als auch auf der Ebene der Führungskräfte zum Ausdruck kommen.

Sie verweisen darauf, daß weite Teile der Arbeitnehmerschaft und ihrer Vertreter mit dem Begriff "Lean Management" die Angst vor massivem Arbeitsplatzabbau. verbinden. Was für sie nicht zuletzt darauf beruht, daß die "Lean Management Philosophie" häufig als Argument für den Abbau von Arbeitsplätzen mißbraucht wird. So nennen die beiden Autoren beispielsweise die Automobilindustrie, die sich auf die Notwendigkeit einer "schlanken Produktion" berief, als sie im Jahr 1991 nach Ende des Wiedervereinigungsbooms, gezwungen war, ihre über Jahrzehnte aufgebauten Überkapazitäten zu verringern.

Nicht zuletzt vor diesem Hintergrund werden die der "Lean Management Philosophie" innewohnenden Chancen, wie sie etwa in der Möglichkeit der Entwicklung autonomer Arbeitsgruppen für die Beschäftigten zum Ausdruck kommen, von weiten Teilen der Arbeitnehmervertreter verkannt oder aber, als primär im Sinne des Kapitals zur Reduzierung von Arbeitsplätzen verfolgt, (miß)verstanden.

Daneben machen beide deutlich, daß die "Lean Management Philosophie" selbst bei den Führungskräften sehr häufig auf Ablehnung stößt. Was für sie vor allem in deren Furcht vor einem Autoritätsverlust, aber auch deren Angst, in der Arbeitsgruppe unter "Gleichberechtigten" nicht bestehen zu können, begründet liegt.

An dieser Stelle ist auch die von den beiden Amerikanern als typisch deutsch bezeichnete Schwäche der (fehlenden) Kommunikation anzusprechen, deren Abbau für sie die notwendige Voraussetzung für die Verfolgung beziehungsweise die Umsetzung des "Lean Management Gedankens" vor Ort bildet. Dies um so mehr, als diese "Schwäche" und deren Abbau im Denken und Handeln von Eugen Rosenstock-Huessy eine wesentliche Rolle spielte.

James P. Womack und Daniel T. Jones verweisen darauf, daß mit Blick auf das Ausbildungssystem, "... auf jeder Stufe die Betonung auf tiefen, aber spezialisierten Fähigkeiten für technische Abläufe liegt, statt auf horizontalem Systemdenken, um alle Abläufe integrieren zu können." Sie machen aufmerksam auf die Karriereleitern, die das widerspiegeln sowie auf die Organisations-Charts, "... die voll von kleinen Abteilungen sind, die

nach oben über viele Ebenen berichten bis zu dem Punkt, wo die abteilungsübergreifenden Konflikte gelöst werden können."
Hier, so die beiden, gilt es, die Voraussetzungen für Kommunikation zu schaffen, die es den "Arbeitenden" ermöglichen, auf horizontaler Ebene aktiv zu werden, entsprechend "... viele indirekte Aufgaben zu übernehmen, die mit dem Management ihrer Arbeit zu tun haben, einschließlich Qualitätssicherung, Wartung der Maschinen, Werkzeugwechsel, Entwicklung der Standardarbeit und kontinuierliche Verbesserungsmaßnahmen."[3]

Ergänzend zur Verdeutlichung der Aktualität Eugen Rosenstock-Huessy'schen Gedankenguts soll an dieser Stelle das Symposium ANALYTIK 96[4] angesprochen werden, das unter der Überschrift "Alles was Menschen wollen, ist wählen können" primär der Umsetzung des "Lean Management Gedankens" gewidmet war.

Die von Vertretern verschiedener namhafter Unternehmen, unter den Überschriften wie, "Der selbständige Unternehmer braucht selbständige Mitarbeiter", "Lean Management contra Machtverlust", "Teambeurteilung und Teamvergütung", "Erfolgs- und Mißerfolgsindikatoren für Führungsnachwuchs" oder "Ausgliederung von Personal", eingebrachten Beiträge, lassen dabei den Bezug zur Gedankenwelt von Eugen Rosenstock-Huessy erahnen, der in der inhaltlichen Auseinandersetzung seine Bestätigung findet.

Beispielhaft sei hier auf einige Ausführungen aufmerksam gemacht, die bereits den Gedanken von Eugen Rosenstock-Huessy innewohnten, ja deren Umsetzung er in der Praxis betrieb. Willfred Mayer etwa verweist in seinem Beitrag, "Das Ziel: Selbststeuerung. Der Weg: Kompetenzverlagerung." darauf, "Wo Selbststeuerung funktioniert, da liefert sie gleichzeitig das Bindeglied zwischen dem Interesse des Ganzen und den Interessen der einzelnen. Sie erlaubt es dem Unternehmen, nicht nur die schiere Arbeitsenergie anzuzapfen; ... Selbststeuerung setzt darüber hinaus noch entscheidende Ressour-

---

[3] Womack, James P. und Jones, Daniel T.. Auf dem Weg zum perfekten Unternehmen. AaO.. 270 f..
[4] Bei dem Symposium handelt es sich um eine alle zwei Jahre in Hamburg stattfindende Veranstaltung, die von der CONSULECTRA, Unternehmensberatungs GmbH organisiert wird und sich unter der Überschrift ANALYTIK, dem "Innovativen Organisations- und Personalmanagement" widmet. Als Veranstaltung "Aus der Praxis - für die Praxis" sind als Zielgruppe benannt: Unternehmer, Geschäftsführer, Vertreter der Arbeitgeberverbände und Gewerkschaften, Führungskräfte und Mitarbeiter aus den Bereichen Personalwesen, Organisations- und Personalentwicklung, Personalgrundsatzfragen, Fertigungsplanung sowie Mitglieder von Betriebsrat und Peronalvertretung.
Konkret ist hier das 13. Symposium angesprochen, das am 25. und 26. Januar 1996 in Hamburg stattfand. In seinem Mittelpunkt standen, von Unternehmensvertretern vorgestellte Erfahrungsberichte zur Umsetzung des "Lean Management Gedankens". Wobei sich sowohl im Plenum als auch in Workshops die Möglichkeit bot, sich mit der Thematik auseinanderzusetzen.

cen frei: Die Kreativität, die Verantwortungsbereitschaft, die Gestaltungskraft des Menschen. Hier warten gewaltige Potentiale auf ihre Realisierung." Um dann deutlich zu machen, daß die Selbststeuerung nur dann funktioniert, wenn die Menschen sich ändern, was wiederum voraussetzt, daß die Regeln geändert werden müssen, an denen sie sich orientieren. Diese Veränderung jedoch, verstanden als organisatorische Maßnahme auf betrieblicher Ebene, gilt ihm als an bestimmte Voraussetzungen gebunden. Er bringt sie in der Formel zum Ausdruck: "Veränderung nur, wenn Leidensdruck x Vision x Wissen (verstanden als Prozeßkompetenz) > Null". Wenngleich es sich bei der "Formel" lediglich um ein heuristisches Werkzeug handelt, lassen sich doch weder Leidensdruck noch Visionsstärke noch Wissen ohne weiteres in Zahlen ausdrücken, so benennt sie doch die zu beachtenden Abhängigkeiten und bietet damit die Grundlage für die anvisierten Veränderungen.[5]

Das Ziel "Selbststeuerung" vor Augen, sucht er in seinem Beitrag primär den als notwendig erachteten Weg der "Kompetenzverlagerung" zu verdeutlichen, indem er die gebotenen Veränderungen in der betrieblichen Organisation sowie in dem Verhalten der Arbeitenden vor Ort aufzeigt. Wobei der Kompetenzverlagerung, als "Veränderung der Spielregeln" für die vor Ort angetroffenen "Vorgesetzten", sein besonderes Interesse gilt. Die im Rahmen des Themenkreises von Willfred Mayer bereits unter den Stichworten: Ermöglichung der Kommunikation, Team- beziehungsweise Gruppenarbeit, Cost/Profit-Center, Qualitätssicherung, Ausgliederung von Personal angesprochenen Teilaspekte, erfahren dann im weiteren Verlauf des Symposiums, durch die Beiträge von Vertretern verschiedener Unternehmen, noch ihre besondere Würdigung. Anhand derer wird einmal mehr deutlich, daß der (arbeitende) Mensch als solcher, bestimmt durch Fähigkeiten und Bedürfnisse, in den Mittelpunkt der Betrachtung tritt. Ihm die Möglichkeit zu eröffnen, sich zu verwirklichen, seine Potentiale an Kreativität, Gestaltungskraft, Verantwortungsbereitschaft zu nutzen, wird als Chance gesehen, sich als Unternehmen, insbesondere mit Blick auf die Globalisierung, am Markt behaupten zu können.

Wenngleich vor diesem Hintergrund "Lean Management" als Strategie bei vielen Unternehmern Interesse weckt, zeigt doch die Praxis, daß es nur dann, wenn es zur (Unternehmens-)Philosophie wird, die die Mitarbeiter übernehmen, dazu führt, einen dauerhaften Bestand zu gewährleisten. Die schwächsten Glieder des "Lean Management" bilden mithin die involvierten Menschen, die einenteils als Unternehmer häufig die notwendige

---

[5] Mayer, Willfred, Mitglied der Unternehmensleitung der Vorwerk-Gruppe. Beitrag im Rahmen des ANALYTIK '96 Symposiums in Hamburg.

Konsequenz bei der Durchsetzung der erforderlichen organisatorischen Maßnahmen vermissen lassen, andernteils die (Mit-) Arbeiter vor Ort, denen es an Verständnis und der Bereitschaft fehlt, Veränderungen im eigenen Handeln beziehungsweise Verhalten positiv gegenüberzutreten. Überzeugungsarbeit wird hier zum bestimmenden Faktor. Dies vor Augen zeigen sich einmal mehr Parallelen zu den Überlegungen und der Arbeit von Eugen Rosenstock-Huessy, die darauf zielten, für den "Menschen", verstanden als geprägt durch Fähigkeiten und Bedürfnisse, den Boden zu bereiten beziehungsweise das Umfeld zu schaffen, um sich zu verwirklichen. Darauf verweisend, daß sich dieses Ziel nur durch entsprechende Betriebspolitik und Erwachsenenbildung erreichen lasse.

Eugen Rosenstock-Huessy vor diesem Hintergrund als einen ersten Vertreter der "Lean Management Philosophie" zu bezeichnen, stünde zweifellos im Widerspruch zu seiner Überzeugung, in der "der Mensch als solcher" sowohl den Ausgangs- als auch den Mittelpunkt seiner Überlegungen bildete. Kommt doch beim "Lean Management" eine Strategie zum Ausdruck, die ausgehend vom Unternehmen, im Rahmen eines Humanisierungsprogramms, den Menschen, entsprechend seinen Fähigkeiten und Bedürfnissen, zu nutzen sucht. Die unterschiedlichen Ausgangsinteressen hintanstellend wird deutlich, daß sich Eugen Rosenstock-Huessy bereits vor rund 70 Jahren, mit seinen Überlegungen zum "Menschen" und dem ihm entsprechenden Einsatz im Betrieb, Themenbereichen gewidmet hat, die an Aktualität nichts verloren haben.

Literaturverzeichnis

ANALYTIK '96. Alles was Menschen wollen, ist wählen können: Innovatives Organisations- und Personalmanagement. 13. Symposium. Veranstalter: CONSULEC-TRA-Unternehmensberatung GmbH. Veranstaltungsort: Congress-Centrum-Hamburg, 25. bis 26. Januar 1996.

Archiv. "Erste Akademie der Deutschen Schule für Volksforschung und Erwachsenenbildung". Freie Volksbildung 2 (1927): 253-265.

Arnhold, Karl. "Menschenführung im Sinne des Deutschen Instituts für technische Arbeitsführung". Sozialrechtliches Jahrbuch 1 (1930): 118-134.

Baethge, Martin, Ausbildung und Herrschaft: Unternehmerinteressen in der Bildungspolitik. Hg. Studienreihe des Soziologischen Forschungsinstituts Göttingen. Frankfurt am Main: Georg Wagner, 1970.

Bäuerle, Theodor. "Erwachsenenbildung und Arbeitsdienst". Freie Volksbildung 7 (1932): 247-260.

---. "Mensch und Wirtschaft". Jahrbuch für Erwachsenenbildung 2 (1930): 55-62.

Ballerstedt, Kurt: "Leben und Werk Eugen Rosenstock-Huessy". Das Geheimnis der Universität. Hg. Georg Müller. Stuttgart: Kohlhammer, 1958. 297-305.

Balser, Frolinde. Die Anfänge der Erwachsenenbildung in Deutschland in der ersten Hälfte des 19. Jahrhunderts. Stuttgart: Ernst Klett, 1959.

Becker, Helmut. "Kampf um freie Volksbildung". Freie Volksbildung 8 (1933): 1-9.

Blanc, Louis. "Organisation der Arbeit". Bibliothek der Volkswirtschaftslehre und Gesellschaftswissenschaft 8. Berlin: Prager, 1899.

Blum, Emil: "Arbeiterbildung als existenzielle Bildung". Mensch und Welt. Hg. C. Sganzini. Bern und Leipzig: Paul Haupt, 1935.

Borinski, Fritz. "Tagung sozialistischer Arbeiterbildner in Bad Grund vom 20. bis 21. Juni 1931". Freie Volksbildung 6 (1931): 373-375.

Brauer, Theodor. "Sozialwissenschaft und Erwachsenenbildung". Sozialrechtliches Jahrbuch 1. (1930): 83-90.

Briefs, Goetz. "Grundfragen der betrieblichen Sozialpolitik". Schriften des Vereins für Sozialpolitik 181 (1930): 55-76.

Buber, Martin. Ich und Du. Köln: Hegner, 1966.

Buchwald, Reinhard. "Ideen zur Volkshochschulbewegung (1919-1929)". Volkshochschul-Blätter für Thüringen 10 (1928): 6.

Bullinger, Hans-Jörg. Lernende Organisationen: Konzepte, Methoden und Erfahrungsberichte. Stuttgart: Schäffer-Poeschel, 1996.

Concordia. Zeitschrift der Zentralstelle für Volkswohlfahrt 12/16 (1905/1909).

Crozier, Michel und Friedberg, Erhard. Macht und Organisation: Zwänge kollektiven Handelns; zur Politologie organisierter Systeme. Königstein/Ts: Athenäum, 1979.

DAIMLER Werkzeitung 1919/20. Gesamtausgabe. Hg. Daimler Benz AG. Moers: Brendow, 1991.

Die Arbeit. Zeitschrift für Gewerkschaftspolitik und Wirtschaftskunde. Berlin: Verlagsgesellschaft des Allgemeinen Deutschen Gewerkschaftsbundes, 1924-1930.

Die Arbeitsgemeinschaft. Monatsschrift für das gesamte Volkshochschulwesen. Leipzig: Quelle & Meyer, 1920/21.

Dieterich, Eberhard. Das Bildungsproblem der Volkshochschule. Dissertation Leipzig, 1929. (Veröffentlicht unter dem Titel: Volkshochschule und geistige Entscheidung. Potsdam: Alfred Protte, 1930.)

Dikau, Joachim. "Zwischen Ökologie und Ökonomie - Versuch einer Standortbestimmung arbeitsbezogener Erwachsenenbildung". Realismus und Reflexion. Beitrag zur Erwachsenenbildung. Hg. Volker Otto, Wolfgang Schulenberg, Klaus Senzky. München: Hueber Holzmann, 1982.

Einsiedel, Horst von. "Der Anfang". Das Arbeitslager. Berichte aus Schlesien von Arbeitern, Bauern, Studenten. Hg. Eugen Rosenstock-Huessy und Carl Dietrich von Trotha. Jena: Diederichs, 1931.

Erdberg, Robert von. "Betrachtungen zur alten und neuen Richtung im freien Volksbildungswesen". Die Neue Richtung in der Weimarer Zeit. Hg. Jürgen Henningsen. Stuttgart: Ernst Klett, 1959.

Erdberg, Robert von. "Vom Bildungswesen zur Volkshochschule". Die Neue Richtung in der Weimarer Zeit. Hg. Jürgen Henningsen. Stuttgart: Ernst Klett, 1959

---. "Zur Organisation der freien Volksbildung". Freie Volksbildung 2 (1927): 320-334.

Faulenbach, Bernd. "Eugen Rosenstock-Huessy". Deutsche Historiker 9. Hg. Hans-Ulrich Wehler. Göttingen: Vandenhoeck und Ruprecht, 1982. 102-126.

Fischer, Aloys. "Pädagogische Soziologie/ Soziologische Pädagogik". Aloys Fischer Leben und Werk. Gesammelte Abhandlungen zur Soziologie, Sozialpädagogik und Sozialpsychologie. Hg. Karl Kreitmair. München: Bayrischer Schulbuch Verlag, 1954.

Flieger, Burghard. Produktivgenossenschaften. Theorie, Erfahrungen und Gründungshilfen zu einer demokratischen Unternehmensform. München: AG SPAK, 1984.

Flitner, Wilhelm. Die Abendvolkshochschule. Entwurf ihrer Theorie. Berlin: Volks und Geist, 1924.

---. Laienbildung. Langensalza: Beltz, 1921.

---. "Das Romantische Element in der Erwachsenenbildung und seine Überwindung". Freie Volksbildung 4 (1929): 1-10.

---. "Der Hohenrodter Bund und die gegenwärtige Situation in der deutschen Erziehung". Freie Volksbildung 2 (1948): 393-403.

---. "Die Theorie des freien Volksbildungswesens seit 75 Jahren". Bildungsfragen der Gegenwart. Bäuerle Festschrift. Hg. Franz Arnold. Stuttgart: Klotz, 1953. 36-64.

Freie Volksbildung. Ursprünglich: Volksbildungsarchiv. Danach: Archiv für Erwachsenenbildung: Organ des Hohenrodter Bundes. Berlin: Verlag der Arbeitsgemeinschaft, 1924/25.

Frenz, Gustav. Kritik des Taylorsystems. Berlin: Springer, 1920.

Gairing, Fritz, Organisationsentwicklung als Lernprozeß von Menschen und Systemen. Weinheim: Deutscher Studien Verlag, 1996

Geiger, Theodor, "Industriepädagogischer Unfug". Sozialistische Bildung 4 (1929): 38-52.

Geiger, Theodor. "Zur Soziologie der Industriearbeit und des Betriebes". Die Arbeit 6 (1929): 683-689.

Hellpach, Willy. "Riebensahm an Hellpach, 16.08.1919". Badisches Generallandesarchiv Karlsruhe. Abt.N. 263.

Henningsen, Jürgen. Der Hohenrodter Bund. Zur Erwachsenenbildung in der Weimarer Zeit. Heidelberg: Quelle & Meyer, 1958.

---. Der Hohenrodter Bund. Stuttgart: Ernst Klett, 1960.

Herrigel, Hermann. "Erlebnis und Naivität und das Problem der Volksbildung": Die neue Rundschau 30 Bd. 2 (1919): 1303-1316.

---. "Zur Kritik der idealistischen Volksbildung". Volksbildungsarchiv 8 (1921): 237-267.

Hochland. Monatsschrift für alle Gebiete des Wissens, der Literatur und Kunst 17. Kempten und München: Kösel, 1919/20.

Hofmann, Walter. "Gestaltende Volksbildung". Die Neue Richtung in der Weimarer Zeit. Hg. Jürgen Henningsen. Stuttgart: Ernst Klett, 1959. 103-113.

---. "Bericht des Instituts für Leser- und Schrifttumskunde in Leipzig". Die Deutsche Schule für Volksforschung und Erwachsenenbildung. Das erste Jahr. Hg. Hohenrodter Bund. Stuttgart: Silberburg, 1927. 30-51.

---. "Menschenbildung, Volksbildung, Arbeiterbildung in der volkstümlichen Bücherei". Archiv der Erwachsenenbildung 2 (1925): 65-104.

Hohenrodter Bund (Theodor Bäuerle, Robert von Erdberg, Wilhelm Flitner, Walter Hofmann, Eugen Rosenstock) Die Deutsche Schule für Volksforschung und Erwachsenenbildung. Das erste Jahr. Stuttgart: Silberburg, 1927.

Honigsheim, Paul. "Menschenbildung und Industriepädagogik". Sozialrechtliches Jahrbuch 1 (1930): 106-117.

Jung, Ulrich. "Eugen Rosenstocks Beitrag zur deutschen Erwachsenenbildung der Weimarer Zeit". Frankfurter Beiträge zur Pädagogik. Wiesbaden: Koehler & Hennemann, 1970.

Kautz, Heinrich. Industrie formt Menschen. Versuch einer Normierung der Industriepädagogik. Einsiedeln: Benzinger & Co., 1929.

---. "Die industriepädagogische Bewegung in Deutschland". Internationale Zeitschrift für Erziehungswissenschaft 1 (1931/32): 613.

Klatt, Fritz. "Die zweite Akademie der Deutschen Schule für Volksforschung und Erwachsenenbildung vom 12. bis 31. März 1928. Freie Volksbildung 3 (1928): 202-217.

Laack, Fritz. Das Zwischenspiel freier Erwachsenenbildung. Heilbrunn: Julius Klinkhardt, 1984.

---. "Illusion und Wirklichkeit der Volksbildung". Freie Volksbildung 8 (1933): 261-276.

---. "Wandlung und Gestalt der Erwachsenenbildung". Der Zwiespruch 13 (1931): 241-243 und 255-256.

Laack, Fritz und Weitsch, Eduard. "Die Lage der Erwachsenen und die Haltung der Zeitschrift". Freie Volksbildung 5 (1930): 229-234.

Lang, Richard. "Gruppenfabrikation". DAIMLER Werkzeitung 1919/20. Gesamtausgabe. Hg. Daimler Benz AG, Stuttgart. Moers: Brendow, 1992.

Lang, Richard und Hellpach, Willy. "Gruppenfabrikation". Sozialpsychologische Forschungen 1 (1922): 51.

Michel, Ernst. Die soziale Frage des Betriebes als volkspolitische Aufgabe. Industrielle Arbeitsordnung. Jena: Diederichs, 1932.

---. "Arbeitswoche für Erwachsenenbildung und Industriepädagogik im Rheinland". Jahrbuch für Erwachsenenbildung. 2. Folge. (1930): 48-54.

---. "Der Aufbau der Akademie der Arbeit". Die Akademie der Arbeit in der Universität Frankfurt am Main 1912-1931. Hg. Ernst Michel. Frankfurt am Main, 1931.

---. "Die geistesgeschichtliche Entwicklung der heutigen Erwachsenenbildung (1931)". Vierteljahresschrift für wissenschaftliche Pädagogik 7 (1931): 185-210.

---. "Weltanschauung und Erwachsenenbildung". Hefte für Büchereiwesen 15 (1931): 190-196.

Möckel, Andreas. "Die Ursprünge des dialogischen Prinzips bei Martin Buber, Franz Rosenzweig und Eugen Rosenstock-Huessy". Das Dialogische in der Heilpädagogik. Hg. Gerhard Iben. Mainz, 1988. 7-22.

Nübel, Otto. Paul Riebensahm, Eugen Rosenstock-Huessy und die Daimler-Motoren-Gesellschaft 1919-1920". DAIMLER Werkzeitung 1919/20. Gesamtausgabe. Hg. Daimler Benz AG. Mörs: Brendow, 1991.

Pfleiderer, Wolfgang. "Formen und Methoden der Erwachsenenbildung". Freie Volksbildung 5 1930): 402-411.

Picht, Werner. Das Schicksal der Volksbildung in Deutschland. 2. Auflage. Braunschweig: Westermann, 1950.

Picht, Werner und Rosenstock, Eugen. Im Kampf um die Erwachsenenbildung. Das Mannschaftshaus der 103. Inf. Div.. Ein Versuch von 1916. Leipzig: Quelle & Meyer, 1926.

Preiss, Jack J.. Camp William James. Norwich Vermont: Argo Books, The Eugen Rosenstock-Huessy Fund Inc., 1978.

Reisig, Hildegard. Die Rolle der Bildung für die Befreiung des Proletariats. Dissertation. Langensalza: Beyer & Söhne, 1933.

Reetz, Lothar und Reitmann, Thomas. Schlüsselqualifikation: Fachwissen in der Krise?; Dokumentation eines Symposiums in Hamburg. Hamburg: Feldhaus, 1990.

Riebensahm, Paul. "In der Welt der Arbeit". DAIMLER Werkzeitung 1919/20. Nr. 1 (1919): 1-3.

Rohrbach, Wilfried. Das Sprachdenken Eugen Rosenstock-Huessys. Dissertation. Saarbrücken, 1970.

Rosenstock, Eugen. Arbeitsdienst - Heeresdienst. Die Aufrichtung der wirtschaftlichen Kommandogewalt im Reich. Jena: Diederichs, 1932.

Rosenstock, Eugen und Trotha, Carl Dietrich von. Das Arbeitslager. Breslau: Diederichs, 1931.

Rosenstock, Eugen und Wittig, Joseph. Das Alter der Kirche. Kapitel und Akten. Berlin: Lambert Schneider, 1927-1928.

Rosenstock, Eugen. Der unbezahlbare Mensch. 3. Auflage. Berlin: Vogt, 1962.

---. Die Europäischen Revolutionen. Volkscharaktere und Staatenbildung. Jena: Diederichs, 1931.

---. Die Hochzeit des Krieges und der Revolution. Würzburg: Patmos, 1920.

---. Industrievolk. 2. Auflage. Frankfurt/Main, 1924. (Volk im werden. Schriftenreihe der Rhein-Mainischen Volkszeitung. Hg. Friedrich Dessauer, Ernst Michel und Heinrich Scharp.)

---. Königshaus und Stämme in Deutschland zwischen 911 und 1250. Leipzig: Meiner, 1914.

---. Landfriedensgerichte und Provinzialversammlungen vom neunten bis zwölften Jahrhundert. Dissertation. Breslau: M. & H. Marcus, 1910.

---. Lebensarbeit in der Industrie und Aufgaben einer europäischen Arbeitsfront. Berlin: Springer, 1926.

---. Ostfalens Rechtsliteratur und Friedrich II. Eine verfassungsrechtliche Untersuchung. Weimar: Boehlhaus, 1912.

---. Soziologie I. Die Kräfte der Gemeinschaft. Berlin und Leipzig: De Gruyter, 1925.

---. Vom Industrierecht. Rechtssystematische Fragen. Festgabe für Xaver Gretener. Berlin: Sach, 1926.

---. Die Sprache des Menschengeschlechts. Erster und Zweiter Band. Heidelberg: Lambert Schneider, 1963/64.

---. Ja und Nein. Autobiographische Fragmente aus Anlaß des 80. Geburtstags des Autors im Auftrag der seinen Namen tragenden Gesellschaft. Heidelberg: Lambert Schneider, 1968.

---. Speech and Reality. 2nd. Norwich, Vermont: Argo Books, Inc., 1988.

---. "Das Arbeitslager für Jungarbeiter und Jungakademiker in Loewenberg vom 14. bis 31. März 1928". Freie Volksbildung 3 (1928): 217-224.

---. "Das Dreigestirn der Bildung". Die Neue Richtung in der Weimarer Republik. Hg. Jürgen Henningsen. Stuttgart: Ernst Klett, 1960. 61-87.

Rosenstock, Eugen. "Die Arbeitslager innerhalb der Erwachsenenbildung". Jahrbuch für Erwachsenenbildung 2 (1930): 28-47.

---. "Die Ausbildung des Volksbildners". Im Kampf um die Erwachsenenbildung 1912-1926. Hg. Werner Picht und Eugen Rosenstock. Leipzig: Quelle & Meyer, 1926. 150-167.

---. "Dienstpflicht?". Deutsche Rundschau 129 (1929): 11.

---. "Die seelischen Wirkungen der modernen Arbeitsordnung". Berufsschule und Leben. Berufspädagogische Woche in Frankfurt (1925): 26.

---. "Erwachsenenbildung und Betriebspolitik". Sozialrechtliches Jahrbuch 1 (1930): 135-150.

---. "Kirche und Arbeit". Die Kreatur 2 (1927/28): 176.

---. "Laienbildung oder Volksbildung". Volksbildungsarchiv 8 (1921): 318-388.

---. "Psychotechnik". Hochland 17 (1919/20): 515-520.

---. "Werkstattaussiedlung". Sozialpsychologische Forschungen des Instituts für Sozialpsychologie an der Technischen Hochschule Karlsruhe. Hg. Willy Hellpach. Berlin: Springer, 1922.

---. "Werkstattkommandite". Reichsarbeitsblatt (nichtamtlicher Teil) (1925): 615.

---. "Zur Strategie des Arbeitsdienstes". Freie Volksbildung 7 (1932): 275-284.

Rosenzweig, Franz. Stern der Erlösung. 3. Auflage. Heidelberg: Schneider, 1954.

Schmidt, Götz. Grundlagen der Aufbauorganisation. Gießen: Schmidt, 1991.

Siebert, Horst. "Die Volksbildung der Weimarer Republik in ihrer Bedeutung für die heutige Erwachsenenbildung". Pädagogische Rundschau 21 (1967): 395-406.

Sozialrechtliches Jahrbuch. Berichte, Materialien, Untersuchungen zum werdenden Sozialrecht. Mannheim: Bensheimer, 1930.

Spranger, Eduard. "Volkskenntnis, Volksbildung, Volkseinheit. Volksbildung". Monatsschrift für öffentliches Vortragswesen, Volksleseanstalten und freies Fortbildungswesen in Deutschland 60 (1930): 225-260.

Schlünz, Friedrich. "Romantik und Realismus in der Erwachsenenbildung". Freie Volksbildung 3 (1928): 423-432.

---. "Industriepädagogik". Freie Volksbildung 5 (1930): 142-149.

Schmidt, Götz. Grundlagen der Aufbauorganisation. Gießen: Götz Schmidt, 1991.

Schürholz, Franz. "Industrie und Volkserziehung". Sozialrechtliches Jahrbuch 1 (1930): 91-105.

Schulenberg, Wolfgang. "Ansatz und Wirksamkeit der Erwachsenenbildung". Göttinger Abhandlungen zur Soziologie. Stuttgart: Ferdinand Enke, 1957.

Stimmstein. Jahrbuch der Eugen Rosenstock-Huessy Gesellschaft 3+4. Mössingen: Talheimer, 1990, 1993. (Stimmstein 2. Moers: Brendow, 1988.)

Strzelewicz, Willy. Industrialisierung und Demokratisierung der modernen Gesellschaft. Hg. Niedersächsische Landeszentrale für Heimatdienst, Hannover. Hannover: Buchdruckerwerkstätten, 1964.

Tews, Johannes. Deutsche Volksbildungsarbeit, Bericht über die Tätigkeit der "Gesellschaft für Verbreitung von Volksbildung" in den vierzig Jahren ihres Bestehens. Berlin: De Gruyter, 1911.

Volksbildungsarchiv. Beiträge zur wissenschaftlichen Vertiefung der Volksbildungsbestrebungen. Berlin: Heymann, 1910/ 16/ 17.

Wehr, Gerhard. "Martin Buber". Die Großen der Weltgeschichte 10. Hg. Kurt Fassmann. Zürich: Kindler, 1978.

Weismantel, Gertrud. "Begegnungen: Eugen Rosenstock-Huessy und Leo Weismantel". Eugen Rosenstock-Huessy zum 100. Geburtstag. Stimmstein 3. Jahrbuch der Eugen Rosenstock-Huessy Gesellschaft. Mössingen: Talheimer, 1990.

Weitsch, Eduard. "DINTA und freie Volksbildung". Freie Volksbildung 3 1928): 25-38.

---. "Die Forderung der Gemeinschaft in der Erwachsenenbildung". Freie Volksbildung 6 (1931): 90-99.

Weniger, Erich. Die Eigenständigkeit der Erziehung. Weinheim: Beltz, 1952.

Weniger, Erich. "Grundtvig und der Begriff der historischen Aufklärung". Die Eigenständigkeit der Erziehung. Weinheim: Beltz, 1952.

---. "Volksbildung im Lichte der Soziologie und Pädagogik". Lehrerbildung, Sozialpolitik, Militärpädagogik. Weinheim/Basel: Beltz, 1990. (Dazu auch: Bücherei und Bildung 8 (1955)).

Womack, James P. und Jones, Daniel T.. Die zweite Revolution in der Autoindustrie: Konsequenzen aus der weltweiten Studie aus dem Massachusetts Institut of Technology. 7. Auflage. Frankfurt/ Main, New York: Campus, 1992.

---. Lean thinking. (Auf dem Weg zum perfekten Unternehmen). New York: Simon & Schuster, 1996.